新能源汽车电子电气空调舒适技术（初级）

主　　编　谭宏图　　冉建平　　张传华

副主编　　李培军　　王丽娟　　杨海山

参　　编　唐艺月　　粟俊东　　黄　莉

　　　　　程　娟　　任功平

重庆大学出版社

内容提要

本书是按照汽车运用与维修"1+X"证书制度的职业技能等级标准中新能源汽车电子电气空调舒适技术（初级）的要求编写的校企合作新形态教材。本书知识结构由新能源汽车线路读图与电子元件检查、新能源汽车启动与充电系统检查保养、新能源汽车灯光与电气系统检查保养、新能源汽车空调与舒适系统检查保养四个职业模块组成。

本书可作为中等职业院校汽车类专业学生的教学用书，也可作为汽车"1+X"技能考证用书及比赛训练用书，还可作为职业技能培训和相关专业人员的参考书。

图书在版编目（CIP）数据

新能源汽车电子电气空调舒适技术：初级／谭宏图，
冉建平，张传华主编. -- 重庆：重庆大学出版社，
2022.8
ISBN 978-7-5689-3417-6

Ⅰ．①新… Ⅱ．①谭… ②冉… ③张… Ⅲ．①新能源
—汽车—电子技术②新能源—汽车—电气系统③新能源—
汽车—空气调节设备 Ⅳ．①U469.7

中国版本图书馆 CIP 数据核字（2022）第 132228 号

新能源汽车电子电气空调舒适技术（初级）
XINNENGYUAN QICHE DIANZI DIANQI KONGTIAO SHUSHI JISHU：CHUJI

主　编　谭宏图　冉建平　张传华
责任编辑：荀荟羽　　　版式设计：荀荟羽
责任校对：夏　宇　　责任印制：张　策

*

重庆大学出版社出版发行
出版人：饶帮华
社址：重庆市沙坪坝区大学城西路 21 号
邮编：401331
电话：（023）88617190　88617185（中小学）
传真：（023）88617186　88617166
网址：http：//www.cqup.com.cn
邮箱：fxk@ cqup.com.cn（营销中心）
全国新华书店经销
重庆市正前方彩色印刷有限公司印刷

*

开本：787mm×1092mm　1/16　印张：16.25　字数：408 千
2022 年 8 月第 1 版　　2022 年 8 月第 1 次印刷
印数：1—1 000
ISBN 978-7-5689-3417-6　定价：49.80 元

前言

目前,国家大力倡导书证融通,我们的教学需要真正将行业知识融入课程体系当中,不能仅停留在书本上,要真正体现企业真实生产与教学三对接原则。本书是"1+X"书证融通模式理实一体化新形态教材,紧密围绕"1+X"汽车运用与维修职业技能等级证书的等级标准和考核项目进行开发,符合国家三教改革发展方向需要。

目前,全国职业院校汽车运用与维修专业实施"1+X"证书的职业院校学生有几十万人,但是市面上没有与新能源汽车电子电气空调舒适技术(初级)完全配套的教材。本书融入了与北京中车行高新技术有限公司三年深度沟通和工作开展以来提炼的该模块全部典型工作任务。同时与长安汽车公司技能大师实现校企联合开发,得到企业的深度认可。

本书所有任务均从长安企业技能大师真实岗位中提取。由新能源汽车线路读图与电子元件检查、新能源汽车启动与充电系统检查保养、新能源汽车灯光与电器系统检查保养、新能源汽车空调与舒适系统检查保养四个职业模块组成,每个模块包括任务描述、任务工作单和评分细则、相关知识、学习任务、学习目标自评等内容,涵盖了"1+X"职业技能等级标准中新能源汽车电子电气空调舒适技术(初级)证书考核标准所要求的技能点。

本书内容从实操任务着手,图文并茂,配以相关知识进行补充,均配置工单和习题及考证评分细则,实操任务模块可单独使用和更新。每个任务均配置详细技能操作步骤及任务工单,独立的学习思考页,任务均搭配相关思政元素,最后用职业功能自评作为读者学习目标达成参考。采用互联网+模式,构建混合式教学,高清实操视频诠释汽车维修全过程,同时衔接汽车售后维修企业真实案例,列出汽车维修企业维修工时与费用参考。

本书涵盖了微课视频、课件、学习手册等资源,配有超星学习通"示范教学包",实现在线授课。本书内容新颖全面、图文并茂、通俗易懂、易学好教,可作为职业院校汽车类专业学生的教学用书,也可作为汽车"1+X"技能考证用书及比赛训练用书,同时也可作为职业技能培训和相关专业人员的参考书,是"岗课赛证"综合育人教材。

本书由重庆长安汽车股份有限公司张传华与重庆市三峡

水利电力学校的谭宏图、冉建平、李培军、王丽娟、杨海山、唐艺月、粟俊东、黄莉、程娟、任功平共同完成。谭宏图、冉建平、张传华担任主编，李培军、王丽娟、杨海山担任副主编，唐艺月、粟俊东、黄莉、程娟、任功平担任参编。谭宏图负责编写职业模块1；冉建平负责编写职业模块2；王丽娟、杨海山、粟俊东、黄莉负责编写职业模块3；张传华、李培军、程娟、任功平、唐艺月负责编写职业模块4。重庆长安汽车股份有限公司为本书的编写提供了大量企业案例作为支撑，在此表示感谢。

由于编者水平有限，错误和疏漏在所难免，欢迎提出宝贵意见和建议。

编　者
2022 年 3 月

目 录

职业模块 1　新能源汽车线路读图与电子元件检查 ……… 1
任务 1.1　汽车电路查询判读 ……………………… 1
任务 1.2　模块控制电路查询 ………………………… 11
任务 1.3　传感器电路的查询 ………………………… 21
任务 1.4　执行元件电路查询 ………………………… 35
任务 1.5　电子元件检查判读 ………………………… 48

职业模块 2　新能源汽车启动与充电系统检查保养 ……… 60
任务 2.1　串联启动充电检查 ………………………… 60
任务 2.2　并联启动充电检查 ………………………… 72
任务 2.3　混联启动充电检查 ………………………… 81
任务 2.4　混联启动机的保养 ………………………… 95
任务 2.5　混联发电机的保养 ……………………… 106

职业模块 3　新能源汽车灯光与电气系统检查保养 …… 118
任务 3.1　前照大灯光束调整 ……………………… 118
任务 3.2　洗涤系统检查保养 ……………………… 128
任务 3.3　全车灯光检查保养 ……………………… 138
任务 3.4　灯光电路连接检查 ……………………… 155
任务 3.5　仪表室内灯光检查 ……………………… 168

职业模块 4　新能源汽车空调与舒适系统检查保养 …… 183
任务 4.1　制冷暖风性能检查 ……………………… 183
任务 4.2　制冷系统检查保养 ……………………… 198
任务 4.3　过滤通风系统检查 ……………………… 211
任务 4.4　舒适系统初始设定 ……………………… 226
任务 4.5　车门车窗饰件保养 ……………………… 242

参考文献 ……………………………………… 253

职业模块 1

新能源汽车线路读图与电子元件检查

任务 1.1　汽车电路查询判读

本任务根据汽车运用与维修(含智能新能源汽车)"1+X"证书制度职业技能等级标准中新能源汽车电子电气空调舒适系统检查保养技术【初级】模块一所对应的汽车电路查询判读内容进行设定。

任务定位

		【新能源汽车电子电气空调舒适技术】—初级强化项目表																				
	工作	一					二					三					四						
	职业功能	线路读图与电子元件检查					启动与充电系统检查保养					灯光与电器系统检查保养					空调与舒适系统检查保养						
	任务分解要项	1	2	3	4	5	6	7	8	9	10	11	12	13	14	15	16	17	18	19	20		
实训项目	资料数据参数	汽车电路查询判读	模块控制电路查询	传感器电路的查询	执行元件电路查询	电子元件检查判读	串联启动充电检查	并联启动充电检查	混联启动充电检查	混联发电机的保养	混联发电机的保养	前照大灯光束调整	洗涤系统检查保养	全车灯光检查保养	灯光电路连接检查	仪表室内灯光检查	制冷系统性能检查	制冷系统检查保养	过滤通风系统检查	舒适系统初始设定	车门车窗饰件保养		
	仪器量具使用																						
	拆装量具调试																						
	技能知识	8					4					1					5						
	单组时间	3	3	3	3	3	3	3	3	3	3	3	3	3	3	3	3	3	3	3	3		

设备与工具清单

任务	作业项目	设备与工具清单
汽车电路查询判读	1. 发动机电控系统电路图查询、电流走向及信息标注 2. 变速器电控系统电路图查询、电流走向及信息标注 3. 车身电器系统电路图查询、电流走向及信息标注	计算机、维修手册

➤ **作业项目　查询发动机电控系统电路图**

工作情境描述

　　一辆长安轿车,车辆行驶里程为 20 000 km,车辆无法启动,维修技师带领学徒检查后发现,车辆的发动机控制单元处有两根电线被老鼠咬坏,一根是红白相间的导线,另一根是棕白相间的导线,维修技师将导线连接上之后车辆即可正常启动。现在维修技师要求学徒查询维修手册明确两根线的作用,学徒立刻准备查询维修手册。

作业设备工具

电脑、维修手册。

作业准备

连接好电脑电源。

作业步骤

(1)打开电脑、查询维修手册

①点击打开电子版维修手册。

②根据目录查询电子控制系统电路:点击目录 3.1.14 电子控制系统,如图 1-1 所示。

1.1.1-1	目录	1.1.1-1
1.1.3 介绍		1.1.3-1
1.1.4 符号		1.1.4-1
1.1.5 故障诊断方法		**1.1.5-1**
	故障诊断流程	1.1.5-1
	故障诊断设备	1.1.5-1
	故障检测	1.1.5-2
	维修参考工具	1.1.5-4
	线束端子维修	1.1.5-6
2.3.7 防抱死控制		**2.3.7-1**
3.1.4 冷却系统		**3.1.4-1**
	冷却系统(ME7)	3.1.4-1
	冷却系统(M7)	3.1.4-2
	冷却系统(1.3L)	3.1.4-3
3.1.7 燃油系统		**3.1.7-1**
	燃油系统(ME7)	3.1.7-1
	燃油系统(M7)	3.1.7-2
3.1.8 点火系统		**3.1.8-1**
	点火系统(ME7)	3.1.8-1
	点火系统(M7)	3.1.8-2
3.1.9 起动系统		**3.1.9-1**

图 1-1　打开维修手册

③对照维修手册 ECM 端子视图,如图 1-2 所示。

④查询 ECM 电路图的 16 号、17 号端子的作用,如图 1-3 所示。

⑤查询电子控制系统发现 17 号端子由 IG1 供电、16 号端子由 B+供电,由于 ECM 没有供电导致车辆无法启动。

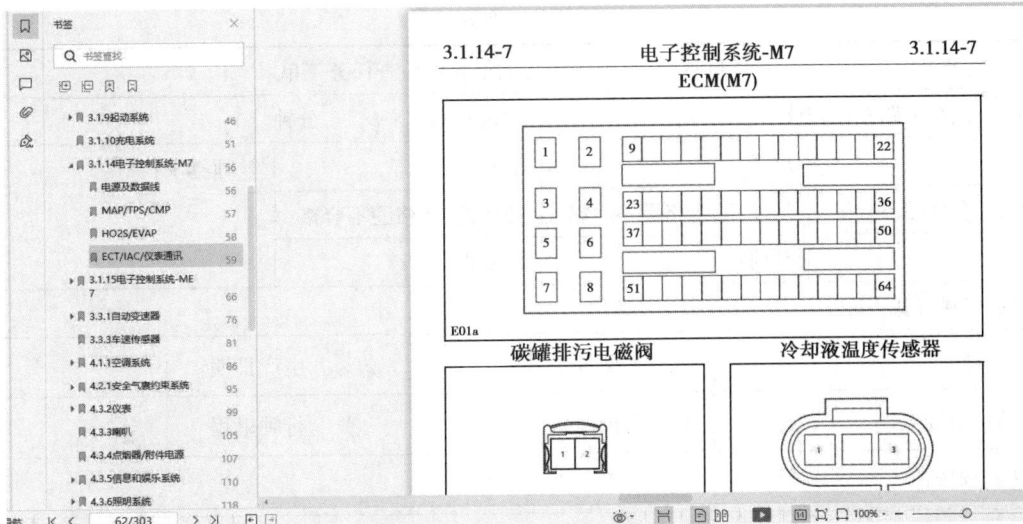

图 1-2　查询端子视图

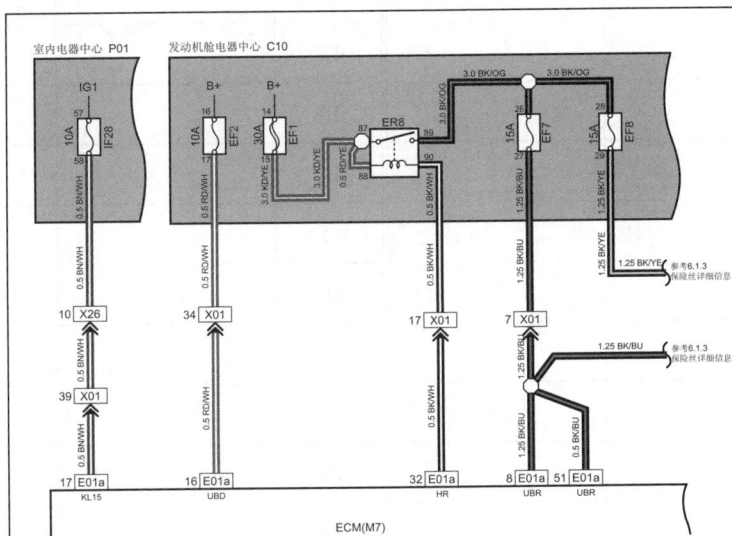

图 1-3　查询 ECM 电路图

（2）整理

按 7S 标准进行场地整理。

> **行业小知识**
>
> 　　一般来说，电子控制系统就是我们常说的电脑控制，核心就是电子控制单元 ECM，一般车辆的 ECM 价值几千元，部分车辆的 ECM 价值上万元。

任务工作单

考核项目:线路读图与电子元件检查任务工单			
模块一:汽车电路查询判读		考核时间: 分钟	
姓名:	班级:	学号:	教师签字:
初评:□合格□不合格	复评:□合格□不合格	师评:□合格□不合格	
日期:	日期:	日期:	

1.记录车辆信息

品牌		整车型号		生产日期	
发动机型号		驱动电机型号		行驶里程	
车辆识别码					

2.查询维修资料,记录指定控制模块端子信息

针脚	导线颜色	功能	针脚	导线颜色	功能
1			11		
2			12		
3			13		
4			14		
5			15		
6			16		
7			17		
8			18		
9			19		
10			20		

作业任务总结

汽车电路查询判读【配分评分表】

序号	评分项	得分条件	评分标准	配分	扣分
1	安全/7S/态度	□1. 能进行工位7S操作 □2. 能进行设备和工具安全检查 □3. 能进行车辆安全防护操作 □4. 能进行工具清洁校准存放操作 □5. 能进行三不落地操作	未完成1项扣3分 扣分不得超15分	15	
2	专业技能	□1. 能正确查询发动机电控系统电路图 □2. 能正确识读电控系统部件及电流走向 □3. 能正确补充电控电路相关信息 □4. 能正确查询电控部件安装位置 □5. 能正确查询自动变速器电控系统电路图 □6. 能正确识读电控系统部件及电流走向 □7. 能正确补充电控电路相关信息 □8. 能正确查询电控部件安装位置 □9. 能正确查询车身电控系统电路图 □10. 能正确识读电控系统部件及电流走向 □11. 能正确补充电控电路相关信息 □12. 能正确查询电控部件安装位置	未完成1项扣5分 扣分不得超50分	50	
3	工具及设备的使用能力	□1. 能正确使用办公软件 □2. 能正常操作计算机	未完成1项扣5分 扣分不得超10分	10	
4	资料、信息查询能力	□1. 能正确使用维修手册查询资料 □2. 能在规定时间内查询所需资料 □3. 能正确记录所查询资料章节页码 □4. 能正确记录所需维修信息	未完成1项扣5分 扣分不得超10分	10	
5	数据、判读和分析能力	□1. 能分析发动机电控系统电路图 □2. 能分析自动变速器电控系统电路图 □3. 能分析车身电控系统电路图能判断面板功能是否正常	未完成1项扣5分 扣分不得超10分	10	
6	表单填写与报告撰写能力	□1. 字迹清晰 □2. 语句通顺 □3. 无错别字 □4. 无涂改 □5. 无抄袭	未完成1项扣1分 扣分不得超5分	5	
合计					

➤　**相关知识**

(1)汽车电路图的介绍

汽车电路图是车辆上各种电气部件的配置和连接关系的图示表达方式。电路图提供了电气系统的电源分配、电气部件名称、线路连接方式,以及搭铁点、连接器等信息。这些信息可以帮助维修技师了解系统的运作方式、辅助寻找和确认各部件的位置、提供判断电流走向的方法以及有助于对电气故障的排除。

(2)电路图常识

下面以长安汽车电路图为例进行介绍,示例电路图如图 1-4 所示。

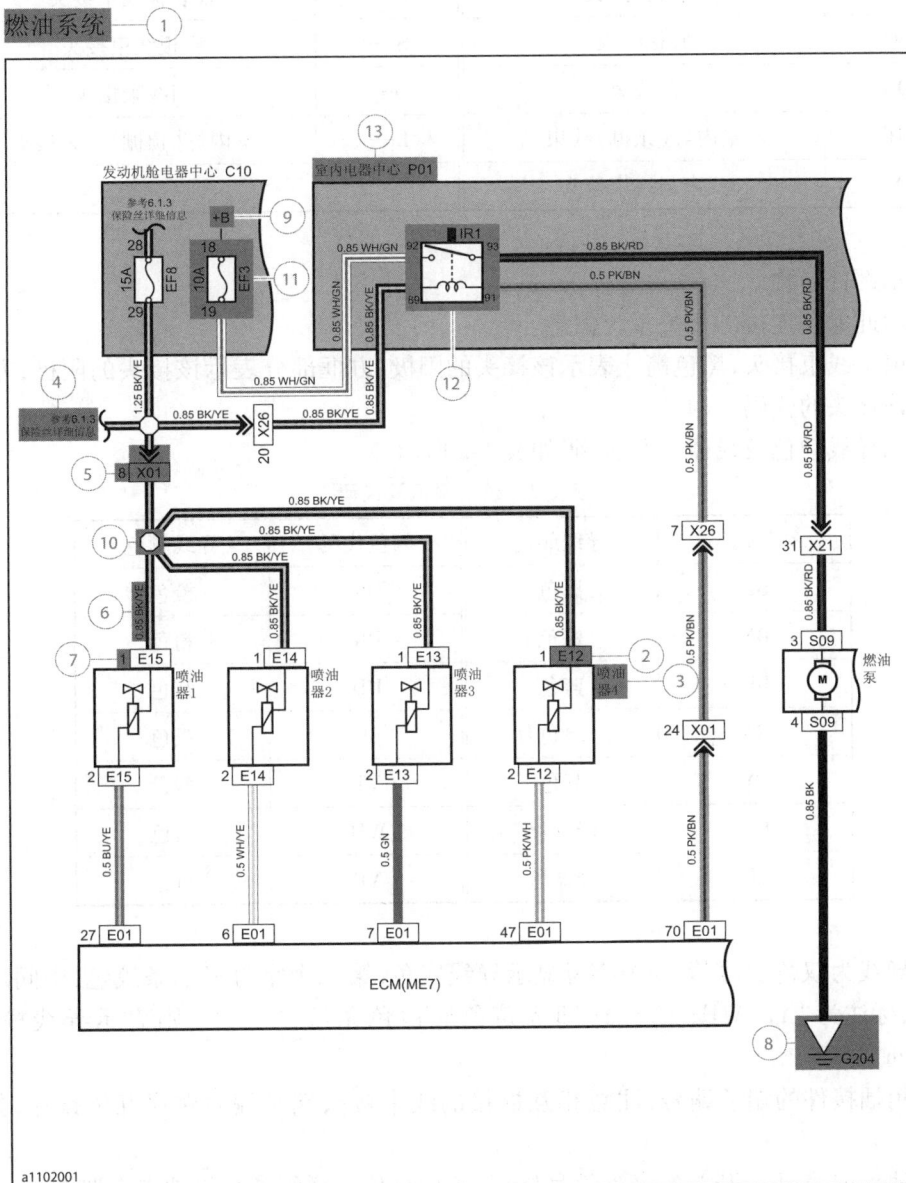

图 1-4　示例电路图

①系统名称:燃油系统。

②线束接头编号。

本电路图册的线束接头编号规则以线束为基础,例如,发动机线束中的 ECM 线束接头编号为 E01,其中 E 为线束代码,01 为接头序列号,表 1-1 为各代码代表的线束。

表 1-1　线束名称及代码

定义	线束名称	定义	线束名称
CA	发动机舱线束	C--	发动机舱线束接头
EN	发动机线束	E--	发动机线束接头
IP	仪表板线束	P--	仪表板线束接头
SO	底板线束	S--	底板线束接头
DR	门线束	D--	门线束接头
RF	室内灯(顶棚)线束	L--	室内灯(顶棚)线束接头
X	线束与线束接头		

③显示部件名称。

④显示此电路连接的相关系统信息。

⑤线束与线束接头,黑色箭头表示该接头的阳极,方框部分表示该接头的阴极,方框内的内容表示该接头的代码。

⑥显示导线颜色及线径,颜色代码如表 1-2 所示。

表 1-2　线束颜色及代码

颜色代码	导线颜色	颜色代码	导线颜色
BK	黑色	OG	橙色
BN	棕色	PK	粉色
BU	蓝色	RD	红色
GN	绿色	SR	银色
GY	灰色	VT	紫色
LG	浅绿色	WH	白色
LU	浅蓝色	YE	黄色

如果导线为双色线,则第一个字母显示导线底色,第二个字母显示条纹色,中间用“/”分隔。例如,标注为“YE/WH”的导线即为黄色底白色条纹,“0.85”则表示导线横截面积为 $0.85~\text{mm}^2$。

⑦显示插接件的端子编号,注意相互插接的线束接头端子编号顺序互为镜像,如图 1-5 所示。

⑧接地点编号以 G 开头的序列编号标识,接地点位置详细参见接地点布置图。

⑨供给保险丝上的电源类型,+B 表示蓄电池电源,ACC 表示点火开关处于“ACC”时的电

源输出,IG1 表示点火开关处于"ON"时的 4 号端子输出,IG2 表示点火开关处于"ON"时的 1 号端子输出。

⑩导线节点,如图 1-6 所示。

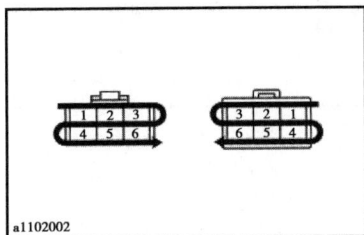

图 1-5　线束端子编号

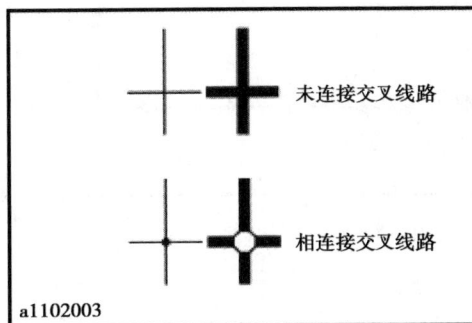

图 1-6　导线节点

⑪保险丝编号由保险丝代码和序列号组成,位于发动机舱的保险丝代码为 EF,室内保险丝代码为 IF。

⑫继电器编号用两个大写英文字母标识,位于发动机舱的继电器代码为 ER,室内继电器代码为 IR。

⑬灰色阴影填充表示电器中心,P01 表示电器中心线束接头代码。

如果由于车型、发动机类型或者配置不同而造成相关电路设计不同,在线路图中用虚线标示,并在线路旁添加说明,如图 1-7 所示。

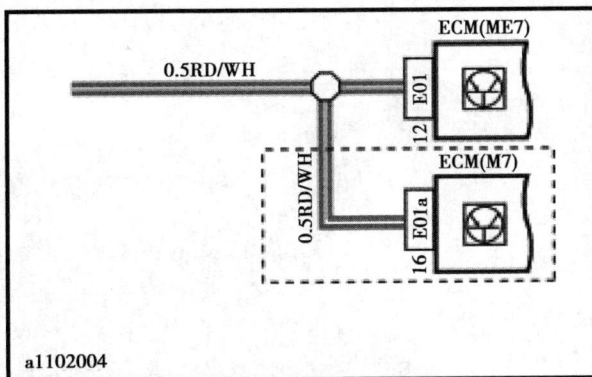

图 1-7　虚线表示线路设

如果电路线与线之间使用 8 字形标识,表示此电路为双绞线,主要用于传感器的信号电路或数据通信电路,如图 1-8 所示。

如果一个系统内容较多,线路需要用多页表示时,线路起点用箭头 A1 表示,线路到达点则用箭头 A1 表示,如一张图中有一条以上的线路转入下页,则分别以 B、C 等字母表示,以此类推,如图 1-9 所示。

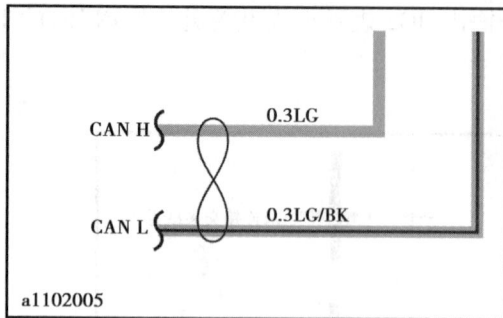

图1-8 双绞线的标识

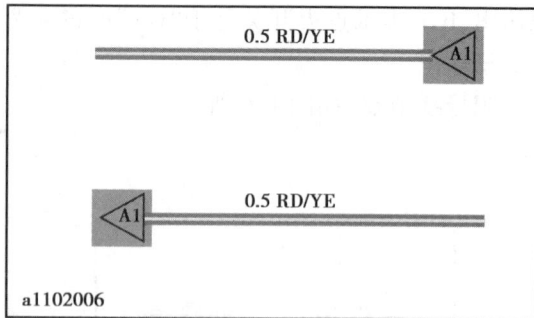

图1-9 转下一页标识

(3)工匠精神

在重庆长安汽车股份有限公司,有7名工人,享受的福利待遇和公司副总经理一样,张传华就是其中之一。这个最初只有高中学历、木工出生的技术工人,不仅在职继续学习,提升学历,更是凭借自己努力,多次获得汽车修理技能相关奖项,并享受国务院政府特殊津贴,成为公司一级技能专家。

汽车工匠代表的不仅是一门技艺,更是一种品格,一种精神。"没有一流的心性,就没有一流的技术"。汽车工匠们正是源于对所在岗位的那份热爱和责任,对内心底线的坚守,才会有他们对产品的精雕细琢、对技术的务实钻研、对传道授业的竭力付出。这些汽车人在工作岗位上默默耕耘,他们贡献一己之力推动着企业进步、行业向前。

➤ **学习任务**

1._____是车辆上各种电气部件的配置和连接关系的图示表达方式。电路图提供了电气系统的_____、_____、_____,以及_____、_____等信息,这些信息可以帮助维修技师了解系统的运作方式、辅助寻找和确认各部件的位置、提供判断_____的方法以及有助于对电气故障的排除。

2.导线颜色代码RD代表的颜色为_____,LG代表的颜色为_____颜色代码YE/WH代表的颜色为_____,导线的0.85表示_____。

3.显示插接件的端子编号,注意相互插接的线束接头端子编号顺序_____。

4.如果电路线与线之间使用 8 字形标识,表示此电路为_____,主要用于传感器的_____或_____。

5.保险丝编号由保险丝代码和序列号组成,位于发动机舱的保险丝代码为_____,室内保险丝代码为_____。

6.继电器编号用两个_____标识。位于发动机舱的继电器代码为_____,室内继电器代码为_____。

7.如果由于车型、发动机类型或者配置不同而造成相关电路设计不同,在线路图中用_____标示,并在线路旁添加说明。

8.接地点编号以字母_____开头的序列编号标识。

9.供给保险丝上的电源类型,+B 表示_____,_____表示点火开关处于"ACC"时的电源输出,IG1 表示点火开关处于_____,IG2 表示点火开关处于"ON"时的_____。

➤　职业模块目标自评

知识目标自评
①掌握电路图的基本组成。
②掌握电路图上各种符号的含义。
③熟悉维修手册的结构。

技能目标自评
①能够独立查询电路图。
②能够独立查询维修手册。
③会使用维修手册提供的信息对照实车寻找部件位置。

素养目标自评
①能够在工作过程中与小组其他成员合作、交流,养成团队合作意识,锻炼沟通能力。
②养成 7S 的工作习惯,遵循企业文化。
③强化节约与环保意识。

任务 1.2　模块控制电路查询

本任务根据汽车运用与维修(含智能新能源汽车)"1+X"证书制度职业技能等级标准中新能源汽车电子电气空调舒适系统检查保养技术【初级】模块一所对应的模块控制电路查询内容进行设定。

任务定位

		一					二					三				四			
工作																			
职业功能		线路读图与电子元件检查					启动与充电系统检查保养					灯光与电器系统检查保养				空调与舒适系统检查保养			
任务分解要项		1	2	3	4	5	6	7	8	9	10	11	12	13	14	15	16	17	18	19	20
实训项目	资料数据参数	仪器量具量具使用	拆装量具调试	汽车电路查询判读	模块控制电路查询	传感器电路的查询	执行元件电路查询	电子元件检查判读	串联启动充电检查	并联启动充电检查	混联启动充电检查	混联启动机的保养	混联发电机的保养	前照大灯光束调整	洗涤系统检查保养	全车灯光检查保养	灯光电路连接检查	仪表室内灯光检查	制冷暖风性能检查	制冷系统检查保养	过滤通风系统检查	舒适系统初始设定	车门车窗饰件保养
技能知识		8					4					1				5			
单组时间		3	3	3	3	3	3	3	3	3	3	3	3	3	3	3	3	3	3	3	3

设备与工具清单

任务	作业项目	设备与工具清单
汽车电路查询判读	1. 发动机控制模块电路及线束端子信息查询 2. 自动变速器控制模块电路及线束端子信息查询 3. 车身控制模块电路及线束端子信息查询	计算机、维修手册

➤ **作业项目　自动变速器控制模块电路及线束端子信息**

工作情境描述

一辆长安轿车，车辆行驶里程为 80 000 km。打开点火开关，车辆仪表发动机故障指示灯常亮，用诊断仪读取故障码，发现与 TCM 无法通信。现在维修技师要求学徒查询维修手册中电控变速器部分，学徒现在进行维修手册查询。

作业设备工具

电脑、维修手册、诊断仪。

作业准备

连接好电脑电源。

作业步骤

（1）打开电脑、查询维修手册

①点击打开电子版维修手册。

②根据目录查询自动变速器，查询目录 3.3.1 自动变速器，如图 1-10 所示。

| 书签 | × | 1.1.1-2 | 目录 | 1.1.1-2 |

Q 书签查找

3.3.1 自动变速器 3.3.1-1
　电源 / 传感器 / 执行器 3.3.1-1
　模式开关 / 故障灯 3.3.1-2
　档位开关信号 3.3.1-3

3.3.3 车速信号 3.3.3-1

4.1.1 空调系统 4.1.1-1

4.2.1 安全气囊约束系统 4.2.1-1

4.3.2 仪表 4.3.2-1
　电源及信号 4.3.2-1
　信号灯 4.3.2-2
　信号灯 4.3.2-3

4.3.3 喇叭 4.3.3-1

4.3.4 点烟器 / 附件电源 4.3.4-1

4.3.5 信息和娱乐系统 4.3.5-1
　电源 4.3.5-1
　扬声器 4.3.5-2

4.3.6 照明系统 4.3.6-1
　前照灯 4.3.6-1
　制动灯 4.3.6-2
　转向信号灯 4.3.6-3
　位置及驻车灯（两厢） 4.3.6-4
　位置及驻车灯（三厢） 4.3.6-5

书签侧栏：
📄 1.1.4符号　　　　　　11
▸📄 1.1.5故障诊断方法　　13
　📄 2.3.7防抱死控制　　　23
▸📄 3.1.4冷却系统　　　　28
▸📄 3.1.7燃油系统　　　　34
▸📄 3.1.8点火系统　　　　40
▸📄 3.1.9启动系统　　　　46
　📄 3.1.10充电系统　　　51
▸📄 3.1.14电子控制系统-M7　56
▸📄 3.1.15电子控制系统-ME7　66
▸📄 3.3.1自动变速器　　　[3.3.1自动变速器]
　📄 3.3.3车速传感器　　　81
▸📄 4.1.1空调系统　　　　86
▸📄 4.2.1安全气囊约束系统　95
▸📄 4.3.2仪表　　　　　　99
▸📄 4.3.3喇叭　　　　　　105
　📄 4.3.4点烟器/附件电源　107
▸📄 4.3.5信息和娱乐系统　110

图 1-10　查询自动变速器目录

③查询维修手册自动变速器电路图，如图 1-11 所示。

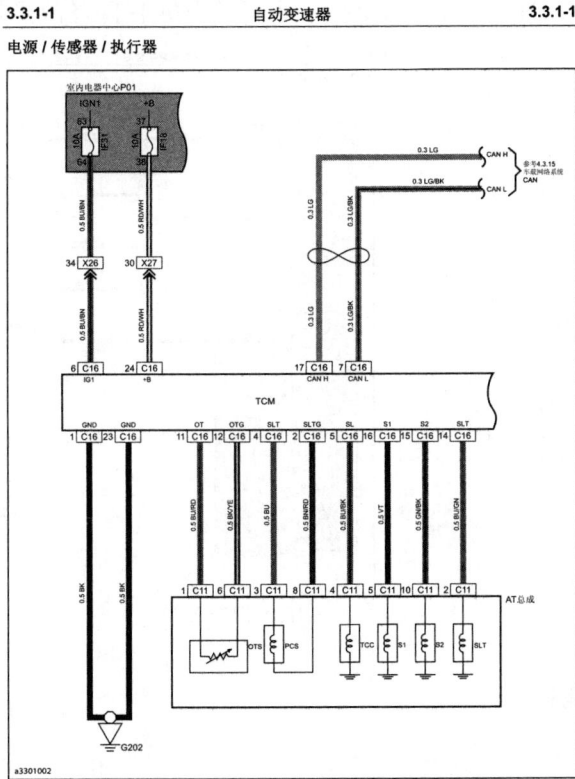

图 1-11　查询自动变速器电路图

④由于是 TCM 无法通讯，首先确定 TCM 的供电和搭铁是否正常。

⑤查询发现 C16 插头的 6 号端子没有供电，检查发现室内电气中心的 IF31 号位置的 10A 保险损坏导致，由于 TCM 没有供电导致 TCM 无法通信，如图 1-12 所示。

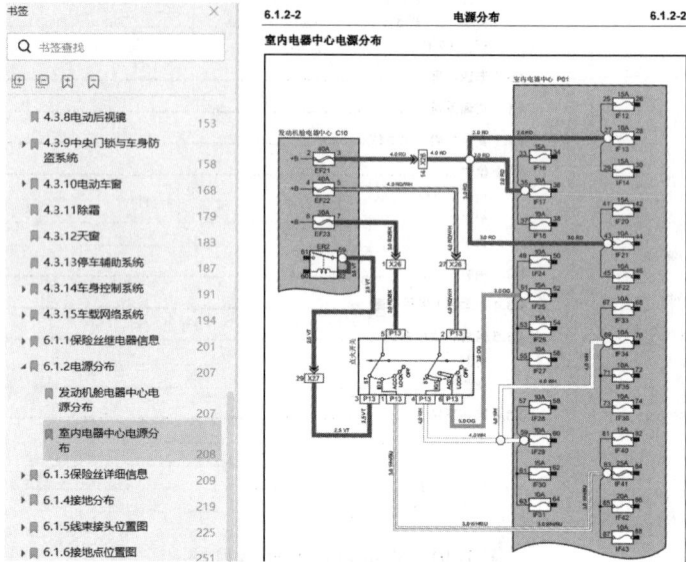

图 1-12　查询自动变速器供电电路图

⑥再次确认保险丝 IF31 详细信息，更换一个新的 10A 保险丝故障排除，如图 1-13 所示。

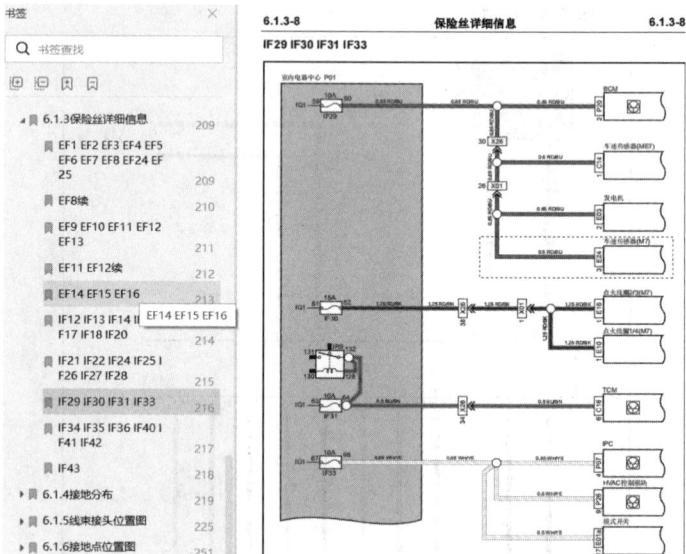

图 1-13　查询 IF31 保险丝信息

（2）**整理**

按 7S 标准进行场地整理。

> **行业小知识**
>
> 一般来说，一根小小的保险丝价格只有几角，但是排除故障的技术至少价值上百元。在市场上用诊断仪读取一次故障码的价格就在 50 元以上。

任务工作单

考核项目:线路读图与电子元件检查任务工单			
模块二:模块控制电路查询		考核时间: 分钟	
姓名:	班级:	学号:	教师签字:
初评:□合格□不合格	复评:□合格□不合格	师评:□合格□不合格	
日期:	日期:	日期:	

1. 记录车辆信息

品牌		整车型号		生产日期	
发动机型号		驱动电机型号		行驶里程	
车辆识别码					

2. 查询维修资料,记录自动变速器控制模块端子信息

针脚	导线颜色	功能	针脚	导线颜色	功能
1			11		
2			12		
3			13		
4			14		
5			15		
6			16		
7			17		
8			18		
9			19		
10			20		

3. 查询维修资料,记录自动变速器控制模块保险丝信息

序号	保险丝名称	保险丝电流大小	保险丝颜色
1			
2			
3			
4			

作业任务总结

模块控制电路查询【配分评分表】

序号	评分项	得分条件	评分标准	配分	扣分
1	安全/7S/态度	□1. 能进行工位7S操作 □2. 能进行设备和工具安全检查 □3. 能进行车辆安全防护操作 □4. 能进行工具清洁校准存放操作 □5. 能进行三不落地操作	未完成1项扣3分 扣分不得超15分	15	
2	专业技能	□1. 能正确查询发动机电控系统电路图 □2. 能正确识读电控系统部件及电流走向 □3. 能正确补充电控电路相关信息 □4. 能正确查询电控部件安装位置 □5. 能正确查询自动变速器电控系统电路图 □6. 能正确识读电控系统部件及电流走向 □7. 能正确补充电控电路相关信息 □8. 能正确查询电控部件安装位置 □9. 能正确查询车身电控系统电路图 □10. 能正确识读电控系统部件及电流走向 □11. 能正确补充电控电路相关信息 □12. 能正确查询电控部件安装位置	未完成1项扣5分 扣分不得超50分	50	
3	工具及设备的使用能力	□1. 能正确使用办公软件 □2. 能正常操作计算机	未完成1项扣5分 扣分不得超10分	10	
4	资料、信息查询能力	□1. 能正确使用维修手册查询资料 □2. 能在规定时间内查询所需资料 □3. 能正确记录所查询资料章节页码 □4. 能正确记录所需维修信息	未完成1项扣5分 扣分不得超10分	10	
5	数据、判读和分析能力	□1. 能分析发动机电控系统电路图 □2. 能分析自动变速器电控系统电路图 □3. 能分析车身电控系统电路图能判断面板功能是否正常	未完成1项扣5分 扣分不得超10分	10	
6	表单填写与报告撰写能力	□1. 字迹清晰 □2. 语句通顺 □3. 无错别字 □4. 无涂改 □5. 无抄袭	未完成1项扣1分 扣分不得超5分	5	
合计					

➤ **相关知识**

（1）控制模块介绍

控制模块是车辆控制系统的核心，可视为车辆控制系统的大脑，具有强大的数学运算、逻辑判断、数据处理与数据管理等功能，其作用主要体现在以下几个方面：

①给传感器提供参考（基准）电压。

②存储分析计算所用的程序、车型的特点参数、运算中的数据及故障信息。

③运算分析，即根据信息参数求出执行命令并输出给执行器。

④将输出的信息与标准值对比，查出故障并输出故障信息。

⑤自我修正（自适应功能）。

常见的控制模块包括发动机控制模块（ECU 或者 ECM），变速器控制模块（TCM），车身控制模块（BCM）等。

（2）控制模块组成及工作过程

控制模块是以微型计算机为核心所组成的电子控制装置，并在内存中存储设计者事先编制的程序或控制软件。控制模块由硬件和软件两部分组成。

1）硬件

ECU 的硬件按照功能可分为输入电路、微型计算机和输出电路 3 个部分，如图 1-14 所示。随着芯片集成度的提高，现代汽车 ECM 中组成微型计算机的微处理器（CPU）、存储器、时钟发生器、定时器、输入/输出（I/O）接口和输入元件中的模/数（A/D）转换器等均已集成于大规模集成电路芯片中，具有计算机的全部功能。

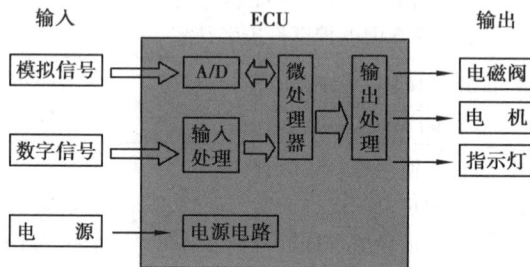

图 1-14　ECU 基本组成

从传感器来的信号，首先进入输入处理电路进行预处理，一般是在去除杂波和把正弦波变为矩形波后转换成输入电平。对于 CPU 不能直接处理的模拟信号，A/D 转换器将其转换为数字信号后再输入。输出处理电路将 CPU 发出的指令转变成控制信号来驱动执行器工作，一般有控制信号的生成和放大等功能。

2）软件

ECU 的软件包括控制程序和数据两部分，最主要的是主控程序。主控程序的主要任务是实现整个系统初始化、协调系统工作时序、设定控制模式，包括常用工况及其他工况下喷油信号和点火信号的输出程序。软件中还有转速和负荷的处理程序、中断处理程序等。为实现发动机各种工况及运行条件下最佳的综合性能，ECM 必须以最佳的控制参数（如喷油脉宽和点火提前角）控制发动机在最佳运行状况下运转，这些控制参数的最佳数据是设计人员经过精确计算和大量实验取得的，全部以离散数据的形式预先存储在只读存储器（ROM）中。

3）工作过程

发动机启动时,ECM 进入工作状态,相应程序从 ROM 中被读取至 CPU。这些程序可以用来控制点火时刻、燃油喷射、怠速等。通过 CPU 的控制,一个个指令逐个地循环执行。CPU 工作过程如图 1-15 所示。

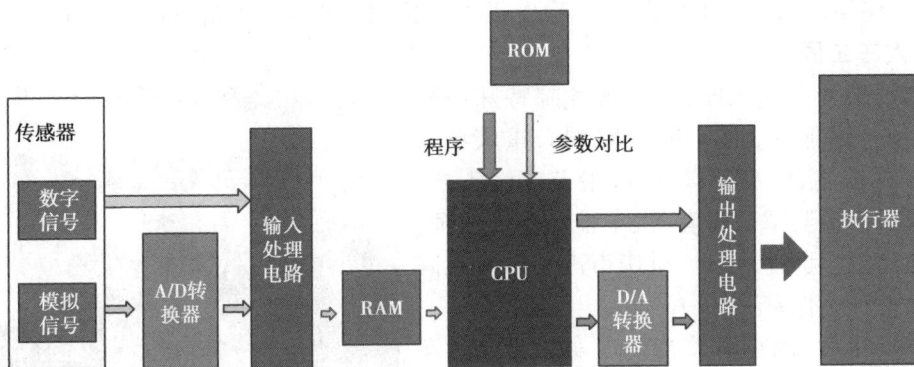

图 1-15　ECU 的工作过程

（3）控制模块常见诊断方法

进行发动机故障诊断时,如果能够掌握一些基本步骤和方法,就有可能准确而迅速地确定故障所在。发动机故障诊断可分为初步诊断和深入诊断。初步诊断是根据故障的现象,判断故障产生原因的大致范围。深入诊断是根据初步诊断的结果对故障原因进行分析、查找,直到找出产生故障的具体部位。发动机故障诊断的基本方法可分为:直观诊断、仪器设备诊断、利用自诊断系统诊断等。

1）直观诊断

直观诊断也称为人工诊断或经验诊断,就是在故障诊断过程中,通过人的感觉器官对发动机的故障现象经过问、看、听、摸、闻、试、比等过程,了解和掌握故障现象的特点,对故障现象进行深入分析与判断,找出故障部位的诊断方法。

2）仪器设备诊断

仪器设备诊断法是指采用检测设备、仪器和工具来检测汽车的结构参数、技术状态(如间隙、尺寸、形状、相关位置的变动、真空度、压力、油耗和功率等)、曲线和波形等,从而对汽车故障进行诊断的方法。

3）利用自诊断系统诊断

现代汽车都配有车载诊断系统(OBD),检测并验证与排放相关的系统和部件的性能。如果其中某个或某些部件(包括传感器、执行器和控制器)出现故障或工作异常,导致 HC、CO 或者 NOx 的排放超过规定值,OBD 系统将设置相关的 DTC(故障代码),并点亮或闪烁仪表上的发动机故障指示灯,如图 1-16 所示。有些车辆仪表上的信息中心还可能会提示相应的维修操作,专用故障诊断仪可以读取 DTC,为查找故障和排除故障带来极大的方便。

当打开点火开关且发动机未运转时,点亮发动机故障指示灯。在有些新车型的系统中,若没有故障,指示灯点亮 3 s 熄

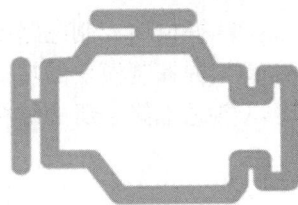

图 1-16　发动机的故障指示灯

灭,若检测到故障,此指示灯常亮或闪烁;在发动机运行过程中,故障指示灯通常关闭。若设置了故障代码或 ECM 进入了备用模式,则故障灯将点亮。若相关的症状消失,且故障不再出现,故障指示灯可能熄灭,但是诊断故障码将仍存储在 ECM 的存储器中。故障指示灯点亮或闪烁,表明发动机出现故障,目的是提醒驾驶员需要进行检查维修。如果发动机故障指示灯点亮,需要使用诊断工具来检索故障代码,并严格按照维修手册的流程进行操作。

(4)汽车工匠

陈志军是新一代工匠,享受国务院特殊津贴专家,全国技术能手,重庆市技能大师,重庆英才高技能领军人才,巴渝特级技师,最美巴渝工匠,重庆市五一劳动奖章获得者,汽车维修高级技师,长安汽车高级培训师,建有"重庆市汽车维修工陈志军首席大师工作室"。

大学毕业后,他在学校当一名实验员。汽车实训是耗材消耗极高的实训,当时试验室的电池使用破坏率极高。为了解决这一难题,他日夜在实验室钻研,经过漏电测试、放电控制测试、并联充电测试、上车断电测试等上百次试验,解决了汽车专业实训电池消耗大、破坏率高的教学难题,与此同时获得了他人生中第一个专利。

经过 14 年的努力,他获得《汽车轮毂发电机》发明专利 21 项,《汽车安全门锁示教板》等实用新型专利 75 余项,先后指导学生竞赛 12 次。期间有效解决了汽车教学设备缺乏以及维修保养困难等问题,成为汽车维修界当之无愧的"发明家"。

➤ **学习任务**

1. ECM 的中文名字为_____,TCM 的中文名字为_____,BCM 的中文名字为_____。

2. 控制模块主要由_____、_____两部分组成。

3. 故障指示灯_____或_____,表明发动机出现故障,目的是提醒驾驶员需要进行检查维修。

4. 发动机故障诊断的基本方法可分为:_____、_____和_____等。

5. 控制模块常用诊断方法有_____、_____、_____。

➤ **职业模块目标自评**

知识目标自评
①掌握模块控制电路电路图的基本组成。
②掌握控制模块的功能与组成。
③熟悉维修手册的结构。

技能目标自评

①能够独立查询电路图。

②能够独立查询维修手册。

③会使用维修手册提供的信息对照实车寻找部件位置。

素养目标自评

①能够在工作过程中与小组其他成员合作、交流,养成团队合作意识,锻炼沟通能力。

②养成 7S 的工作习惯,遵循企业文化。

③弘扬工匠精神,宣扬社会主义核心价值观,培养学生奋发图强的爱国主义精神。

④强化节约与环保意识。

任务 1.3　传感器电路的查询

本任务根据汽车运用与维修(含智能新能源汽车)"1+X"证书制度职业技能等级标准中新能源汽车电子电气空调舒适系统检查保养技术【初级】模块一所对应的传感器电路的查询内容进行设定。

任务定位

	工作	一					二					三					四				
实训项目	职业功能	线路读图与电子元件检查					启动与充电系统检查保养					灯光与电器系统检查保养					空调与舒适系统检查保养				
	任务分解要项	1	2	3	4	5	6	7	8	9	10	11	12	13	14	15	16	17	18	19	20
资料数据参数仪器量具使用拆装量具调试		汽车电路查询判读	模块控制电路查询	传感器电路的查询	执行元件电路查询	电子元件检查判读	串联启动充电检查	并联启动充电检查	混联启动充电检查	混联发电机的保养	混联发电机的保养	前照大灯光束调整	洗涤系统检查保养	全车灯光检查保养	灯光电路连接检查	仪表室内灯光检查	制冷暖风性能检查	制冷系统检查保养	过滤通风系统检查	舒适系统初始设定	车门车窗饰件保养
技能知识		8					4					1					5				
单组时间		3	3	3	3	3	3	3	3	3	3	3	3	3	3	3	3	3	3	3	3

		【新能源汽车电子电气空调舒适技术】—初级-强化项目表																		

设备与工具清单

任务	作业项目	设备与工具清单
传感器电路的查询	1. 发动机电控系统传感器电路及线束端子信息查询 2. 自动变速器电控系统传感器电路及线束端子信息查询 3. 车身电控系统传感器电路及线束端子信息查询	计算机、维修手册

➤ **作业项目　发动机电控系统传感器电路及线束端子查询**

工作情境描述

一辆长安轿车,车辆行驶里程为 30 000 km,车主到店反映车辆故障指示灯点亮,提出让维修技师帮忙检查维修。

作业设备工具

故障诊断仪、万用表、电脑、维修手册等。

作业准备

车辆在工位停放周正、前后车轮处放置挡块;

铺好车内、外防护套,确保电量、油量充足;

确保工位废气排放系统工作正常;

工作人员按要求穿着工装、佩戴手套。

作业步骤

(1)用故障诊断仪读取故障码

①打开车门,安装车内防护用品,连接诊断仪与车辆诊断接口 OBD-Ⅱ接口,如图 1-17 所示。现代汽车诊断接口均为 OBD-Ⅱ,通常位于驾驶舱脚踏板上方。

②进入诊断界面,读取故障码,故障码为 P0340。

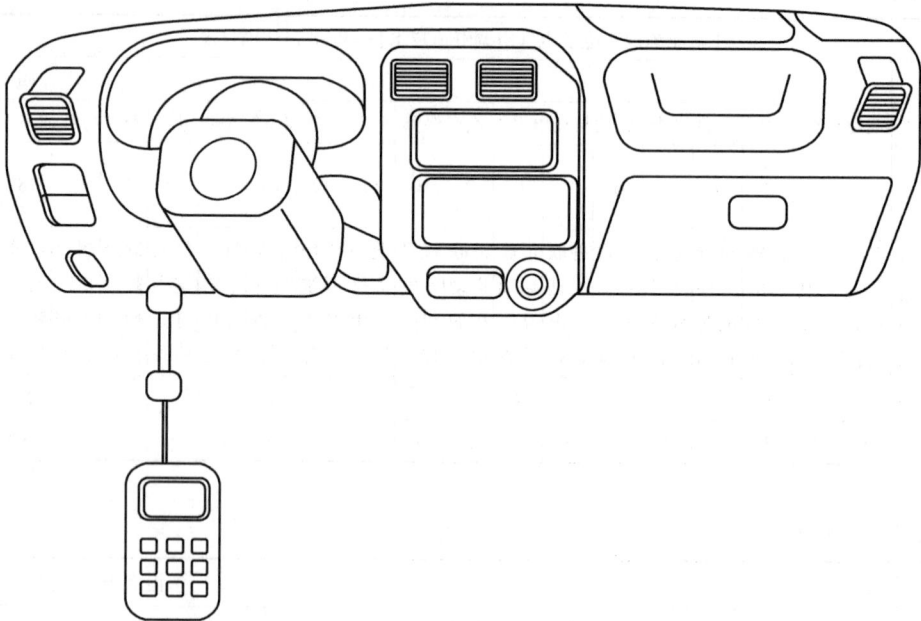

图 1-17　诊断仪与 OBD-Ⅱ接口相连

(2)查询维修手册

①点击打开电子版维修手册,如图 1-18 所示。

1.1.1-1	目录	1.1.1-1
1.1.3 介绍		1.1.3-1
1.1.4 符号		1.1.4-1
1.1.5 故障诊断方法		1.1.5-1
	故障诊断流程	1.1.5-1
	故障诊断设备	1.1.5-1
	故障检测	1.1.5-2
	维修参考工具	1.1.5-4
	线束端子维修	1.1.5-6
2.3.7 防抱死控制		2.3.7-1
3.1.4 冷却系统		3.1.4-1
	冷却系统 (ME7)	3.1.4-1
	冷却系统 (M7)	3.1.4-2
	冷却系统 (1.3L)	3.1.4-3
3.1.7 燃油系统		3.1.7-1
	燃油系统 (ME7)	3.1.7-1
	燃油系统 (M7)	3.1.7-2
3.1.8 点火系统		3.1.8-1
	点火系统 (ME7)	3.1.8-1
	点火系统 (M7)	3.1.8-2
3.1.9 启动系统		3.1.9-1
	启动系统 (MT)	3.1.9-1
	启动系统 (AT)	3.1.9-2
3.1.10 充电系统		3.1.10-1
3.1.14 电子控制系统 -M7		3.1.14-1
	电源及数据线	3.1.14-1
	MAP/TPS/CMP	3.1.14-2
	HO2S/EVAP	3.1.14-3
	ECT/IAC/ 仪表通讯	3.1.14-4

书签	×
目录	3
1.1.3介绍	7
1.1.4符号	11
1.1.5故障诊断方法	13
2.3.7防抱死控制	23
3.1.4冷却系统	28
3.1.7燃油系统	34
3.1.8点火系统	40
3.1.9启动系统	46
3.1.10充电系统	51
3.1.14电子控制系统-M7	56
3.1.15电子控制系统-ME 7	66
3.3.1自动变速器	76
3.3.5车速传感器	81
4.1.1空调系统	86

图 1-18　打开维修手册

②在搜索栏中搜索故障代码 P0340,如图 1-19 所示,查询维修手册得知 P0340 含义为凸轮轴位置传感器安装位置不当。

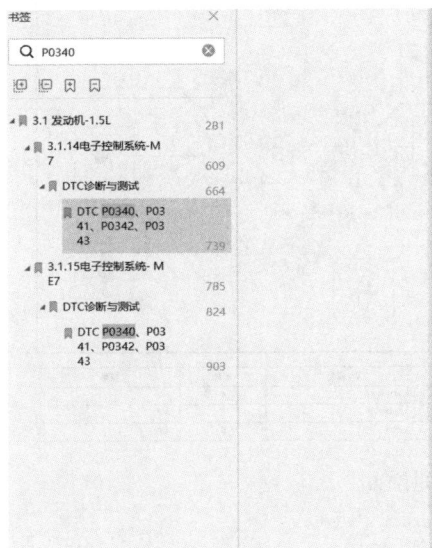

书签	×
Q P0340	
3.1 发动机-1.5L	281
3.1.14电子控制系统-M 7	609
DTC诊断与测试	664
DTC P0340、P03 41、P0342、P03 43	739
3.1.15电子控制系统- M E7	785
DTC诊断与测试	824
DTC P0340、P03 41、P0342、P03 43	903

DTC P0340、P0341、P0342、P0343

1. 故障代码说明

故障码	说明	定义
P0340	凸轮轴位置传感器安装位置不当	凸轮轴位置传感器线路包括以下线路:
P0341	凸轮轴位置传感器接触不良	• 参考电压: ECM 通过 ECM 线束插头 E01a 的 19 号端子给 CMP 传感器线束插头 E11 的 3 号端子提供参考电压。
P0342	凸轮轴位置传感器对地短路	• 信号线路: ECM 通过 ECM 线束插头 E01a 的 42 号端子接收来自 CMP 传感器线束插头 E11 的 2 号端子的信号电压。
P0343	凸轮轴位置传感器对电源短路	• ECM 低参考电压线路: ECM 通过 ECM 线束插头 E01a 的 40 号端子将 CMP 传感器线束插头 E11 的 1 号端子提拉于低电位。

2. 可能的原因

故障码	检测策略	设置条件 (控制策略)	故障部位
P0340	接触不良	• 相位信号寄存器值等于 255 或 0 • 相位信号跳变记数大于 4	• 传感器线路 • 传感器 • 凸轮轴信号轮 •ECM
P0341	接触不良	• 相位信号寄存器值大于 0 小于 255 • 相位信号寄存器值不等于 170 或 85	
P0342	对地短路	• 相位信号寄存器值等于 0	
P0343	对电源短路	• 相位信号寄存器值等于 255	

图 1-19　P0340 故障代码说明

③点击目录部件说明,查询凸轮轴位置传感器 CMP 的作用,如图 1-20 所示。

书签 ×

🔍 书签查找

发电机总成 571
▶ 3.1.11排放控制系统 573
▶ 3.1.12巡航控制系统 585
▶ 3.1.13发动机防盗系统 599
▼ 3.1.14电子控制系统-M 7 609
  ▶ 规格 609
  ▼ 说明与操作 610
    系统概述 610
    部件说明 615
    部件位置图 619
  ▶ 一般检查 621
  ▶ 故障现象诊断与测试 622
  ▶ DTC诊断与测试 664
  ▶ 拆卸与安装 771
▶ 3.1.15电子控制系统- M E7 785
▶ 3.2 发动机-1.3L 949
▶ 3.3 自动变速器/变速驱动桥 959
▶ 3.4 手动变速器/变速驱动桥/离合器 1075

凸轮轴位置传感器 CMP

凸轮轴位置传感器是一种位于凸轮轴外侧盖的霍尔效应传感器,用来撷取第1缸进气凸轮轴凸起的信号。凸轮轴位置传感器是不可调整的并且在安装时不需要进行设定程序。

A3114615

曲轴位置传感器 CKP

曲轴位置传感器是一种位于离合器壳体上电磁感应传感器,曲轴位置传感器信号用来撷取飞轮信号齿圈。信号齿圈有58个齿,ECM依据缺齿信号判断一缸上止点位置。曲轴位置传感器是不可调整的,并且在安装时不需要进行设定程序。

A3114617

前氧传感器

前氧传感器位于排气歧管上,三元催化器之前,是一种氧化锆型氧传感器。前氧传感器并且用来监控燃烧室中空气燃油混合燃烧后产生气体的含氧量。来自前氧传感器的信号由ECM接收并且用来调整喷油脉冲宽度。

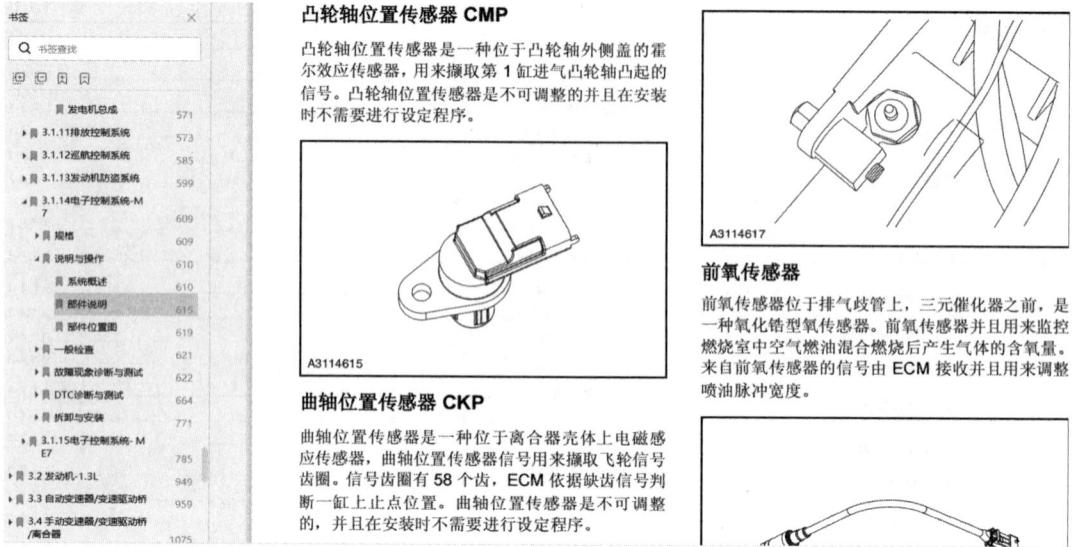

图1-20 查询凸轮轴位置传感器的作用

凸轮轴位置传感器是一种位于凸轮轴外侧盖的霍尔效应传感器,用来采集第1缸进气凸轮轴凸起的信号。凸轮轴位置传感器是不可调整的并且在安装时不需要进行程序设定。

④点击目录部件位置图,查询CMP在发动机上的位置,如图1-21所示。

⑤点击目录拆卸与安装,查询凸轮轴位置传感器的拆装,如图1-22所示。

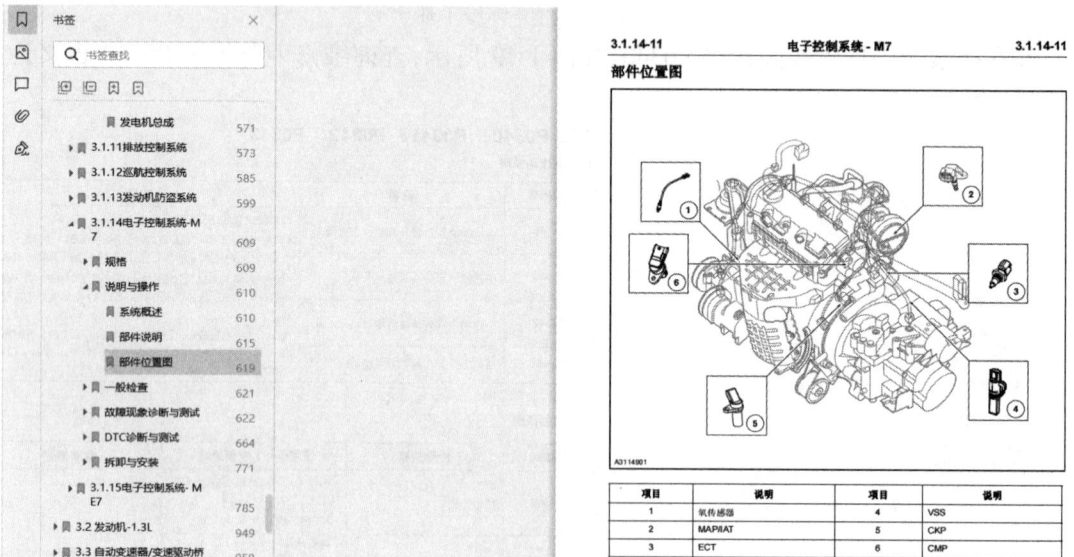

书签 ×

🔍 书签查找

发电机总成 571
▶ 3.1.11排放控制系统 573
▶ 3.1.12巡航控制系统 585
▶ 3.1.13发动机防盗系统 599
▼ 3.1.14电子控制系统-M 7 609
  ▶ 规格 609
  ▼ 说明与操作 610
    系统概述 610
    部件说明 615
    部件位置图 619
  ▶ 一般检查 621
  ▶ 故障现象诊断与测试 622
  ▶ DTC诊断与测试 664
  ▶ 拆卸与安装 771
▶ 3.1.15电子控制系统- M E7 785
▶ 3.2 发动机-1.3L 949
▶ 3.3 自动变速器/变速驱动桥 959

3.1.14-11　　　电子控制系统 - M7　　　3.1.14-11

部件位置图

A3114001

项目	说明	项目	说明
1	氧传感器	4	VSS
2	MAP/IAT	5	CKP
3	ECT	6	CMP

图1-21 查询凸轮轴位置传感器的位置

(3)检查凸轮轴位置传感器

在检查凸轮轴位置传感器之前,首先要查询凸轮轴位置传感器的诊断流程,如图1-23所示,通常便于理解凸轮轴位置传感器的诊断流程,需查询凸轮轴位置传感器的电路图,如图1-24所示。

①一般检查。检查传感器线束插头E11是否存在松动、接触不良等情况;检查传感器安装是否正确;检查传感器间隙是否正常。

书签　　　　　　　　　✕

🔍 书签查找

⊞ ⊟ 🏷 🏷

　　　📄 部件位置图　　　　619
　▸ 📄 一般检查　　　　　621
　▸ 📄 故障现象诊断与测试　622
　▸ 📄 DTC诊断与测试　　664
　▾ 📄 拆卸与安装　　　　771
　　　📄 发动机控制模块　　771
　　　📄 曲轴位置传感器　　772
　　　📄 凸轮轴位置传感器　773
　　　📄 节气门位置传感器　774
　　　📄 怠速控制阀　　　　775
　　　📄 发动机冷却液温度
　　　　　传感器　　　　　776
　　　📄 进气压力温度传感
　　　　　器　　　　　　　777

3.1.14-165　　　　　电子控制系统 -M7　　　　　3.1.14-165

凸轮轴位置传感器

拆卸

1. 断开蓄电池负极线束。

　　参考： 蓄电池的检查 (3.1.10 充电系统，一般检查)。

2. 断开凸轮轴位置传感器线束接头。

3. 拆卸凸轮轴位置传感器固定螺栓。

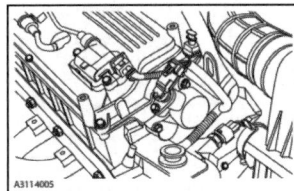

A3114005

安装

1. 安装的顺序与拆卸顺序相反。

图 1-22　查询凸轮轴位置传感器的拆卸与安装

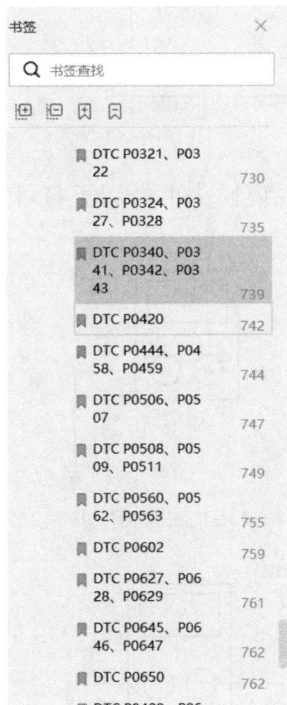

书签　　　　　　　　　✕

🔍 书签查找

⊞ ⊟ 🏷 🏷

　　📄 DTC P0321、P03
　　　22　　　　　　　730
　　📄 DTC P0324、P03
　　　27、P0328　　　735
　　📄 DTC P0340、P03
　　　41、P0342、P03
　　　43　　　　　　　739
　　📄 DTC P0420　　　742
　　📄 DTC P0444、P04
　　　58、P0459　　　744
　　📄 DTC P0506、P05
　　　07　　　　　　　747
　　📄 DTC P0508、P05
　　　09、P0511　　　749
　　📄 DTC P0560、P05
　　　62、P0563　　　755
　　📄 DTC P0602　　　759
　　📄 DTC P0627、P06
　　　28、P0629　　　761
　　📄 DTC P0645、P06
　　　46、P0647　　　762
　　📄 DTC P0650　　　762
　　📄 DTC P0480、P06

2. 可能的原因

故障码	检测策略	设置条件（控制策略）	故障部位
P0340	接触不良	• 相位信号寄存器值等于 255 或 0 • 相位信号跳变记数大于 4	• 传感器线路 • 传感器 • 凸轮轴信号轮 • ECM
P0341	接触不良	• 相位信号寄存器值大于 0 小于 255 • 相位信号寄存器值不等于 170 或 85	
P0342	对地短路	• 相位信号寄存器值等于 0	
P0343	对电源短路	• 相位信号寄存器值等于 255	

3. 诊断流程

测试条件	细节 / 结果 / 措施
1. 一般检查	
	A. 检查传感器线束插头 E11 是否存在松动、接触不良等情况。 B. 检查传感器安装是否正确。 C. 检查传感器间隙是否正常。 是否正常？ →**是** 至步骤 2。 →**否** 维修故障点。
2. 检查凸轮轴位置传感器电源线路	

图 1-23　查询凸轮轴位置传感器的诊断流程

　　②检查凸轮轴位置传感器电源线路。转动点火开关至"LOCK"位置,断开凸轮轴位置传感器线束插头,再转动点火开关至"ON"位置,测量凸轮轴位置传感器线束插头 3 号端子与可靠接地之间的电压值。标准电压值为 4.5～5.5 V,如图 1-25 所示。

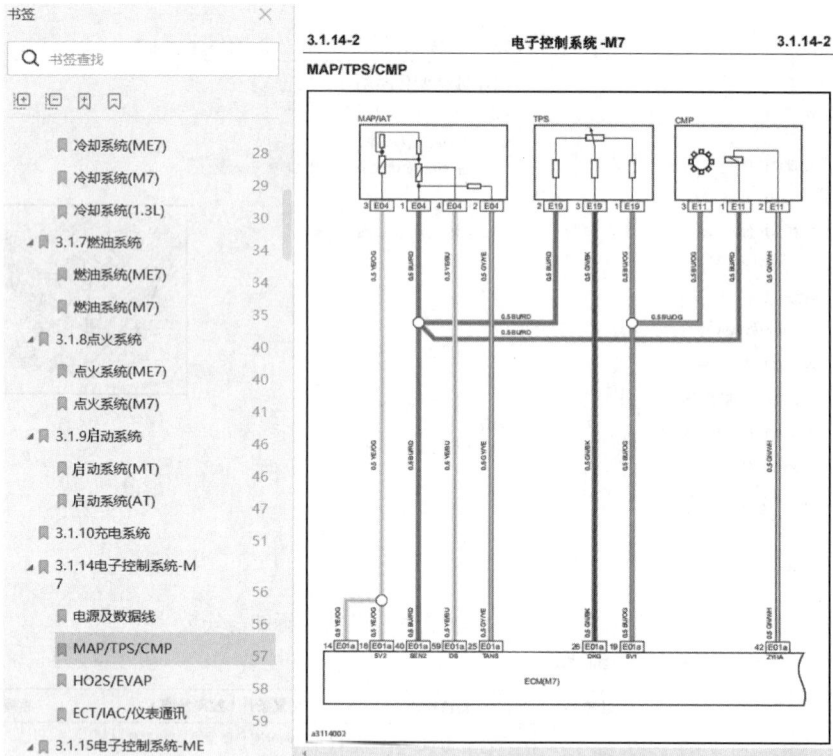

图 1-24　凸轮轴位置传感器电路图

③检查凸轮轴位置传感器接地线路。测量凸轮轴位置传感器线束插头 1 号端子与可靠接地之间的电阻值。标准电阻值小于 3 Ω，如图 1-26 所示。

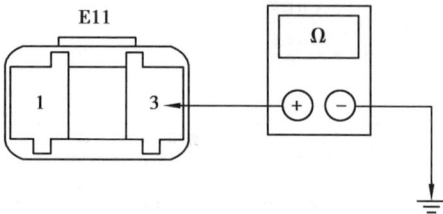

图 1-25　检查凸轮轴位置传感器电源线路　　　图 1-26　检查凸轮轴位置传感器接地线路

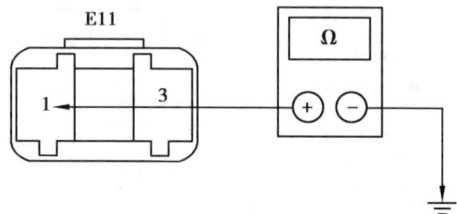

④检查凸轮轴位置传感器信号线路。转动点火开关至"LOCK"位置，断开凸轮轴位置传感器线束插头，再转动点火开关至"ON"位置，测量凸轮轴位置传感器线束插头 2 号端子与可靠接地之间的电压值，标准电压值为 4.5 ~ 5.5 V，如图 1-27 所示。

⑤检查凸轮轴位置传感器信号轮安装位置及齿形。

（4）**场地整理**

实训完毕，关断电源，按要求断开连接导线，收好器件和仪表，按 7S 标准进行场地整理。

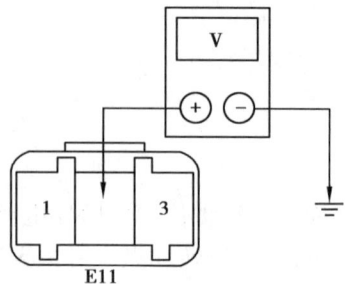

图 1-27　检查凸轮轴位置传感器信号线路

行业小知识

一般来说,传感器故障诊断可以使用一个快速方法,即零部件互换,用一个新的元件替换,可以节约很多时间。

任务工作单

考核项目:线路读图与电子元件检查任务工单			
模块三:传感器电路的查询		考核时间:　　　　分钟	
姓名:	班级:	学号:	教师签字:
初评:□合格□不合格	复评:□合格□不合格	师评:□合格□不合格	
日期:	日期:	日期:	

一、记录车辆信息

品牌		整车型号		生产日期	
发动机型号		驱动电机型号		行驶里程	
车辆识别码					

二、判读指定电路图,记录电路信息

判读指定电路图,记录电路信息				
元件名称	引脚编号	线束颜色	引脚说明	信号电压
曲轴位置传感器				
凸轮轴位置传感器				
节气门位置传感器				
爆燃传感器				
氧传感器				
水温传感器				

作业任务总结

传感器电路的查询【配分评分表】

序号	评分项	得分条件	评分标准	配分	扣分
1	安全/7S/态度	□1. 能进行工位 7S 操作 □2. 能进行设备和工具安全检查 □3. 能进行车辆安全防护操作 □4. 能进行工具清洁校准存放操作 □5. 能进行三不落地操作	未完成 1 项扣 3 分 扣分不得超 15 分	15	
2	专业技能	□1. 能正确查询、补充曲轴位置、凸轮轴位置传感器电路图相关信息 □2. 能正确查询、补充空气流量质量、进气压力传感器电路图相关信息 □3. 能正确查询、补充氧传感器、加速踏板位置传感器电路图相关信息 □4. 能正确查询、补充动力电池漏电传感器电路图相关信息 □5. 能正确绘制驱动电机温度传感器的电路简图 □6. 能正确查询、补充输入轴转速、输出轴转速传感器电路图相关信息 □7. 能正确查询、补充油温传感器电路图相关信息 □8. 能正确查询、补充变速器挡位传感器电路图相关信息能正确补充电控电路相关信息 □9. 能正确绘制油温传感器电路简图 □10. 能正确查询、补充阳光/雨量、高度传感器电路图相关信息 □11. 能正确查询、补充尾门防夹传感器、车窗电机霍尔位置传感器、车门门微开关电路图相关信息 □12. 能正确补充、查询座椅电动位置、座椅占位分级位置传感器电路图相关信息 □13. 能正确绘制车窗电机霍尔位置传感器电路简图	未完成 1 项扣 5 分 扣分不得超 50 分	50	
3	工具及设备的使用能力	□1. 能正确使用办公软件 □2. 能正常操作计算机	未完成 1 项扣 5 分 扣分不得超 10 分	10	
4	资料、信息查询能力	□1. 能正确使用维修手册查询资料 □2. 能在规定时间内查询所需资料 □3. 能正确记录所查询资料章节页码 □4. 能正确记录所需维修信息	未完成 1 项扣 5 分 扣分不得超 10 分	10	

续表

序号	评分项	得分条件	评分标准	配分	扣分
5	数据、判读和分析能力	□1.能分析发动机电控系统电路图 □2.能分析自动变速器电控系统电路图 □3.能分析车身电控系统电路图能判断面板功能是否正常	未完成1项扣5分 扣分不得超10分	10	
6	表单填写与报告撰写能力	□1.字迹清晰 □2.语句通顺 □3.无错别字 □4.无涂改 □5.无抄袭	未完成1项扣1分 扣分不得超5分	5	
合计					

➢ **相关知识**

(1)认识传感器

根据发动机的控制策略,发动机控制系统由传感器、控制器、执行器三大部分组成。传感器是感知信息的部件,可向控制器提供汽车运行状况和发动机工况等相关信息。发动机控制器即发动机控制模块(ECM),可以接收来自传感器的信息并存储相关信息,经计算和分析处理后发出相应的控制指令给执行器。执行器即执行元件,其作用是执行控制器的指令,从而达到控制目标。传感器、控制器和执行器相互间的简单工作关系如图1-28所示。发动机控制系统结构组成如图1-29所示。

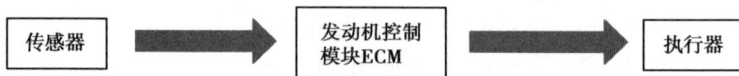

图1-28 传感器、控制器和执行器之间的工作关系

以上系统中ECM的主要传感器输入信号包括:

- 空气流量信号
- 节气门转角信号
- 冷却液温度信号
- 发动机转速信号
- 相位信号
- 爆燃传感器信号
- 氧传感器信号
- 车速信号

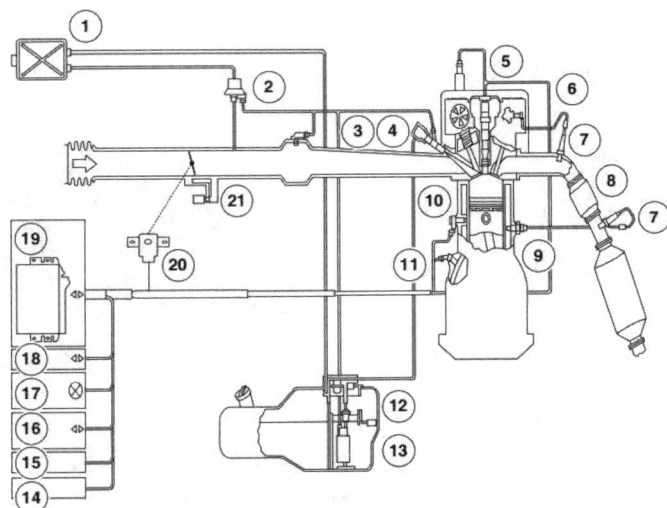

序号	部件	序号	部件
1	碳罐	12	燃油压力调节器
2	碳罐控制阀	13	电子燃油泵
3	进气压力温度传感器	14	燃油消耗输出
4	燃油分配管	15	—
5	点火线圈及火花塞	16	诊断接口
6	凸轮轴位置传感器	17	故障指示灯
7	氧传感器	18	CAN
8	三元催化器	19	ECM
9	水温传感器	20	节气门位置传感器
10	爆燃传感器	21	步进电机
11	曲轴位置传感器		

图 1-29　发动机控制系统结构组成

（2）**常见传感器**

1）进气压力温度传感器 MAP、IAT

进气温压力度传感器安装在进气歧管上,部件集成了两个传感器:进气压力传感器和进气温度传感器,两个传感器信号都作为空气计量的信号。进气压力感应元件测量因发动机负荷和转速变化而导致的进气歧管压力变化。它将这些变化转换为电压输出。进气温度传感器是一个负温度系数电阻。如图 1-30 所示。

2）水温传感器 ECT

水温传感器直接安装到气缸盖中的冷却液输出接头旁边。水温传感器是一种负温度系数（NTC 电阻器）的电阻器。利用水温传感器的电压降,ECM 就可以计算冷却液温度。来自水温传感器的信号是供给 ECM 来控制做为冷却风扇电机的控制并且能够依据目前的发动机状况来精确的判断燃油与点火。水温传感器输出也提供仪表板温度表的输入信号,如图 1-31 所示。

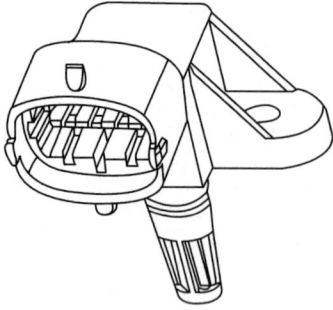

图 1-30　进气压力温度传感器　　　　图 1-31　水温传感器

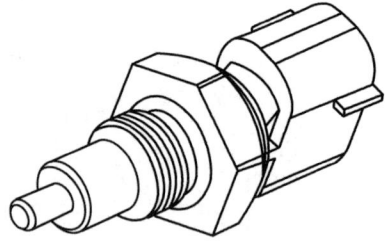

3)节气门位置传感器 TPS

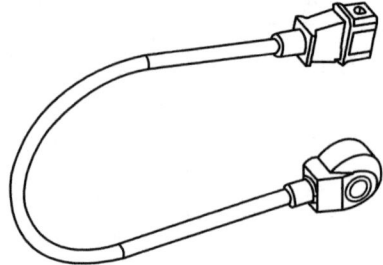

节气门位置传感器使用滑动式可变电阻器来测量目前节气阀体节气门板的位置。节气门位置传感器所产生的变动电压会输出到 ECM 用来计算驾驶员的需要,如图 1-32 所示。

4)爆燃传感器 KS

爆燃传感器直接安装在发动机本体上并且位于进气歧管下部。爆燃传感器会记录发动机本体在增加燃烧噪音时所增加的震动。ECM 使用爆燃传感器的信号来调整点火与供油特性以避免燃油预燃,如图 1-33 所示。

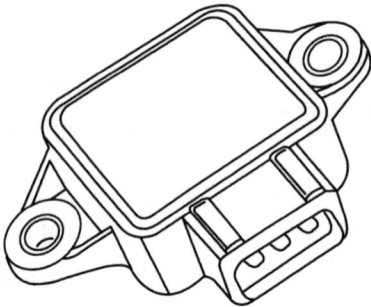

图 1-32　节气门位置传感器　　　　图 1-33　爆燃传感器

5)凸轮轴位置传感器 CMP

凸轮轴位置传感器是一种位于凸轮轴外侧盖的霍尔效应传感器,用来采集第 1 缸进气凸轮轴凸起的信号,如图 1-34 所示。

6)曲轴位置传感器 CKP

曲轴位置传感器是一种位于离合器壳体上电磁感应传感器,曲轴位置传感器信号用来采集飞轮信号齿圈。信号齿圈有 58 个齿,ECM 依据缺齿信号判断一缸上止点位置,如图 1-35 所示。

7)氧传感器

氧传感器位于排气歧管上,一般有 2 个,分别位于三元催化器之前和之后。前氧传感器位于三元催化器前,用来监控燃烧室中空气燃油混合燃烧后产生气体的含氧量。来自前氧传感器的信号由 ECM 接收并且用来调整喷油脉冲宽度。后氧传感器位于三元催化器后,ECM 接收后氧传感器的信号与前氧传感器信号比较,用来检测三元催化器的催化转化能力和储氧能力,如图 1-36 所示。

8）车速传感器

车速传感器安装在变速器上,车速传感器是霍尔式的,由受 ECM 控制的主继电器提供工作电源,当车辆行驶时,传感器输出矩形脉冲信号,如图 1-37 所示。

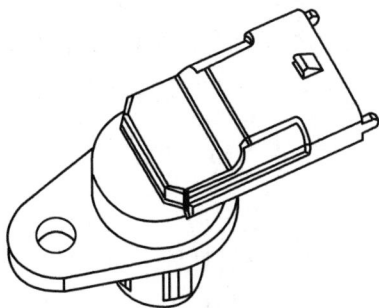

图 1-34　凸轮轴位置传感器

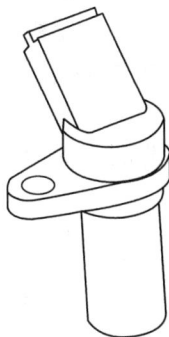

图 1-35　曲轴位置传感器

图 1-36　氧传感器

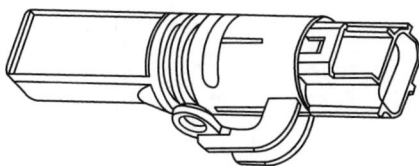

图 1-37　车速传感器

（3）工匠精神

唐跃辉,中共党员,重庆长安新能源汽车科技有限公司高级技师,高级工程师。自进入长安汽车,唐跃辉一直从事汽车性能试验相关工作,肯钻研,敢挑战,他的每一个脚印都填满了踏实,正是如此,唐跃辉荣获全国技术能手称号,成为国家级技能大师工作室带头人,享受国务院政府特殊津贴。

真诚地希望通过学习唐跃辉大师的成长经历和对工作精益求精的精神,令同学们有所收获。

➤ **学习任务**

一、填空题

1.根据发动机的控制策略,发动机控制系统由_____、_____、_____三大部分组成。

2._____是感知信息的部件,可向控制器提供汽车运行状况和发动机工况等相关信息。发动机控制器即_____,可以接收来自传感器的信息并存储相关信息,经计算和分析处理后发出相应的控制指令给执行器。执行器即_____,其作用是执行控制器的指令,从而达到控制目标。

3.进气压力传感器和进气温度传感器,两个传感器信号都作为_____的信号。

4. 水温传感器是一种负温度系数(NTC 电阻器)的电阻器。利用水温传感器的_____,ECM 就可以计算冷却液温度。

5. _____使用滑动式可变电阻器来测量目前节气阀体节气门板的位置。

6. _____会记录发动机本体在增加燃烧噪音时所增加的震动。

7. _____用来监控燃烧室中空气燃油混合燃烧后产生气体的含氧量。

二、填图题

将图中序号对应的名称填入表格中。

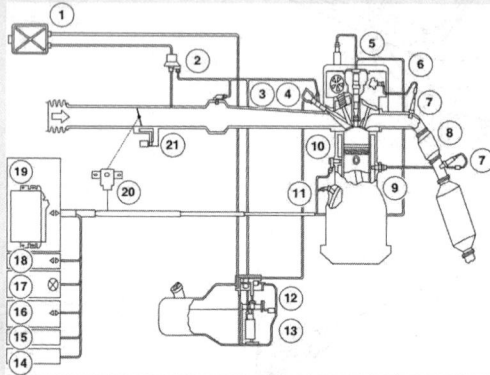

1		5		9		13		17	
2		6		10		14		18	
3		7		11		15		19	
4		8		12		16		20	

➤ 职业模块目标自评

知识目标自评

①掌握传感器电路的组成。

②掌握不同传感器的功用、电气符号。

③熟悉传感器、控制模块、执行器的工作逻辑。

④熟悉传感器电路连接和检测流程。

技能目标自评

①能够熟练查询传感器电路。

②能够根据维修手册对传感器进行检测。

③能够根据测量结果对电路进行初步故障判断。

素养目标自评

①能够在工作过程中与小组其他成员合作、交流,养成团队合作意识,锻炼沟通能力。

②养成 7S 的工作习惯,遵循企业文化。

③弘扬工匠精神,劳动精神。

④强化安全、节约与环保意识。

任务 1.4 执行元件电路查询

本任务根据汽车运用与维修(含智能新能源汽车)"1+X"证书制度职业技能等级标准中新能源汽车电子电气空调舒适系统检查保养技术【初级】模块一所对应的执行元件电路查询内容进行设定。

任务定位

		【新能源汽车电子电气空调舒适技术】—初级强化项目表																		
	工作	一					二					三					四				
	职业功能	线路读图与电子元件检查					启动与充电系统检查保养					灯光与电器系统检查保养					空调与舒适系统检查保养				
	任务分解要项	1	2	3	4	5	6	7	8	9	10	11	12	13	14	15	16	17	18	19	20
实训项目	资料数据参数 仪器量具使用 拆装量具调试	汽车电路查询判读	模块控制电路查询	传感器电路的查询	执行元件电路查询	电子元件检查判读	串联启动充电检查	并联启动充电检查	混联启动充电检查	混联启动机的保养	混联发电机的保养	前照大灯光束调整	洗涤系统检查保养	全车灯光检查保养	灯光电路连接检查	仪表室内灯光检查	制冷系统性能检查	制冷暖风系统保养	过滤通风系统检查	舒适系统初始设定	车门车窗饰件保养
	技能知识	8					4					1					5				
	单组时间	3	3	3	3	3	3	3	3	3	3	3	3	3	3	3	3	3	3	3	3

设备与工具清单

任务	作业项目	设备与工具清单
执行元件电路查询	1. 发动机电控系统执行器电路及线束端子信息查询 2. 自动变速器电控系统执行器电路及线束端子信息查询 3. 车身电控系统执行器电路及线束端子信息查询	计算机、维修手册

➤ **作业项目 发动机电控系统执行器电路及线束端子信息查询**

工作情境描述

一辆长安轿车,车辆行驶里程为 30 000 km,车主到店反映车辆故障指示灯点亮,提出让维修技师帮忙检查维修。

作业设备工具

故障诊断仪、万用表、电脑、维修手册等。

作业准备

车辆在工位停放周正、前后车轮处放置挡块;

铺好车内、外防护套,确保电量、油量充足;

确保工位废气排放系统工作正常;

工作人员按要求穿着工装、佩戴手套。

作业步骤

(1)用故障诊断仪读取故障码

①打开车门,安装车内防护用品,连接诊断仪与车辆诊断接口 OBD-Ⅱ接口,如图 1-38 所示。现代汽车诊断接口均为 OBD-Ⅱ,通常位于驾驶舱脚踏板上方。

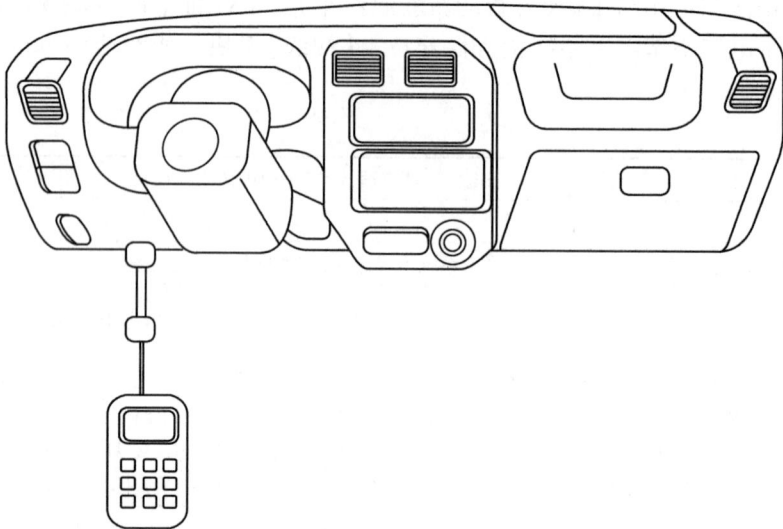

图 1-38　诊断仪与 OBD-Ⅱ接口相连

②进入诊断界面,读取故障码故障码为 P0340。

③查询维修手册。

a. 点击打开电子版维修手册,如图 1-39 所示。

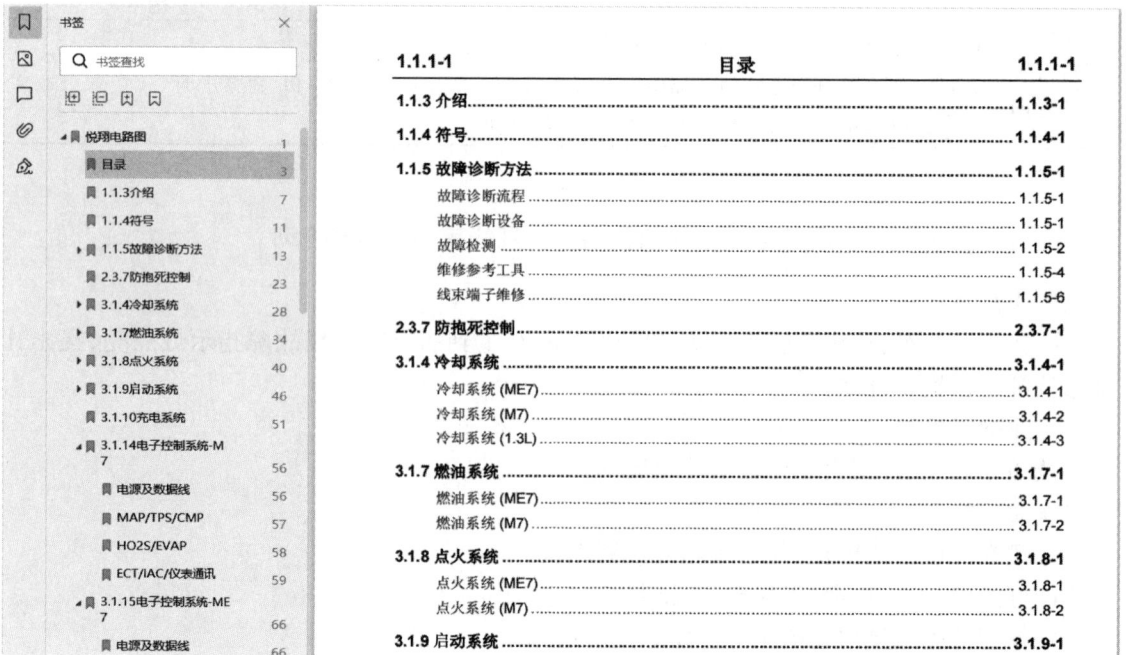

图 1-39　打开维修手册

b.搜索故障代码 P0201,如图 1-40 所示,查询维修手册得知 P0201 含义为 1 缸喷油器控制线路开路。

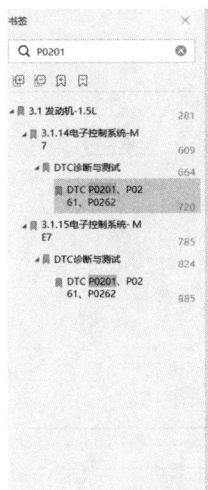

DTC P0201、P0261、P0262

1. 故障代码说明

故障码	说明	定义
P0201	1 缸喷油器控制线路开路	喷油器的工作电压由受 ECM 控制的主继电器提供,蓄电池电压经过发动机舱电器中心 C10 的 89 号端子输送给所有喷油器线束接头的 2 号端子。ECM 通过 ECM 线束接头 E01a 的 50 号端子控制喷油器内部接地。ECM 监测各个喷油器驱动线路的状态,如果 ECM 检测到驱动线路指令状态对应的电压不正确,将设置一个喷油器控制线路故障的故障诊断码
P0261	1 缸喷油器控制线路对地短路	
P0262	1 缸喷油器控制线路对电源短路	

2. 可能的原因

故障码	检测策略	设置条件 (控制策略)	故障部位
P0201	硬件线路检查	• 线路开路	• 传感器线路
P0261		• 线路对地短路	• 传感器
P0262		• 线路对电源短路	• ECM

图 1-40　查询故障代码 P0201

c.点击部件说明,查询喷油器的作用,如图 1-41 所示。

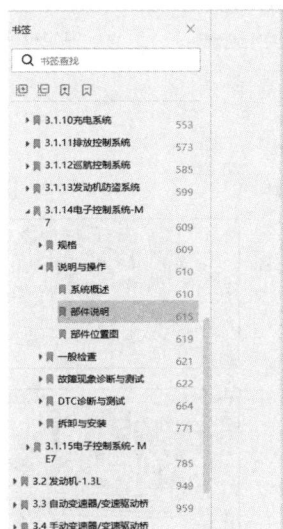

喷油器

喷油器安装在气缸盖上,它根据 ECM 的指令在规定的时间内喷射燃油,ECM 控制喷油器接地信号。喷油器为电磁控制型喷油器,喷油器喷油量取决于针阀开启时间即开启电脉冲的宽度。

车速传感器

车速传感器安装在变速器上,车速传感器是霍尔式的,由受 ECM 控制的主继电器提供工作电源,当车辆行驶时,传感器输出矩形脉冲信号。

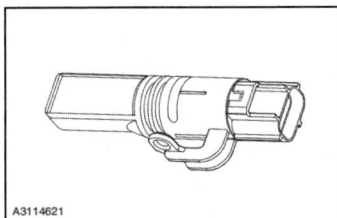

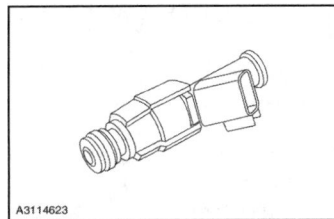

怠速控制阀 IAC

怠速控制阀安装在节气门体上。对准怠速控制阀,

点火线圈

1 缸及 4 缸的点火线圈位于 4 缸火花塞孔上部,2 缸及 3 缸的点火线圈位于 2 缸的火花塞孔上部。点火线圈将初级绕组的低压电转化变成次级绕阻的高压电,通过火花塞放电产生火花,引燃气缸内的燃油与空气的混合气。ECM 控制点火线圈初级线圈的接地。

图 1-41　查询喷油器的作用

喷油器安装在气缸盖上,它根据 ECM 的指令在规定的时间内喷射燃油,ECM 控制喷油器接地信号。喷油器为电磁控制型喷油器,喷油器喷油量取决于针阀开启时间即开启电脉冲的宽度。

d.点击部件位置图,查询喷油器在发动机上的位置,如图 1-42 所示。

e.点击拆卸与安装,查询喷油器的拆装,如图 1-43 所示。

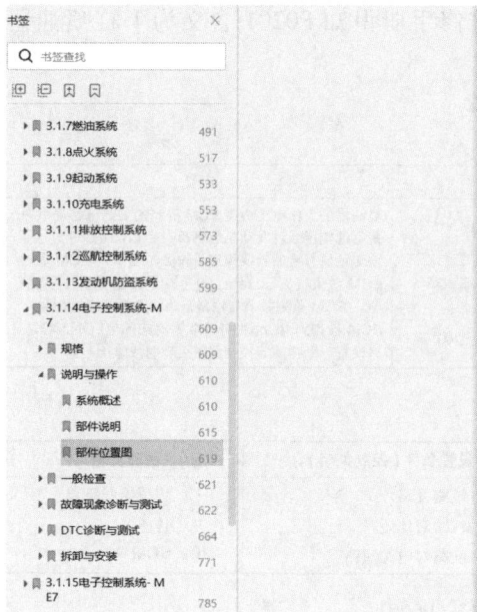

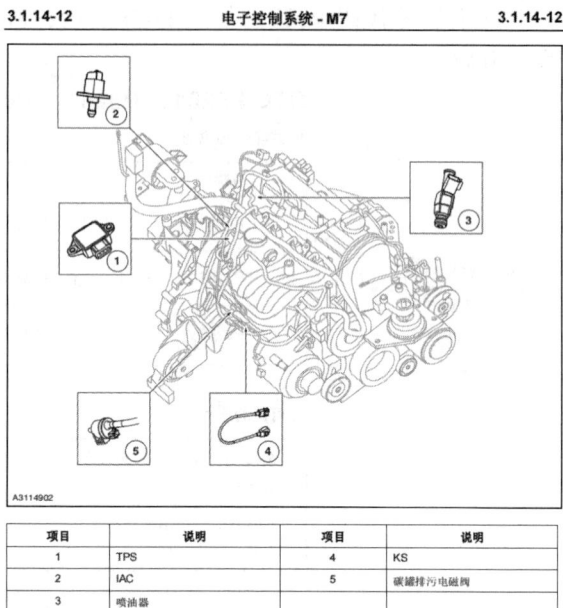

图 1-42　查询部件位置图

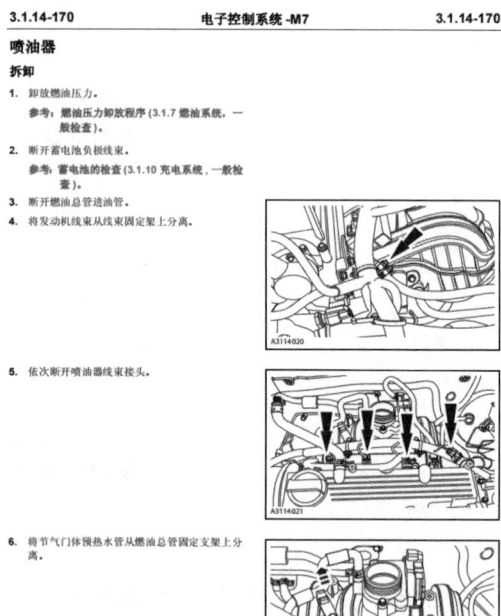

图 1-43　查询喷油器的拆装

（2）检查喷油器

在检查喷油器之前首先要查询喷油器的诊断流程，如图 1-44 所示。通常便于理解凸轮轴位置传感器的诊断流程，需查询喷油器的电路图，如图 1-45 所示。

书签　　　　　　　　　✕

🔍 书签查找

⊞ ⊟ 🔖 🔖

📃 DTC P0201、P02
61、P0262　　　　720

📃 DTC P0300、P03
01、P0302、P03
03、P0304　　　　724

📃 DTC P0321、P03
22　　　　　　　　730

📃 DTC P0324、P03
27、P0328　　　　735

📃 DTC P0340、P03
41、P0342、P03
43　　　　　　　　739

📃 DTC P0420　　　742

📃 DTC P0444、P04
58、P0459　　　　744

📃 DTC P0506、P05
07　　　　　　　747

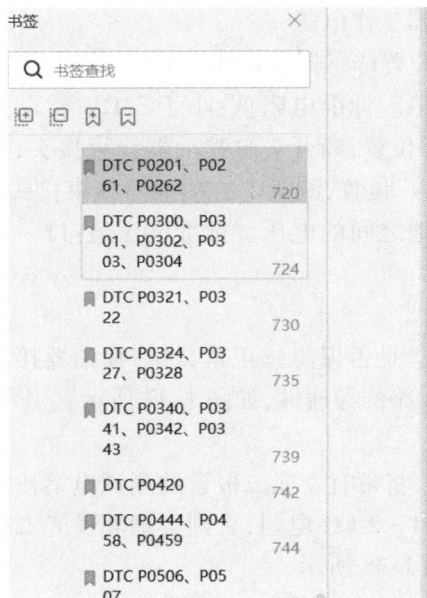

3.1.14-113	电子控制系统 - M7	3.1.14-113

3. 诊断流程

测试条件	细节 / 结果 / 措施
1. 一般检查	A. 检查喷油器的线束接头,有无破损、接触不良、老化、松脱等迹象。 是否正常? →**是** 至步骤 2. →**否** 维修故障点。
2. 检查喷油器	A. 断开喷油器线束接头 E15。 B. 测量喷油器两个端子间的电阻值。 **标准电阻值: 20 ℃ (68 °F)11.5 ~ 12.5 Ω** C. 连接喷油器线束接头 E15。 是否电阻值正常? →**是** 至步骤 3. →**否** 更换喷油器 **参考: 喷油器 (3.1.7 燃油系统,拆卸与安装)。**
3. 检查喷油器工作电压	A. 转动点火开关至 "LOCK" 位置。 B. 断开 1 缸喷油器线束接头 E15。 C. 转动点火开关至 "ON" 位置。 D. 测量 1 缸喷油器线束接头 E15 的 1 号端子与可靠接地 之间的电压

图 1-44　查询喷油器的最短流程

书签　　　　　　　　　✕

🔍 书签查找

⊞ ⊟ 🔖 🔖

▼ 📃 悦翔电路图　　　　　1
　　📃 目录　　　　　　　3
　　📃 1.1.3介绍　　　　　7
　　📃 1.1.4符号　　　　　11
　▶ 📃 1.1.5故障诊断方法　13
　　📃 2.3.7防抱死控制　　23
　▶ 📃 3.1.4冷却系统　　　28
　▶ 📃 3.1.7燃油系统　　　34
　▶ 📃 3.1.8点火系统　　　40
　▶ 📃 3.1.9起动系统　　　46
　　📃 3.1.10充电系统　　　51
　▶ 📃 3.1.14电子控制系统-M
　　　7　　　　　　　　56
　▶ 📃 3.1.15电子控制系统-ME
　　　7　　　　　　　　66
　▶ 📃 3.3.1自动变速器　　76
　　📃 3.3.3车速传感器　　81
　▶ 📃 4.1.1空调系统　　　86
　▶ 📃 4.2.1安全气囊约束系统　95

燃油系统 (ME7)

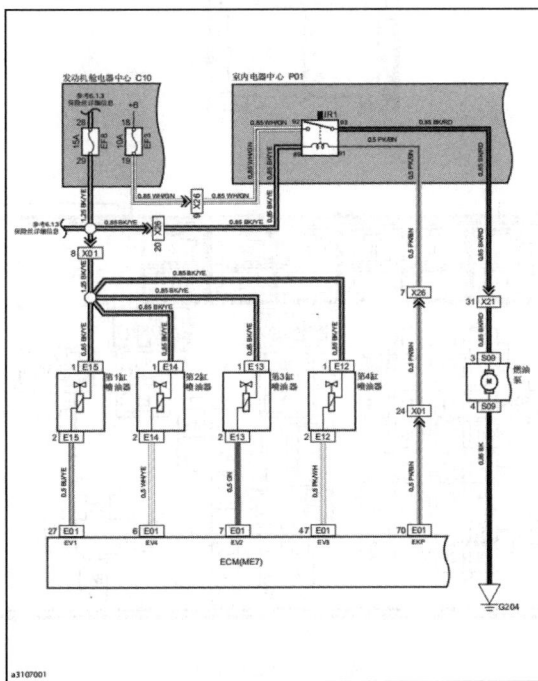

图 1-45　查询喷油器的电路图

1)一般检查

检查喷油器的线束接头,有无破损、接触不良、老化、松脱等迹象。

2)检查喷油器

断开喷油器线束接头,测量喷油器两个端子间的电阻值,标准电阻值:11.5 ~ 12.5 Ω。

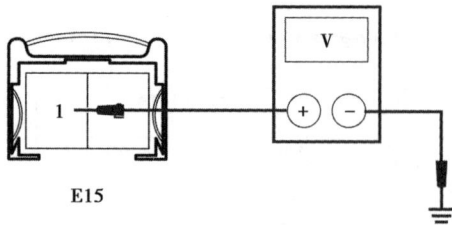

图1-46 测量1号端子与接地的电压

3)检查喷油器工作电压

测量凸轮轴位置传感器线束插头1号端子与可靠接地之间的电阻值。标准电阻值:小于3 Ω。转动点火开关至"LOCK"位置,断开1缸喷油器线束接头,转动点火开关至"ON"位置,测量1缸喷油器线束接头1号端子与可靠接地之间的电压。标准电压值:11～14 V,如图1-46所示。

4)检查喷油器电源线路

在发动机舱电器中心拆下EF1、EF8保险,检查保险丝是否保险丝正常,维修喷油器接头E15的1号端子至发动机舱电器中心C10的89号端子线路的导通性,如图1-47所示。

5)检查喷油器控制信号

转动点火开关至"LOCK"位置,断开1缸喷油器接头,将带有发光二极管的测试电笔按规范分别1号及2号端子连接,注意:发光二极管必须串联1～2 kΩ电阻,否则会损坏发光二极管或ECM。启动发动机,观察测试灯是否正常闪烁,如图1-48所示。

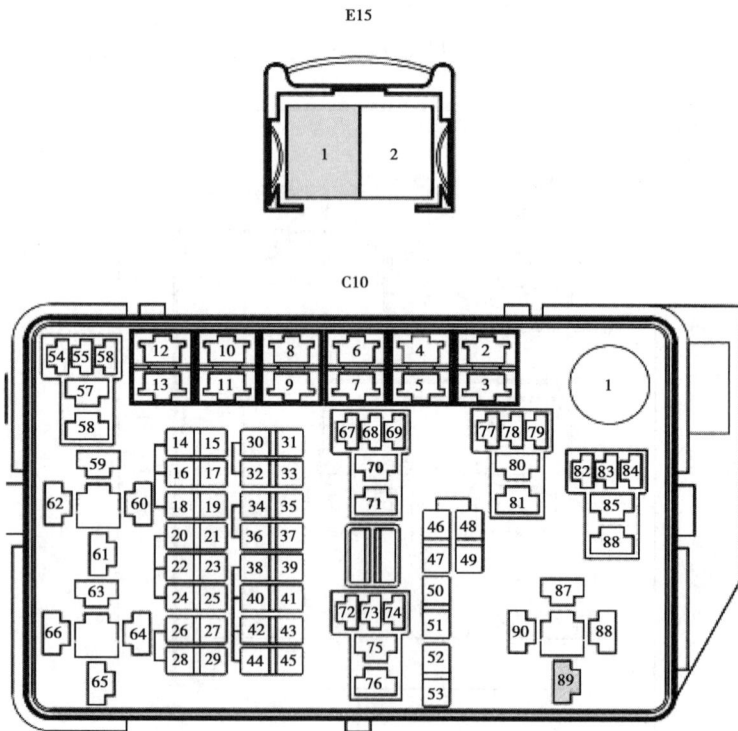

图1-47 端子的端视图

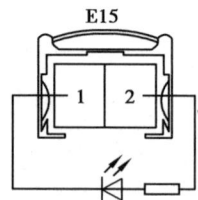

图1-48 观察测试灯是否闪烁

(3)场地整理

实训完毕,关断电源,按要求断开连接导线,收好器件和仪表。按7S标准进行场地整理。

行业小知识

一般来说,排除执行器故障时,可以用互换的方式进行,如把1缸和2缸的喷油器进行互换后再看工作是否正常。而在市面上读一次故障码的价格就在100元以上。

任务工作单

考核项目:线路读图与电子元件检查任务工单			
模块四:执行元件电路查询		考核时间: 分钟	
姓名:	班级:	学号:	教师签字:
初评:□合格□不合格	复评:□合格□不合格	师评:□合格□不合格	
日期:	日期:	日期:	

一、记录车辆信息

品牌		整车型号		生产日期	
发动机型号		驱动电机型号		行驶里程	
车辆识别码					

二、判读指定电路图,记录电路信息

判读指定电路图,记录电路信息				
元件名称	引脚编号	线束颜色	引脚说明	信号电压
油泵继电器				
碳罐电磁阀				
点火线圈				
喷油器				

作业任务总结

执行元件电路查询【配分评分表】

序号	评分项	得分条件	评分标准	配分	扣分
1	安全/7S/态度	□1. 能进行工位 7S 操作 □2. 能进行设备和工具安全检查 □3. 能进行车辆安全防护操作 □4. 能进行工具清洁校准存放操作 □5. 能进行三不落地操作	未完成 1 项扣 3 分 扣分不得超 15 分	15	
2	专业技能	□1. 能正确查询、补充高压系统主接触器控制电路图相关信息 □2. 能正确查询、补充点火线圈、喷油器电路图相关信息 □3. 能正确查询、补充低压燃油泵电路图相关信息 □4. 能正确查询、补充 VVT 电磁阀、碳罐电磁阀电路图相关信息 □5. 能正确绘制点火线圈电路简图 □6. 能正确查询、补充换挡电磁阀、油压电磁阀电路图相关信息 □7. 能正确查询、补充电子油泵电路图相关信息 □8. 能正确绘制油压电磁阀电路简图 □9. 能正确查询、补充刮水器电机电路图相关信息 □10. 能正确查询、补充车窗电机电路图相关信息 □11. 能正确查询、补充门锁电机、座椅电机电路图相关信息 □12. 能正确绘制车窗电机电路简图	未完成 1 项扣 5 分 扣分不得超 50 分	50	
3	工具及设备的使用能力	□1. 能正确使用办公软件 □2. 能正常操作计算机	未完成 1 项扣 5 分 扣分不得超 10 分	10	
4	资料、信息查询能力	□1. 能正确使用维修手册查询资料 □2. 能在规定时间内查询所需资料 □3. 能正确记录所查询资料章节页码 □4. 能正确记录所需维修信息	未完成 1 项扣 5 分 扣分不得超 10 分	10	
5	数据、判读和分析能力	□1. 能分析发动机电控系统电路图 □2. 能分析自动变速器电控系统电路图 □3. 能分析车身电控系统电路图能判断面板功能是否正常	未完成 1 项扣 5 分 扣分不得超 10 分	10	

续表

序号	评分项	得分条件	评分标准	配分	扣分
6	表单填写与报告的撰写能力	□1.字迹清晰 □2.语句通顺 □3.无错别字 □4.无涂改 □5.无抄袭	未完成1项扣1分 扣分不得超5分	5	
		合计			

➤ **相关知识**

(1)认识执行元件

1)系统概述

根据发动机的控制策略,发动机控制系统由传感器、控制器、执行器三大部分组成。传感器是感知信息的部件,可向控制器提供汽车运行状况和发动机工况等相关信息。发动机控制器即发动机控制模块(ECM),可以接收来自传感器的信息并存储相关信息,经计算和分析处理后发出相应的控制指令给执行器。执行器即执行元件,其作用是执行控制器的指令,从而达到控制目标。传感器、控制器和执行器相互间的简单工作关系如图1-49所示,发动机控制系统结构组成如图1-50所示。

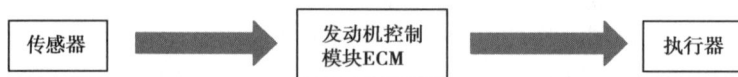

传感器 ➡ 发动机控制模块ECM ➡ 执行器

图1-49 传感器、控制器和执行器之间的工作关系

传感器将信息输入ECM后经处理产生所需的执行器控制信号,这些信号在输出驱动线路中被放大,并传输到各对应执行器中,这些控制信号包括:

- 喷油正时和喷油持续时间;
- 油泵继电器;
- 碳罐控制阀开度;
- 点火线圈闭合角和点火提前角;
- 空调压缩机继电器;
- 电子风扇继电器。

(2)常见执行元件

1)喷油器

喷油器安装在气缸盖上,它根据ECM的指令在规定的时间内喷射燃油,ECM控制喷油器接地信号。喷油器为电磁控制型喷油器,喷油器喷油量取决于针阀开启时间即开启电脉冲的宽度,喷油器外观如图1-51所示。

2)点火线圈

点火线圈(图1-52)将初级绕组的低压电转化变成次级绕阻的高压电,通过火花塞放电产生火花,引燃气缸内的燃油与空气的混合气。ECM控制点火线圈初级线圈的接地。

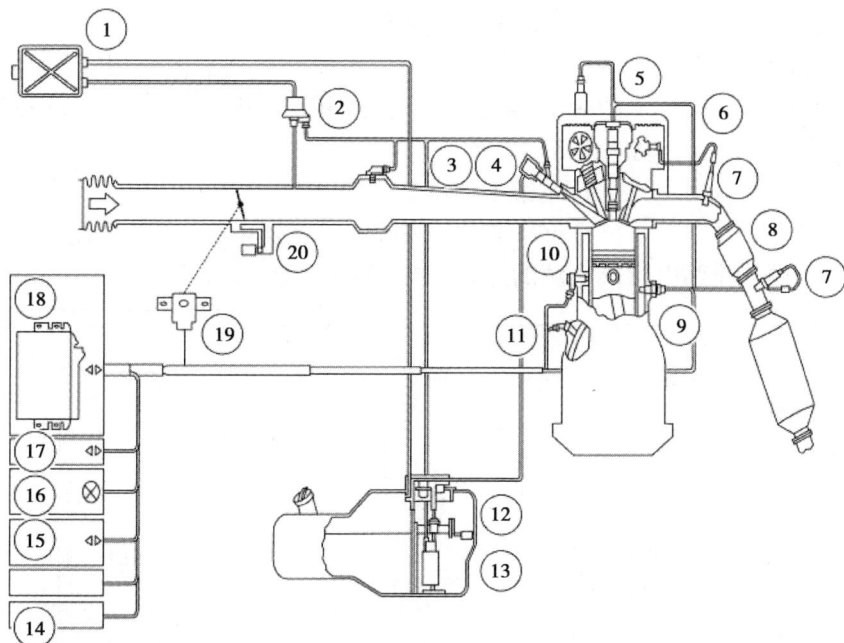

序号	部件	序号	部件
1	碳罐	11	曲轴位置传感器
2	碳罐控制阀	12	燃油压力调节器
3	进气压力温度传感器	13	电子燃油泵
4	燃油分配管	14	燃油消耗输出
5	点火线圈及火花塞	15	诊断接口
6	凸轮轴位置传感器	16	故障指示灯
7	氧传感器	17	CAN
8	三元催化器	18	ECM
9	水温传感器	19	节气门位置传感器
10	爆燃传感器	20	步进电机

图 1-50　发动机控制系统结构组成

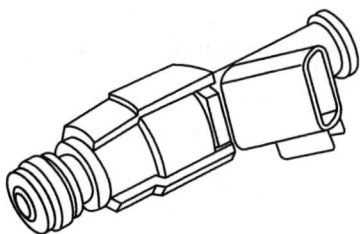

图 1-51　喷油器

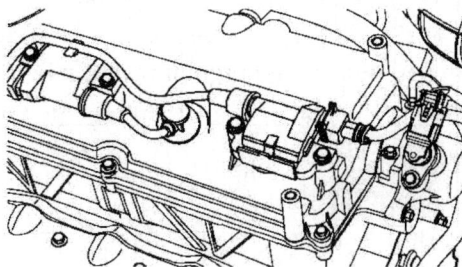

图 1-52　点火线圈

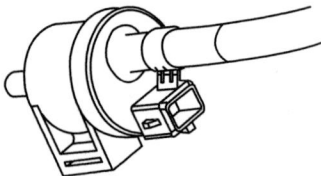

图 1-53　碳罐排污电磁阀

3)碳罐排污电磁阀

碳罐排污电磁阀位于发动机缸盖侧面用于控制碳罐排污气流的流量,碳罐排污电磁阀由 ECM 的占空比信号控制清洗流量,如图 1-53 所示。

4)主继电器

主继电器位于发动机舱电器中心,ECM 控制主继电器实现对燃油泵,喷油器,碳罐排污电磁阀电源的控制,如图 1-54 所示。

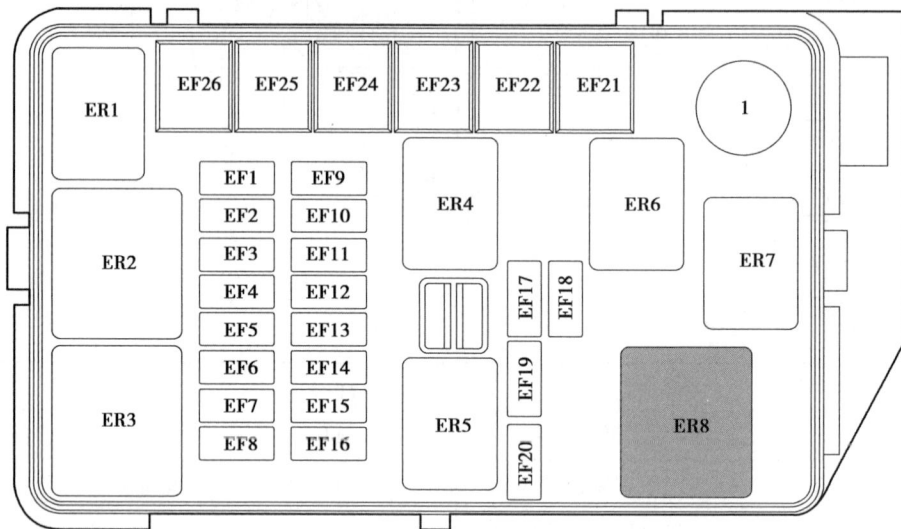

图 1-54　主继电器

5)油泵继电器及燃油泵

油泵继电器位于室内电器中心,燃油泵安装在油箱内。ECM 控制油泵继电器闭合后,燃油泵工作,如图 1-55 所示。

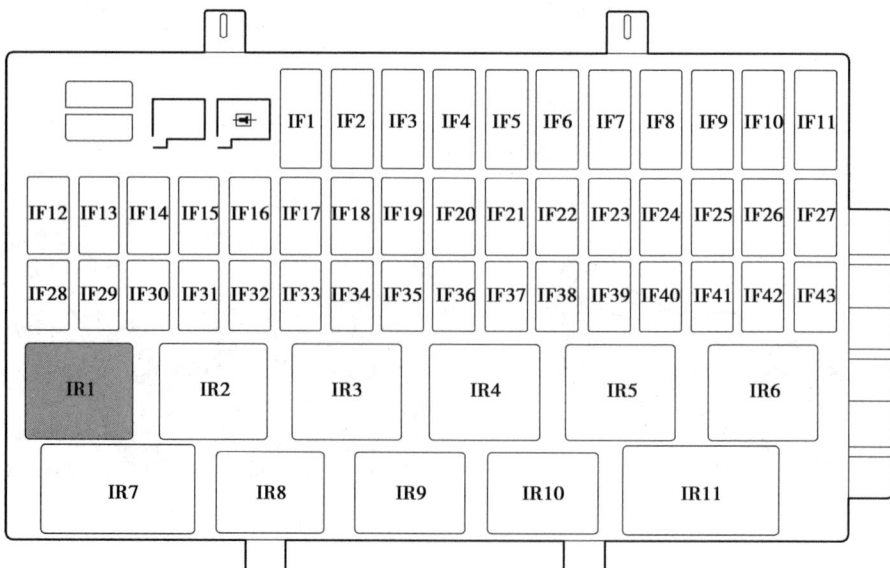

图 1-55　燃油泵继电器

（3）新能源汽车发展与前景

中国作为有担当的世界大国,随着社会经济发展也在不断向着更高质量转型升级,绿色可持续,节能减排成为《中国制造 2025》国家战略的核心支撑点,为此,国家大力发展新能源车型。据我国经济日报消息,2021 年,我国新能源汽车产业快速发展,销量达 352.1 万辆,连续 7 年居世界首位,市场占有率达到 13.4%。中国汽车工业协会常务副会长兼秘书长付炳锋将 2021 年新能源汽车的发展态势,形容为"像冬天的小麦遇到了春天的雨水"。中汽协等多方机构预测,2022 年我国新能源汽车产销量有望突破 500 万辆,提前完成 2025 年新能源汽车销量 500 万辆的目标,这也说明我国新能源汽车的快速发展将远超预期。

全国汽车销量数据显示,2021 年一季度新能源汽车销量前十,其中比亚迪、长城、长安等国产自主品牌的车型销量位列前位。相信在我国政策的大力支持、技术的不断突破下,一定能够"弯道超车",实现"中国制造"的战略目标。

➤　学习任务

1.根据发动机的控制策略,发动机控制系统由＿＿＿＿、＿＿＿＿、＿＿＿＿三大部分组成。

2.执行器即＿＿＿＿,其作用是执行控制器的指令,从而达到控制目标。

3.＿＿＿＿根据 ECM 的指令在规定的时间内喷射燃油。

4.喷油器为电磁控制型喷油器,喷油器＿＿＿＿取决于针阀开启时间即开启电脉冲的宽度。

5.点火线圈将＿＿＿＿的低压电转化变成＿＿＿＿的高压电,通过火花塞放电产生火花,引燃气缸内的燃油与空气的混合气。

6.ECM 控制＿＿＿＿实现对燃油泵,喷油器,碳罐排污电磁阀电源的控制。

7.ECM 控制＿＿＿＿闭合后,燃油泵工作。

➤　职业模块目标自评

知识目标自评
①掌握执行元件电路的组成。
②掌握不同执行元件的功用、电气符号。
③熟悉传感器、控制模块、执行器的工作逻辑。
④熟悉执行元件电路连接和检测流程。

技能目标自评
①能够熟练查询执行元件电路。
②能够根据维修手册对执行元件进行检测。
③能够根据测量结果对电路进行初步故障判断。

素养目标自评
①能够在工作过程中与小组其他成员合作、交流,养成团队合作意识,锻炼沟通能力。
②养成 7S 的工作习惯,遵循企业文化。
③弘扬工匠精神,劳动精神。
④强化安全、节约与环保意识。

任务 1.5　电子元件检查判读

本任务根据汽车运用与维修(含智能新能源汽车)"1+X"证书制度职业技能等级标准中新能源汽车电子电气空调舒适系统检查保养技术【初级】模块一所对应的电子元件检查判读内容进行设定。

任务定位

		【新能源汽车电子电气空调舒适技术】—初级强化项目表																			
	工作	一					二					三					四				
	职业功能	线路读图与电子元件检查					启动与充电系统检查保养					灯光与电器系统检查保养					空调与舒适系统检查保养				
	任务分解要项	1	2	3	4	5	6	7	8	9	10	11	12	13	14	15	16	17	18	19	20
实训项目	资料数据参数	汽车电路查询判读	模块控制电路查询	传感器电路的查询	执行元件电路查询	电子元件检查判读	串联启动充电检查	并联启动充电检查	混联启动充电检查	混联启动机的保养	混联发电机的保养	前照大灯光束调整	洗涤系统检查保养	全车灯光检查保养	灯光电路连接检查	仪表室内灯光检查	制冷暖风性能检查	制冷系统检查保养	过滤通风系统检查	舒适系统初始设定	车门车窗饰件保养
	仪器量具使用																				
	拆装量具调试																				
	技能知识	4					2					5					4				
	单组时间	3	3	3	3	3	3	3	3	3	3	3	3	3	3	3	3	3	3	3	3

设备与工具清单

任务	作业项目	设备与工具清单
电子元件检查判读	1.电路元件及线束总成检测 2.电子元件类型判读 3.控制模块的电子元件检测 4.实物电路连接检测	1.线束教具、汽车电路教具 2.电阻、电容、电感、二极管、三极管、保险丝、玻璃升降器开关、导线、蓄电池、灯泡、玻璃升降电机、喇叭、继电器 3.控制模块电路板 4.多功能万用表、色码表 5.电脑、维修手册

➤ **作业项目　实物电路连接检测**

工作情境描述

一辆长安 CS75 汽车,车辆行驶里程为 51 000 km,车主到店反映该车将点火开关打到 ON 挡,汽车右前灯光没有反应,现要求进行检查和处理。

维修技师接车检查时发现,该车灯光电路正常,无明显损坏行为,同时发现该车右前灯灯泡损坏,遂对其进行灯泡检查与更换处理。

作业设备工具

长安 CS75 汽车、数字万用表、常用工具、零件盒、电脑、维修手册。

作业准备

检查举升机、车辆在工位停放周正、铺好车内和车外护套。

作业步骤

（1）蓄电池检测

汽车蓄电池是一种将化学能转变成电能的装置，属于直流电源。汽车蓄电池的构造主要有正（负）极板、隔板、电解液、槽壳、连接条和极桩等组成。主要功能有启动发动机时，给启动机提供强大的启动电流，同时可作为新能源汽车低压电源，负责新能源车低压用电设备端供电，如图 1-56 所示。

（2）点火开关检测

点火开关是汽车电路中最重要的开关，主要用来控制点火电路，另外还控制发电机磁场电路、仪表及照明电路、启动继电器电路以及辅助电器电路。常用的点火开关有三挡位式与四挡位式。

现代汽车大量采用四挡位式点火开关。四挡位式点火开关有 LOCK、ACC、ON、START（或 0、Ⅰ、Ⅱ、Ⅲ）四个挡位，如图 1-57 所示，在三挡位的基础上增加了一个 ACC 电气附件元件工作挡，其他不变。锁车后钥匙会处于 LOCK 状态，此时钥匙不仅锁住转向盘转轴，同时切断全车电源。ACC 状态是接通汽车部分电器的电源，如音响、车灯等。正常行车时钥匙处于 ON 状态，这时全车所有电路都处于工作状态。START 或 ST 挡是发动机启动挡位，启动松开点火开关，点火开关会自动恢复到 ON 挡。

图 1-56　汽车蓄电池

图 1-57　汽车点火开关

用数字万用表测量点火开关端子之间的导通性，标准状态如图 1-58 所示。

	1	2	3	4	5	6
OFF						
ACC	○			○		
ON	○	○	○		○	○
ST	○	○		○	○	○

位置	相关端子	标准
OFF	所有端子间	无穷大
ACC	1-3	导通
ON	1-2-3	导通
	5-6	
ST	1-2	导通
	4-5-6	

图 1-58　汽车点火开关检测

(3)汽车灯泡检测

汽车照明系统是汽车安全行驶的必备系统之一,它主要包括外部照明灯具、内部照明灯具、外部信号灯具、内部信号灯具等。汽车前照灯又叫前大灯,装于汽车头部两侧,用于夜间行车道路的照明。汽车的前照灯一般有白炽、卤素、氙气等类型。随着汽车技术的不断发展,过去那种白炽真空灯已被淘汰,现在汽车的前照灯以卤素灯、氙气灯为主,如图1-59所示。

图1-59 汽车前照灯检测

对于三针脚大灯灯泡的检测,用数字万用表200 Ω挡,测量灯泡1和3脚,有电阻,测量灯泡2和3脚之间有电阻,说明灯泡正常,否则损坏。

(4)场地整理

按7S标准进行场地整理。

行业小知识

大部分汽车使用12 V,45~65 AH的电瓶,普通的铅酸电瓶价格在300~500元。

任务工作单

考核项目:线路读图与电子元件检查			
模块一:电子元件检查判读		考核时间: 分钟	
姓名:	班级:	学号:	教师签字:
初评:□合格□不合格	复评:□合格□不合格	师评:□合格□不合格	
日期:	日期:	日期:	

一、车辆信息记录

品牌		整车型号		生产年月	
发动机型号		发动机排量		行驶里程	
车辆识别码					

二、汽车蓄电池检测

检查项目		万用表( )挡位		万用表( )挡位	
	数据				
	判定	正常□ 异常□	正常□ 异常□	正常□ 异常□	正常□ 异常□
	维修	调整□ 无□	调整□ 无□	调整□ 无□	调整□ 无□

三、汽车点火开关检测

检查项目	万用表(　　)挡位		万用表(　　)挡位	
数据				
判定	正常□　异常□	正常□　异常□	正常□　异常□	正常□　异常□
维修	调整□　无□	调整□　无□	调整□　无□	调整□　无□

四、汽车灯泡检测

检查项目	万用表(　　)挡位		万用表(　　)挡位	
数据				
判定	正常□　异常□	正常□　异常□	正常□　异常□	正常□　异常□
维修	调整□　无□	调整□　无□	调整□　无□	调整□　无□

五、连接电路检测

检查项目	万用表(　　)挡位		万用表(　　)挡位	
数据				
判定	正常□　异常□	正常□　异常□	正常□　异常□	正常□　异常□
维修	调整□　无□	调整□　无□	调整□　无□	调整□　无□

作业任务总结

_____

_____

_____

_____

_____

_____

_____

_____

_____

_____

电子元件检查判读综合作业评分表

序号	评分项	得分条件	评分标准	配分	扣分
1	安全/7S/态度	□1.能进行工位7S操作 □2.能进行设备和工具安全检查 □3.能进行车辆安全防护操作 □4.能进行工具清洁校准存放操作 □5.能进行三不落地操作	未完成1项扣3分 扣分不得超15分	15	
2	专业技能	□1.能正确连接左前大灯电路并测量电压 □2.能正确连接右前大灯电路并测量电压 □3.能正确测量左前大灯电阻 □4.能正确测量右前大灯电阻	未完成1项扣5分 扣分不得超50分	50	
3	工具及设备的使用能力	□1.能正确地使用多功能万用表 □2.正确使用仿真软件	未完成1项扣5分 扣分不得超10分	10	
4	资料、信息查询能力	□1.能正确使用维修手册查询资料 □2.能在规定时间内查询所需资料 □3.能正确记录所查询资料章节页码 □4.能正确记录所需维修信息	未完成1项扣5分 扣分不得超10分	10	
5	数据、判读和分析能力	□1.能分析前大灯的电源电路 □2.能分析前大灯损坏原因 □3.能判断电子元件的好坏	未完成1项扣5分 扣分不得超10分	10	
6	表单填写与报告的撰写能力	□1.字迹清晰 □2.语句通顺 □3.无错别字 □4.无涂改 □5.无抄袭	未完成1项扣1分 扣分不得超5分	5	
合计					

➤ 相关知识

(1)汽车电路组成

汽车电路主要由电源、电路保护装置、控制器件、用电设备及导线组成,如图1-60所示。

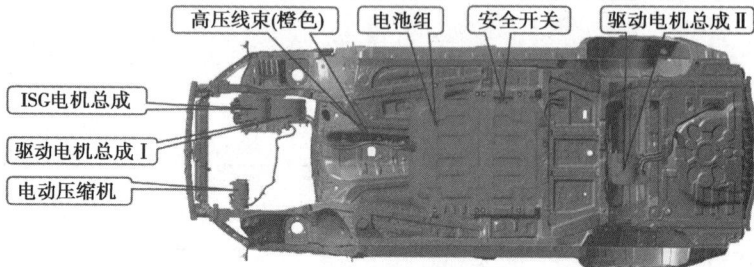

图1-60 汽车电路组成

（2）**电源**

1）传统燃油汽车电源系统的组成

传统燃油汽车的电源系统包括蓄电池和发电机,发动机未启动时由蓄电池供电,启动后则由发电机供电,同时为蓄电池充电,如图 1-61 所示。

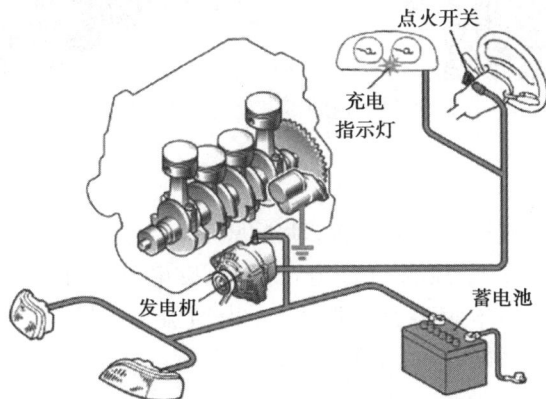

图 1-61　传统燃油汽车电源系统

蓄电池由极板、隔板、电解液、外壳、链条等组成。

蓄电池从结构上分为普通蓄电池和免维护蓄电池。从使用角度来讲,两种蓄电池没有质的差别。普通蓄电池与免维护电池在外形最大的区别在于,普通蓄电池顶部有一组加水口,免维护电池顶部有一个观察孔,孔内的颜色表示蓄电池的状态。绿色表示正常,黑色表示亏电,白色表示蓄电池已坏。目前汽车上使用的大部分蓄电池都是免维护蓄电池,如图 1-62 所示。

国家标准蓄电池型号的含义:

6-QW-45LHD,以图 1-63 为例:6 表示由 6 个单元格电池组成,每个单元格电池电压为规定的 2 V,即额定电压为 12 V;Q 表示蓄电池的用途,45 表示蓄电池的额定容量为 45 Ah;L 是表示改进型号,若在型号后面 D 表示低温启动性能好,如 6-QW-45D;若在型号后加 HD 表示高抗震型,如 6-QW-110HD;若在型号后面加 DF 表示低温反装,如 6-QW-165DF。

图 1-62　蓄电池

图 1-63　蓄电池型号含义

2）电动汽车电源系统的组成

电动汽车的电源系统分为主电源和辅助电源。主电源是驱动汽车行驶的高压电源,也就是动力蓄电池;辅助电源是为车上各种仪表、控制系统提供低压直流电的电源,也就是辅助蓄电池,如图 1-64 所示。

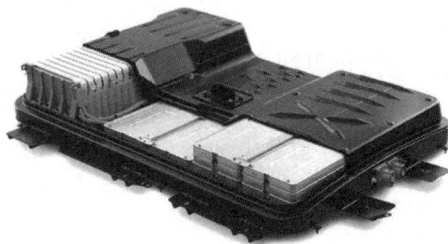

图 1-64　辅助蓄电池与动力蓄电池

(3) 用电设备

1) 驱动电机

电动机是把电能转换成机械能的装置, 新能源汽车经常采用的驱动电动机包括直流电动机、交流异步电动机、永磁电动机和开关磁阻电动机等类型。最早应用于电动汽车的是直流电动机, 这种电动机的优点是控制性能好、成本低, 如图 1-65 所示。

图 1-65　驱动电机

2) 新能源汽车灯光和仪表

汽车灯光和照明系统为车前及车内提供充分可靠的照明, 以及通过不同色泽的发光标志显示汽车工作状况, 从而向其他车辆、行人传达信息, 如图 1-66 所示。常见的外部灯具有:前照灯、雾灯、牌照灯、倒车灯、转向灯、示位灯、示廓灯、驻车灯和警示灯。常见内部灯具有:顶灯、阅读灯、行李箱灯、门灯、踏步灯、仪表照明灯、警报及指示灯、工作灯等。

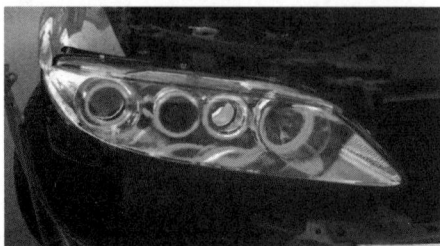

图 1-66　汽车灯光与照明

3) 新能源汽车空调系统

汽车空调系统是对车厢内空气进行制冷、加热、除湿、通风换气装置。可提供舒适的乘车环境, 降低驾驶员的疲劳强度, 提高行车安全, 如图 1-67 所示。

图 1-67　新能源汽车空调系统

（4）控制器件

1）电池管理系统（BMS）

电池管理系统作为动力电池系统中保护和管理的核心部件,不仅要保证电池安全可靠地使用,还要监控电池的状态,提高电池的利用率,防止电池出现过充电和过放电,延长电池的使用寿命。同时也是电池和整车控制器以及驾驶者沟通的桥梁,通过控制接触器实现动力电池组的充放电,并向 VCU 上报动力电池系统的基板参数及故障信息,如图 1-68 所示。

2）电机控制器（MCU）

MCU 作为驱动电机系统中的核心部件,如图 1-69 所示,通过高低压线束、冷却管路与整车其他系统做电气和散热连接。实现把动力电池的直流电能转换为所需的高压交流电、并驱动电机本体输出机械能。同时还具有通信和保护,实时进行各工作状态和故障检测功能,保护驱动电机系统和整车安全可靠地运行。

图 1-68　电池管理系统　　　　图 1-69　电机控制器　　　　图 1-70　整车控制器

3）整车控制器（VCU）

VCU 是实现整车控制决策的核心电子控制单元,如图 1-70 所示。VCU 在具有整车系统故障诊断保护与存储功能的同时,还具有驱动控制、制动能量回馈控制、整车能量优化管理、充电过程控制、高压上下电控制、防溜车功能控制、电动化辅助系统管理控制、车辆状态的实时监测和显示的功能。

4）汽车开关

汽车开关用来控制汽车电路中的用电设备,如图 1-71 所示。开关按操作方式可分为手操纵式和脚踏式两种,按结构原理可分为机械开关和电磁开关,按用途可分为点火开关、启动开关、电源开关、灯光开关和小型直流电动机开关等。

图 1-71　汽车开关

（5）**电路保护装置**

电路保护器件用于电路或电气设备发生短路及过载时,自动切断电路,防止线束或电气设备烧坏。汽车上常见的电路保护器件有易熔线、熔断器（俗称保险）及继电器等,如图 1-72所示。

图 1-72　汽车电路保护器件

汽车用继电器可分为功能继电器和电路控制继电器两种。闪光继电器、刮水间歇继电器等属于功能继电器。电路控制继电器单纯用于实现电路通断与转换，其作用主要是减小开关的电流负荷，保护开关触点不被烧蚀，即用流经开关的小电流，控制用电装置的大电流。汽车上常见的电路控制继电器有卸荷继电器、前照灯继电器、雾灯继电器、启动继电器、喇叭继电器、鼓风机继电器、空调压缩机电磁离合器继电器等，如图 1-73 所示。

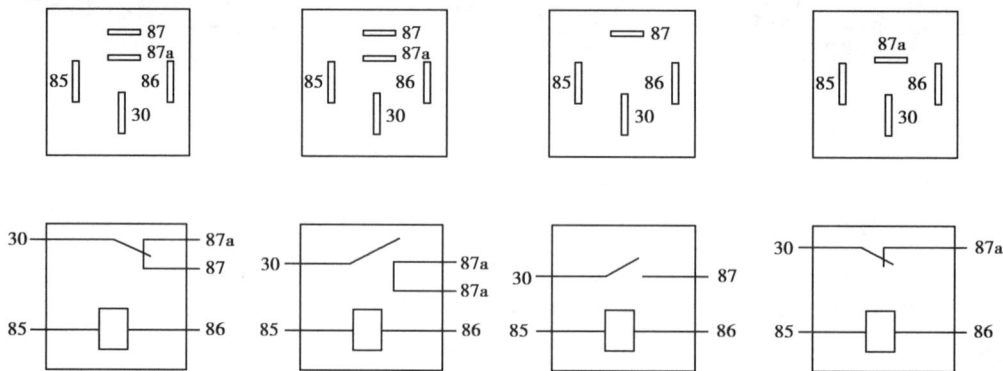

图 1-73　小型通用继电器的管路排列与内部电路

（6）导线

1）低压导线

汽车电气线路中的导线分低压线和高压线两种。低压线包括普通导线、启动电缆、搭铁电缆、屏蔽线；高压线包括铜芯线和阻尼线。普通低压导线的截面积主要根据用电设备的工作电流进行选择，汽车电气线路中所用的导线截面积最小不得小于 $0.5~\mathrm{mm}^2$。我国汽车低压导线的允许负荷电流，汽车 12 V 电气系统主要电路导线横截面积的推荐值，如表 1-1 所示。

表 1-1　汽车低压电路导线横截面积的推荐值

导线标称横截面积/mm^2	允许负荷电流/A	导线标称横截面积/mm^2	允许负荷电流/A
0.5	6	3.0	22
0.8	9	4.0	25
1.0	11	6.0	35
1.5	14	10	50
2.5	20	13	60

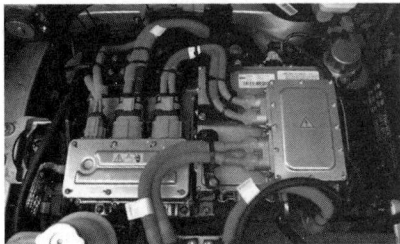

图 1-74　汽车高压导线

2）高压导线

电动汽车上，高压电气系统主要涉及汽车的启动、行驶、充放电、空调动力等。主要包括电池系统、动力总成、高压电控系统、充电系统、高压设备及其线束系统。电动汽车高压线用于连接充电口与电池、电池内部、电池与发动机以及电池储能设备等领域，作为电力传输的载体，如图 1-74 所示。由于车内应用环境恶劣，电动汽车高压电缆有着非常高的性能要求。

（7）工匠精神

"90 后"陈思良给人的第一印象是十足的阳光大男孩，笑容随时挂在脸上。但只要说起汽车技术领域的话题，他的老成又极像一位老师傅。

尽管非常年轻，陈思良却已经被评为长安汽车股份有限公司汽车电器调试工高级技师，获得了"全国技术能手""全国青年岗位能手"等诸多荣誉。更令他感到自豪的是，他曾作为汽车技术项目国家队的一员，站上了有着"技能奥运会"之称的第 43 届世界技能大赛的赛场。

陈思良说，从一名技校学生到进入国家队，他成功的秘诀只有两个字：热爱。陈思良的日常工作中有一项便是帮助重庆各 4S 店处理汽车的"疑难杂症"，而他自创的一套"问、想、修"技能秘籍，在工作中发挥了巨大作用。

真诚地希望通过学习陈思良大师的成长经历，令同学们对技能成才和爱岗敬业有更多的认识和体会。

➤ 学习任务

1. 通常蓄电池在汽车的位置是（　　　）。
    A. 发动机舱内　　　　　　B. 驾驶舱　　　　　　C. 后备箱
2. 蓄电池正极是（　　　），负极是（　　　）。
    A. 红色　　　　　　B. 黑色　　　　　　C. 标注为"+"　　　　　D. 标注为"−"
3. 测量蓄电池电压为（　　　）。

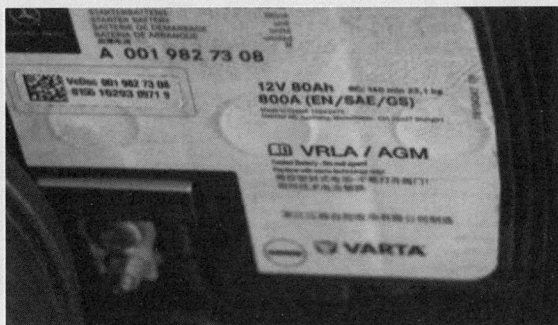

A. 6 V　　　　　　　　B. 12 V　　　　　　　　C. 220 V

4.蓄电池常见参数识别。

例如图中 12 V 80 AH 800 A(EN/SAE/GS)

12 V 表示(   )

80 AH 表示(   )

800 A 表示(   )

5.万用表常见符号含义。

符号	解释	符号	解释
AC		V	
DC		A	
MAX		MIN	
Ω		Hz	

6.图中的继电器为(   )继电器(填入常开或者常闭),图中的30、87 号端子为(   )(填入开关或者线圈)。

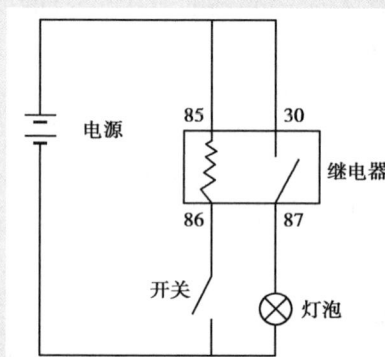

7.根据右图四脚继电器的图示,配合继电器实物回答下面的问题:

继电器中的 85 与 86 号脚之间连接的是(   ),30 与 87 号脚之间连接的是(   )(填写常开或常闭)触点。

8.保险检测

使用工具:_____

测量方法:_____

➤ 职业模块目标自评

知识目标自评

①掌握汽车电路的基本组成。

②掌握汽车电源系统组成。

③熟悉汽车用电设备组成。

④熟悉汽车控制器件组成。

⑤熟悉汽车电路保护装置总成。

技能目标自评

①能够对汽车蓄电池进行检测。

②能够熟练使用万用表。

③能否对汽车控制开关、继电器、熔断器进行检测。

素养目标自评

①能够在工作过程中与小组其他成员合作、交流,养成团队合作意识,锻炼沟通能力。

②养成 7S 的工作习惯,遵循企业文化。

③弘扬工匠精神,宣扬社会主义核心价值观,培养学生奋发图强的爱国主义精神。

④强化节约与环保意识。

职业模块 2

新能源汽车启动与充电系统检查保养

任务 2.1 串联启动充电检查

本任务根据汽车运用与维修(含智能新能源汽车)"1+X"证书制度职业技能等级标准中新能源汽车电子电气空调舒适系统检查保养技术【初级】模块二所对应的模块串联启动充电检查内容进行设定。

任务定位

			【新能源汽车电子电气空调舒适技术】—初级强化项目表																			
	工作		一					二					三					四					
	职业功能		线路读图与电子元件检查					启动与充电系统检查保养					灯光与电器系统检查保养					空调与舒适系统检查保养					
	任务分解要项		1	2	3	4	5	6	7	8	9	10	11	12	13	14	15	16	17	18	19	20
实训项目	资料数据参数	仪器量具使用	拆装量具调试	汽车电路查询识读	模块控制电路查询	传感器电路的查询	执行元件电路查询	电子元件检查判读	串联启动充电检查	并联启动充电检查	混联启动充电检查	混联启动机的保养	混联发电机的保养	前照大灯光束调整	洗涤系统检查保养	全车灯光系统检查保养	灯光电路连接检查	仪表室内灯光检查	制冷暖风性能检查	制冷系统检查保养	过滤通风系统检查	舒适系统初始设定	车门车窗饰件保养
	技能知识		8					4					1					5					
	单组时间		3	3	3	3	3	3	3	3	3	3	3	3	3	3	3	3	3	3	3	3

设备与工具清单

任务	作业项目	设备与工具清单
串联启动 充电检查	1. 串联启动充电系统部件检查 2. 启动充电系统电压、电流数据读取 3. 电机及控制器温度检测 4. 三相电缆的绝缘性及电阻检测 5. 电机、电池型号判读 6. 电动机双重连锁正反转控制实物图连接	1. 整车（串联式混合动力） 2. 电动机双重连锁正反转控制电路教具 3. 多功能万用表、绝缘测试仪、兆欧表 4. 绝缘垫、警示牌、绝缘帽、绝缘胶带 5. 绝缘测试仪、解码器、绝缘维修工具 6. 计算机、维修手册

➤ **作业项目　串联启动充电系统部件检查**

工作情境描述

一位长安 UNI-K 插电式混合动力电动汽车车主到长安 4S 店报修，该车充电中途停止充电，现在要求你作为 4S 店技术检测人员，配合技师主管共同对该客户的 UNI-K 插电式混合动力电动汽车作充电系统基本检查，按照规范程度操作并完成维修工单。

串连启动充电
检查

作业设备工具

长安 UNI-K 混合动力电动汽车，多功能万用表，解码仪，绝缘手套，常用工具，电脑，维修手册。

作业准备

车辆在工位停放周正，拉起警戒线，放置警示牌，戴好绝缘手套。

作业步骤

（1）在实车或实训台架上认知启动充电系统各部件

1）认识充电系统部件

充电桩、慢充电插孔、快充电插孔、车载充电机、高压控制盒、充电连接线以及相关的控制单元等部件。

2）认知启动系统部件

汽车智能钥匙，START 键，辅助蓄电池，动力电池，驱动电机等。

（2）汽车启动充电系统的操作与基本检查

1）检查启动系统

①将智能钥匙放入车厢激活区域内，踩下制动踏板，按下 ENGINE START/STOP 键启动，仪表 READY 灯常亮，动力系统启动成功，表示遥控钥匙正常，如图 2-1 所示。

②检查辅助蓄电池，如图 2-2 所示。

图 2-1　仪表板上 READY 灯　　　　图 2-2　辅助蓄电池

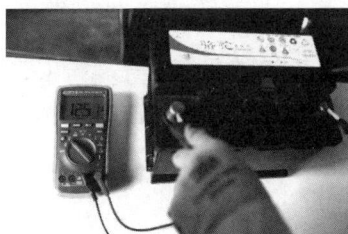

③车辆启动,打开大动率电器,如汽车空调,用钳式万用表检查动力电池输出电压,如图2-3所示。或者在汽车行驶过程中,使用诊断仪读取动力动力电池输出电压。

④钳式万用表检查高压电器总成输入电压,如图2-4所示。

图2-3　动力电池输出电压

图2-4　高压电器总成输入电压

2)检查充电系统

①首先连接随车携带充电枪与电源端,慢充接口位于行李箱内,如图2-5所示,充电枪与慢充接口连接,如图2-6所示。

图2-5　慢充接口

图2-6　充电枪与慢充接口连接

②检查线缆上控制盒的电源灯是否常亮,准备/充电灯是否闪烁,如图2-7所示。

③检查仪表充电连接指示灯在仪表上是否显示,如图2-8所示。

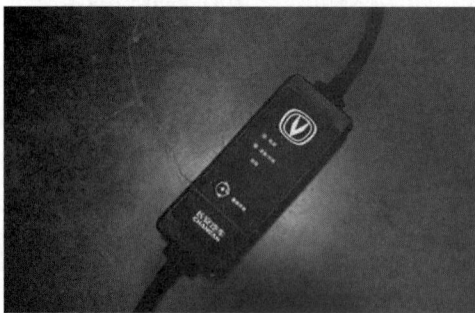

图2-7　线缆控制盒充电指示灯

图2-8　仪表充电及连接指示灯

④断开电源,检查随车携带充电枪CC与PE电阻,如图2-9所示。

⑤随车携带充电枪与电源连接,检测充电枪CP对PE电压,如图2-10所示。

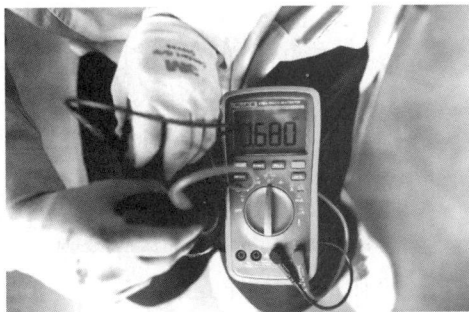

图 2-9   充电枪 CC 与 PE 电阻

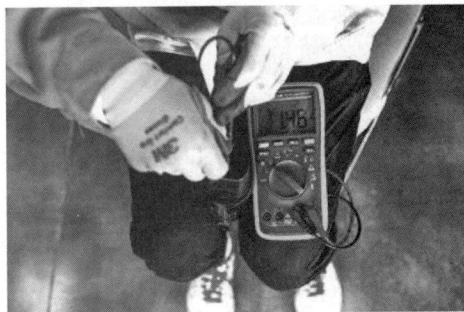

图 2-10   充电枪 CP 对 PE 电压

⑥用钳式万用表检测车载充电机高压输入交流电,如图 2-11 所示。

⑦用钳式万用表检测车载充电机输出的高压直流电,如图 2-12 所示。

图 2-11   车载充电机高压输入交流电检测

图 2-12   车载充电机输出的高压直流电检测

(3)汽车启动充电系统的数据流检查

①检查车辆,保证车辆正常启动,然后整车高压下电。

②使用与车型匹配的解码仪,并将解码仪与诊断接口连接,如图 2-13 所示。

图 2-13   解码仪与诊断接口连接

③驻车制动,并将挡位置于空挡,踩下制动踏板,短促按下键启动,然后将车辆启动至高压上电状态。

④按下解码仪的电源按钮,打开解码仪,查看解码仪与车辆连接情况,连接成功,如图 2-14 所示。

⑤进入解码仪诊断系统,选择长安车型,如图 2-15 所示。

图 2-14　解码仪成功连接

图 2-15　选择长安车型

⑥选择需要读取的驱动电机数据流,点击确认。启动系统的数据流如图 2-16(a)和图 2-16(b)所示。

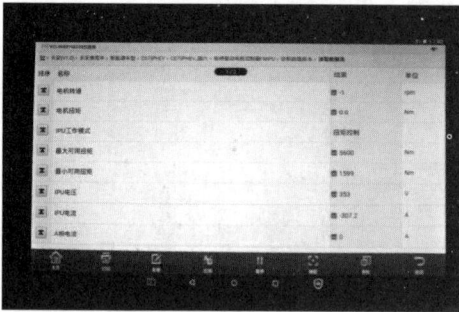

（a）

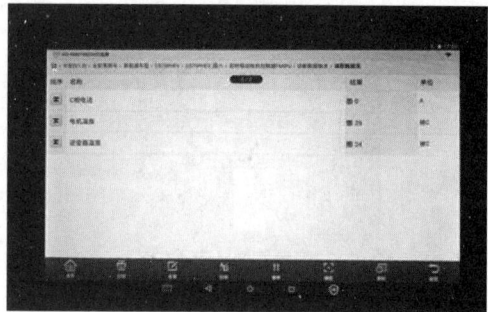

（b）

图 2-16　启动系统数据流

⑦最后高压下电,再将解码仪诊断连接口从车辆取下,关闭解码仪。

行业小知识

操作员操作时应戴好手套,以免碰伤。安装前确保车载充电机外观清洁,表面油漆不应有划痕。

任务工作单

考核项目:串联启动充电检查任务工单			
模块二:启动充电系统部件检查		考核时间:　　　分钟	
姓名:	班级:	学号:	教师签字:
初评:□合格□不合格	复评:□合格□不合格	师评:□合格□不合格	
日期:	日期:	日期:	
一、记录车辆信息			
品牌		整车型号		生产日期	
发动机型号		驱动电机型号		行驶里程	
车辆识别码					

二、启动系统检查

检测项目	判定及数据		维修		检测项目	判定及数据		维修	
遥控钥匙	正常□	异常□	更换□	无□	解码仪	正常□	异常□	检查□	无□
车辆启动	正常□	异常□	检查□	无□	仪表指示灯	正常□	异常□	检查□	无□
驻车制动	正常□	异常□	调整□	无□	解码仪诊断系统有长安车型	正常□	异常□	检查□	无□
解码仪连接	正常□	异常□	检查□	无□					
蓄电池			电压：					更换□　　无□		
动力电池输出			电压：					检修□　　无□		
高压电器总成输入			电压：					更换□　　无□		
启动系统数据流的读取记录									
启动数据流的判断及结论									

三、充电系统检查

检测项目	判定及数据		维修		检测项目	判定及数据		维修	
随车携带充电枪连接	正常□	异常□	检查□	无□	仪表充电连接指示灯	正常□	异常□	检查□	无□
仪表充电指示灯	正常□	异常□	检查□	无□	慢充接口CP与车载充电机	正常□	异常□	检查□	无□
车载充电机高压输入交流电	正常□	异常□	检查□	无□	车载充电机高压输出直流电	正常□	异常□	检查□	无□
随车携带充电枪CC与PE电阻			电阻值：					更换□　　无□		
随车携带充电枪CP对PE电压			电压：					更换□　　无□		
驻车制动	正常□	异常□	检查□	无□	充电枪连接	正常□	异常□	检查□	无□
充电枪连接指示灯	正常□	异常□	检查□	无□	充电枪充电指示灯	正常□	异常□	检查□	无□
充电数据流的读取记录									
充电数据流的判断及结论									
启动充电系统部件检查结论及建议									

作业任务总结

考核项目:串联启动充电检查【配分评分表】

序号	评分项	得分条件	评分标准	配分	扣分
1	安全/7S/态度	□1. 能进行工位 7S 操作 □2. 能进行设备和工具安全检查 □3. 能进行高压电安全防护操作 □4. 能进行工具清洁校准存放操作 □5. 能进行三不落地操作	未完成 1 项扣 3 分 扣分不得超 15 分	15	
2	专业技能	□1. 能正确读取电机型号和功率 □2. 能正确检测辅助电池的电压 □3. 能正确检测动力电池充电电压 □4. 能正确检测动力电池充电电流 □5. 能正确读取动力电池温度 □6. 能正确读取启动电压 □7. 能正确检测电机温度和绝缘电阻 □8. 能正确检测电机控制器温度 □9. 能正确检测电机三相绕组电阻 □10. 能正确查询电机控制电路 □11. 能正确查询电机控制器端视图 □12. 能正确查询三相绕组标准值 □13. 能正确查询电机位置图和结构图	未完成 1 项扣 5 分 扣分不得超 50 分	50	
3	工具及设备的使用能力	□1. 能正确地选用维修工具 □2. 能正确使用解码仪 □3. 能正确使用多功能万用表	未完成 1 项扣 5 分 扣分不得超 10 分	10	
4	资料、信息查询能力	□1. 能正确使用维修手册查询资料 □2. 能在规定时间内查询所需资料 □3. 能正确记录所查询资料章节页码 □4. 能正确记录所需维修信息	未完成 1 项扣 5 分 扣分不得超 10 分	10	
5	数据、判读和分析能力	□1. 能判断启动功能是否正常 □2. 能判断充电系统工作是否正常 □3. 能判断启动充电系统部件是否正常	未完成 1 项扣 5 分 扣分不得超 10 分	10	
6	表单填写与报告撰写能力	□1. 字迹清晰 □2. 语句通顺 □3. 无错别字 □4. 无涂改 □5. 无抄袭	未完成 1 项扣 1 分 扣分不得超 5 分	5	
合计					

➤ **相关知识**

串联式混合动力电动汽车主要由发动机、发电机、动力蓄电池、电动机、机械传动装置(变速器)等组成。如图 2-17 所示,发动机和发电机之间属于机械连接,电动机与机械传动装置之间也是机械连接,其余部分则是电力连接。

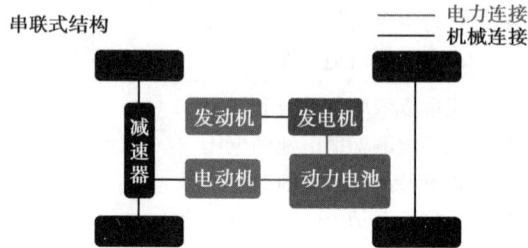

图 2-17　串联式混合动力电动汽车的结构示意图

发动机和发电机有时也称为辅助动力单元,其主要功能是将发动机发车的机械能通过发电机转化为电能。转化的电能可用于向动力蓄电池充电,或通过电动机对外输出转矩从而驱动汽车行驶。这种为电动机增设辅助设备(一般采用内燃机)由电动机输出动力模式,也称为增程式混合动力。

(1)串联式混合动力电动汽车的工作模式

串联式混合动力电动汽车在不同工作负荷状态下,存在以下几种工作模式:

①纯电驱动模式:发动机关闭,车辆仅由动力蓄电池供电驱动。

②纯发动机驱动模式:车辆行驶时所需的能量全部由发动机间接提供,发动机带动发电机发电,再传至电动机驱动车辆,此时动力蓄电池不对外供电。

③混合驱动模式:发动机运转带动发电机发电,动力蓄电池也同时供电,由两者一同驱动车辆行驶。

④发动机充电模式:发动机运转带动发电机发电,驱动车辆的同时,多余电能用于向动力蓄电池充电,此模式也可在停车状态下进行。

(2)串联式混合动力电动汽车的运行工况

1)启动/正常行驶/加速运行工况

发动机和动力蓄电池共同输出电能并传递至功率转换器,驱动电动机,然后通过机械传动装置驱动车轮,此运行工况下的能量流动如图 2-18 所示。

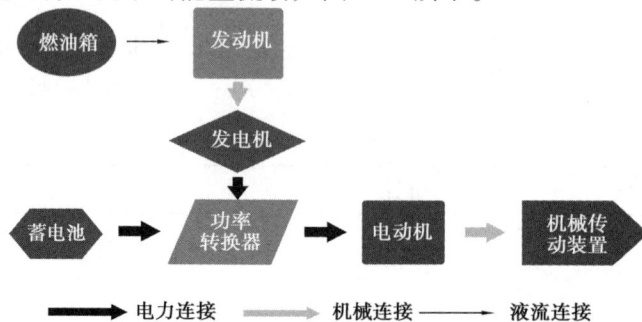

图 2-18　启动/正常行驶/加速运行工况下的能量流动

2）低负荷工况

当电动机功率满足汽车行驶所需功率时,发电机同时为动力电池充电,直到动力蓄电池达到 SOC 预定的满电状态,此工况下的能量流动如图 2-19 所示。

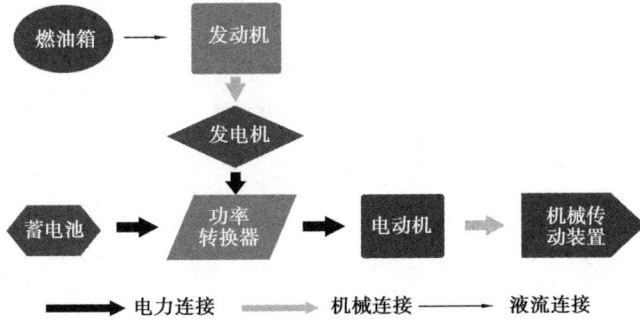

图 2-19　低负荷工况下的能量流动

3）减速/制动工况

电动机把驱动轮的动能转化为电能,并通过功率转换器给动力蓄电池充电,此运行工况下的能量流动如图 2-20 所示。

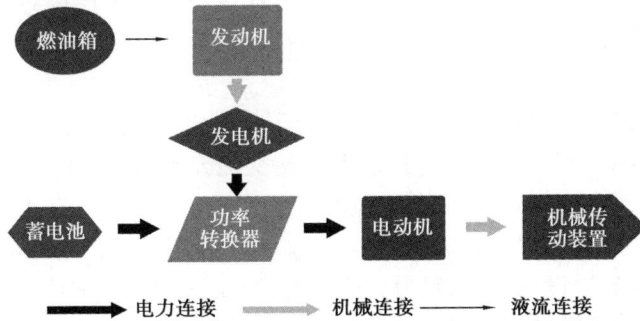

图 2-20　减速/制动工况下的能量流动

4）停车充电工况

停车时,发动机可通过发电机和功率转换器向动力蓄电池充电,此运行工况下的能量流动如图 2-21 所示。

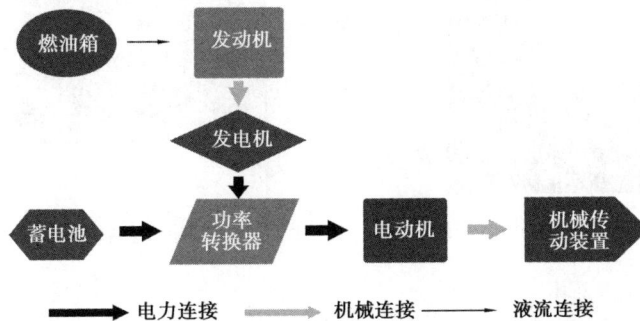

图 2-21　停车充电工况下的能量流动

（3）**混合动力电动汽车的充电系统**

动力电池充电系统是新能源汽车的电能补给系统,主要分为常规充电(俗称慢充)和快速

69

充电(俗称快充)两种方式。

充电系统主要是通过家用插头和交流充电桩接入交流充电口,通过车载充电器将家用 220 V 交流电转为直流高压电给动力电池进行充电。交流充电连接装置及交流充电口总成安装位置如图 2-22 所示。

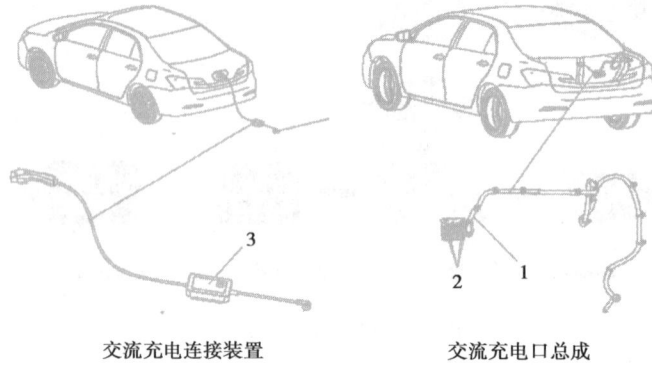

交流充电连接装置   交流充电口总成

图 2-22 交流充电连接装置及交流充电口总成安装位置

1)交流充电连接装置

交流充电连接装置供电端为三芯插头。当充电连接装置正确连接后,控制盒点亮"电源"指示灯,同时"充电"指示灯闪烁。

2)交流充电口总成

交流充电口又称慢充口,位于车辆右后侧,用于将外部交流充电设备的交流电源连接到车辆充电回路上。车辆外部通过充电连接装置连接交流充电设备,车辆内部通过高压线束连接车载充电机,图 2-23 为长安 UNI-K 交流充电口。

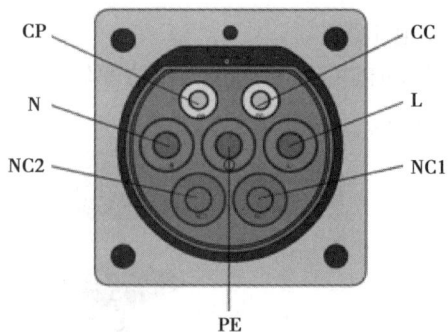

交流充电口各端子名称如图 2-24 所示。在"国标"中,CC 为充电连接确认线,CP 为控制引导线,N 为中性线,PE 为设备接地,L 为交流电源,NC1、NC2 为空脚。

图 2-23 长安 UNI-K 交流充电口安装位置   图 2-24 交流充电口各端子名称

3)车载充电机

车载充电机安装在行李箱中,功用是将交流充电口传递过来的交流电转换为直流高压电为动力蓄电池充电。

(4)节能减排

2020 年 9 月,国家主席习近平在第七十五届联合国大会一般性辩论上宣布,中国的二氧化碳排放力争于 2030 年前达到峰值,努力争取 2060 年前实现碳中和(以下简称"'双碳'目标")。2021 年 4 月,习近平主席进一步指出,中国承诺实现"双碳"目标,"是中国基于推动构建人类命运共同体的责任担当和实现可持续发展的内在要求作出的重大战略决策",实现的时间"远远短于发达国家所用时间,需要中方付出艰苦的努力"。

这就要求全国各行各业必须同心协力、艰苦奋斗,按承诺的时间实现全社会的绿色转型和"双碳"目标,走出一条以较低能源消耗和碳排放支撑高质量发展的道路。

汽车业是中国国民经济的支柱产业,是我国实现"双碳"目标的中坚力量,必须在能源行业深刻变革的基础上,强化节能减排措施,承担起进一步降低碳排放的艰巨任务。一轮新的技术革命和产业变革将使汽车产业进入一个新的发展阶段,这也是汽车产业实现高质量、可持续发展的必由之路。

碳中和背景下的汽车节能技术。汽车节能技术对于"双碳"目标十分重要,混合动力汽车对于减少全生命周期碳排放尤其显著,特别是混合动力技术将在未来一段时间内作为主要和长期的过渡产品,促使汽车企业陆续推出混合动力 HEV 和插电式混合动力 PHEV 产品。同时,《节能与新能源汽车技术路线图 2.0》指出,我国汽车行业的发展目标是"产业碳排放总量先于国家碳减排承诺于 2028 年左右提前达到峰值,到 2035 年排放总量较峰值下降 20%以上"。

➤ 学习任务

1. 串联式混合动力电动汽车主要由发动机、发电机、_____、_____机械传动装置等组成。

2. 串联式混合动力电动汽车在不同工作负荷状态下,存在_____、_____、_____、_____等工作模式。

3. 串联式混合动力电动汽车又称为_____。

4. 串联式混合动力电动汽车有哪些运行工况?

5. 充电方式有_____和_____两种方式。

6. 充电系统由_____、_____和_____三部分组成。

7. 交流充电口又称_____,位于车辆右后侧。用于_____。

8. 交流充电口各端子名称如右图所示。在国标中,CC 为_____,CP 为_____,N 为中性线,PE_____,L 为交流电源,NC1、NC2 为空脚。

9. 车载充电机内部可分_____、_____、线束及标准件三部分。

10. 车载充电机的功用?

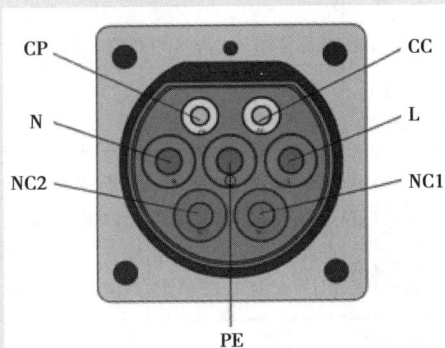

➤ **职业功能目标自评**

知识目标自评
①了解串联式混合动力电动汽车的结构组成、工作模式、运行工况。
②掌握串联式混合动力电动汽车充电系统的组成。
③掌握串联式混合动力电动汽车的充电原理。

技能目标自评
①能够对串联式混合动力电动汽车启动充电系统进行一般性检查。
②能正确查询维修手册。
③会使用诊断仪读取启动充电系统的数据流。
④会使用多功能万用表对启动充电系统的部件进行检查。
⑤能够对车辆进行启动充电操作。

素养目标自评
①能够在工作过程中与小组其他成员合作、交流,养成团队合作意识,锻炼沟通能力。
②养成7S的工作习惯,遵循企业文化。
③弘扬工匠精神,宣扬社会主义核心价值观,培养学生奋发图强的爱国主义精神。
④强化节能与环保意识。

任务 2.2　并联启动充电检查

本任务根据汽车运用与维修(含智能新能源汽车)"1+X"证书制度职业技能等级标准中新能源汽车电子电气空调舒适系统检查保养技术【初级】模块二所对应的模块并联启动充电检查内容进行设定。

任务定位

【新能源汽车电子电气空调舒适技术】—初级强化项目表																							
	工作			一					二					三					四				
	职业功能			线路读图与电子元件检查					启动与充电系统检查保养					灯光与电器系统检查保养					空调与舒适系统检查保养				
	任务分解要项			1	2	3	4	5	6	7	8	9	10	11	12	13	14	15	16	17	18	19	20
实训项目	资料数据参数	仪器量具使用	拆装量具调试	汽车电路查询识读	模块控制电路查询	传感器电路的查询	执行元件电路查询	电子元件检查判读	串联启动充电检查	并联启动充电检查	混联启动充电检查	混联发电机的保养	混联发电机的保养	前照大灯光束调整	洗涤系统保养	全车灯光系统检查保养	灯光电路连接检查	仪表灯光检查	制冷暖风性能检查	制冷系统保养	过滤通风系统检查	舒适系统初始设定	车门车窗饰件保养
	技能知识			8					4					1					5				
	单组时间			3	3	3	3	3	3	3	3	3	3	3	3	3	3	3	3	3	3	3	3

设备与工具清单

任务	作业项目	设备与工具清单
并联启动充电检查	1. 并联启动充电系统部件检查 2. 启动充电系统电压、电流数据读取 3. 电机及控制器温度检测 4. 三相电缆的绝缘性及电阻检测 5. 电机、电池型号判读 6. 电动机单向启动反接制动控制线路实物图连接	1. 整车(并联式混合动力) 2. 电动机单向启动反接制动控制电路教具 3. 多功能万用表、绝缘测试仪、兆欧表 4. 绝缘垫、警示牌、绝缘帽、绝缘胶带 5. 绝缘测试仪、解码器、绝缘维修工具 6. 计算机、维修手册

➤ **作业项目　并联启动充电系统部件检查**

工作情境描述

一辆长安蓝鲸 idd 混合动力电动汽车车主李先生打电话到 4S 店请求救援,声称汽车行驶 50 000 km,目前启动存在困难的问题。现在要求你作为 4S 店技术检测人员,配合技师主管共同对该客户汽车启动充电系统做基本检查,按照规范操作并完成维修工单。

作业设备工具

长安蓝鲸 idd 混合动力电动汽车,多功能万用表,解码仪,绝缘手套,常用工具,电脑,维修手册。

作业准备

车辆在工位停放周正,拉起警戒线,放置警示牌,戴好绝缘手套。

作业步骤

(1)在实车或实训台架上认知启动充电系统各部件

1)认识充电系统部件

充电桩,慢充电插孔,快充电插孔,车载充电机,高压控制盒,充电连接线以及相关的控制单元等部件。

2)认知启动系统部件

汽车智能钥匙,START 键,辅助蓄电池,动力电池,驱动电机等。

(2)汽车启动充电系统的操作与基本检查

1)检查启动系统

①遥控钥匙解锁车门,将遥控钥匙放入车内,踩下刹车,按下 ENGINE START/STOP 键启动,动力系统启动成功,表示遥控钥匙正常。

②检查辅助蓄电池电压。

③检查动力电池输出电压。

④检查高压电器总成输入电压。

以上 4 步测法与任务 2.1 相同,图省略。

⑤检查驱动电机三相输入电压。用举升机将车辆举升离地 5 cm,车辆启动,换挡杆挂入 D 挡,车辆原地空转,用诊断仪读取驱动电机三相输入电压。

2）检查充电系统

①连接随车携带充电枪与电源端，然后连接随车携带充电枪与长安蓝鲸 idd 混合动力电动汽车慢充接口。

②检查仪表指示灯及仪表显示，检查线缆上控制盒的电源灯是否常亮，充电灯是否闪烁。

③首先检查随车携带充电枪 CC 与 PE 电阻是否为 680 Ω。

④再次连接随车携带充电枪与汽车慢充接口，检查仪表充电连接指示灯在仪表上是否显示，如还未显示，则需要检查慢充接口与 BMS 连接通断。

⑤首先随车携带充电枪与电源连接，检测充电枪 CP 对 PE 电压是否 12 V，若电压在 12 V 以上，充电枪正常，若不在正常范围内，更换充电枪。

⑥其次检测慢充接口 CP 与车载充电机的低压端口信号接通正常。

⑦然后检查车载充电机高压输入交流电。

⑧最后检查车载充电机输出的高压直流电。

以上测法与任务 2.1 相同，图省略。

（3）**汽车启动充电系统的数据流检查**

1）启动系统数据流的读取

①检查车辆，保证车辆能启动，然后整车高压下电。

②找与车型匹配的解码仪，并将解码仪与诊断接口连接。

③保证驻车制动，并将挡位置于空挡，踩刹车，按下 START 键，然后将车辆启动至高压上电状态。

④按下解码仪的电源按钮，打开解码仪，查看解码仪与车辆连接情况，连接成功。

⑤进入解码仪诊断系统，选择长安车型，选择需要读取的驱动电机数据流，点击确认。读取启动系统的数据流。

⑥最后将高压下电，再将解码仪诊断连接口从车辆取下，关闭解码仪。

以上测法与任务 2.1 相同，图省略。

2）充电系统数据流读取

①连接随车携带充电枪与电源端，然后连接随车携带充电枪与长安汽车慢充接口。

②找与车型匹配的解码仪，并将解码仪与诊断接口连接。

③保证车辆驻车制动，并将挡位置于 N 挡，按下 START 键，然后将车辆上电至仪表显示状态，此时无法启动车辆。

④按下解码仪的电源按钮，打开解码仪，查看解码仪与车辆连接情况。

⑤进入解码仪诊断系统，选择长安车型，选择需要读取的充电数据流，点击确认。

⑥最后将高压下电，再将解码仪诊断连接口从车辆取下，关闭解码仪。

以上测法与任务 2.1 相同，图省略。

行业小知识

混合度（hybridization R）就是一个混合动力汽车中搭载的电动机与发动机所占比例的大小，即电动机功率与电动机与发动机功率之和的比。

任务工单

考核项目:并联启动充电检查任务工单			
模块二:启动充电系统部件检查		考核时间: 分钟	
姓名:	班级:	学号:	教师签字:
初评:□合格□不合格	复评:□合格□不合格	师评:□合格□不合格	
日期:	日期:	日期:	

一、记录车辆信息

品牌		整车型号		生产日期	
发动机型号		驱动电机型号		行驶里程	
车辆识别码					

二、启动系统检查

检测项目	判定及数据	维修	检测项目	判定及数据	维修
遥控钥匙	正常□ 异常□	更换□ 无□	解码仪	正常□ 异常□	检查□ 无□
车辆启动	正常□ 异常□	检查□ 无□	仪表指示灯	正常□ 异常□	检查□ 无□
驻车制动	正常□ 异常□	调整□ 无□	解码仪诊断系统有长安车型	正常□ 异常□	检查□ 无□
解码仪连接	正常□ 异常□	检查□ 无□			
蓄电池	电压:			更换□ 无□	
动力电池输出	电压:			检修□ 无□	
高压电器总成输入	电压:			更换□ 无□	
启动系统数据流的读取记录					
启动数据流的判断及结论					

三、充电系统检查

检测项目	判定及数据	维修	检测项目	判定及数据	维修
随车携带充电枪连接	正常□ 异常□	检查□ 无□	仪表充电连接指示灯	正常□ 异常□	检查□ 无□
仪表充电指示灯	正常□ 异常□	检查□ 无□	慢充接口 CP 与车载充电机	正常□ 异常□	检查□ 无□
车载充电机高压输入交流电	正常□ 异常□	检查□ 无□	车载充电机高压输出直流电	正常□ 异常□	检查□ 无□
随车携带充电枪 CC 与 PE 电阻	电阻值:			更换□ 无□	
随车携带充电枪 CP 对 PE 电压	电压:			更换□ 无□	
驻车制动	正常□ 异常□	检查□ 无□	充电枪连接	正常□ 异常□	检查□ 无□

充电枪连接指示灯	正常□ 异常□	检查□ 无□	充电枪充电指示灯	正常□ 异常□	检查□ 无□
充电数据流的读取记录					
充电数据流的判断及结论					
启动充电系统部件检查结论及建议					

作业任务总结

_____

_____

_____

_____

_____

_____

_____

_____

_____

_____

考核项目:并联启动充电检查【配分评分表】

序号	评分项	得分条件	评分标准	配分	扣分
1	安全/7S/态度	□1. 能进行工位 7S 操作 □2. 能进行设备和工具安全检查 □3. 能进行高压电安全防护操作 □4. 能进行工具清洁校准存放操作 □5. 能进行三不落地操作	未完成 1 项扣 3 分 扣分不得超 15 分	15	
2	专业技能	□1. 能正确读取电机型号和功率 □2. 能正确检测辅助电池的电压 □3. 能正确检测动力电池充电电压 □4. 能正确检测动力电池充电电流 □5. 能正确读取动力电池温度 □6. 能正确读取启动电压 □7. 能正确检测电机温度和绝缘电阻 □8. 能正确检测电机控制器温度 □9. 能正确检测电机三相绕组电阻 □10. 能正确查询电机控制电路 □11. 能正确查询电机控制器端视图 □12. 能正确查询三相绕组标准值 □13. 能正确查询电机位置图和结构图	未完成 1 项扣 5 分 扣分不得超 50 分	50	
3	工具及设备的使用能力	□1. 能正确地选用维修工具 □2. 能正确使用解码仪 □3. 能正确使用多功能万用表	未完成 1 项扣 5 分 扣分不得超 10 分	10	
4	资料、信息查询能力	□1. 能正确使用维修手册查询资料 □2. 能在规定时间内查询所需资料 □3. 能正确记录所查询资料章节页码 □4. 能正确记录所需维修信息	未完成 1 项扣 5 分 扣分不得超 10 分	10	
5	数据、判读和分析能力	□1. 能判断启动功能是否正常 □2. 能判断充电系统工作是否正常 □3. 能判断启动充电系统部件是否正常	未完成 1 项扣 5 分 扣分不得超 10 分	10	
6	表单填写与报告撰写能力	□1. 字迹清晰 □2. 语句通顺 □3. 无错别字 □4. 无涂改 □5. 无抄袭	未完成 1 项扣 1 分 扣分不得超 5 分	5	
合计					

> **相关知识**

并联式混合动力电动汽车主要由发动机、电机、动力蓄电池、机械传动装置(变速器)等组成。如图 2-25 所示,电机和动力电池之间是电力连接,其余部分则是机械连接。

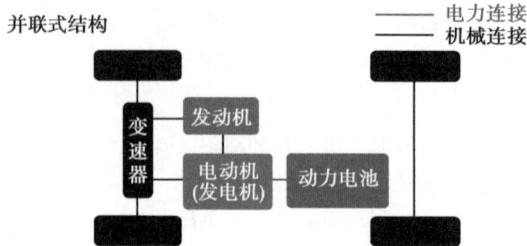

图 2-25　并联式混合动力电动汽车的结构示意图

并联式混合动力电动汽车是在传统燃油汽车的基础上加了电机和动力蓄电池。与串联式混合动力电动汽车不同,并联式结构中发动机和电机可以分别单独驱动汽车,也可以同时驱动汽车,其动力性也更加优越。当动力蓄电池电量不足时,发动机还可以带动电机反转给动力蓄电池充电,电机此时起到发电机的作用。如果动力蓄电池可用非车载装置充电,则属于并联插电式混合动力电动汽车。

(1)并联式混合动力电动汽车的工作模式

并联式混合动力电动汽车在不同工作负荷状态下,存在以下几种工作模式:

①纯电驱动模式:发动机关闭,车辆仅由动力蓄电池给电机供电,驱动车辆行驶。

②纯发动机驱动模式:电机关闭,车辆仅由发动机供能,驱动车辆行驶。

③发动机驱动和动力蓄电池充电模式:发动机开启,给车辆提供动力,驱动车辆行驶,而此时电机只起发电机功能,通过反转给动力蓄电池充电。

④再生制动模式:发动机关闭,电机运行在发电机状态,通过消耗车辆的动能产生电能向动力蓄电池充电。

⑤混合驱动模式:发动机和电机同时开启,驱动车辆行驶。

(2)并联式混合动力电动汽车的运行工况

1)启动/加速运行工况

当启动或者节气门全开加速运行时,车辆处于混合驱动模式,发动机和电机同时工作,共同提供车辆前进的动力,其中发动机起主要作用。此运行工况下的能量流动如图 2-26 所示。

2)正常行驶工况

当车辆正常行驶时,车辆处于纯发动机驱动模式,车辆前进所需动力仅由发动机提供。此工况下的能量流动如图 2-27 所示。

3)减速/制动工况

当车辆减速或制动的时候,车辆处于再生制动模式,车辆的动能转换为电能给动力电池充电。此运行工况下的能量流动如图 2-28 所示。

4)行驶中给动力蓄电池充电工况

当车辆轻载时,车辆处于发动机驱动和动力蓄电池充电模式,发动机驱动车辆前进的同时,多余的功率带动电机反转发电给动力蓄电池充电。此运行工况下的能量流动如图 2-29 所示。

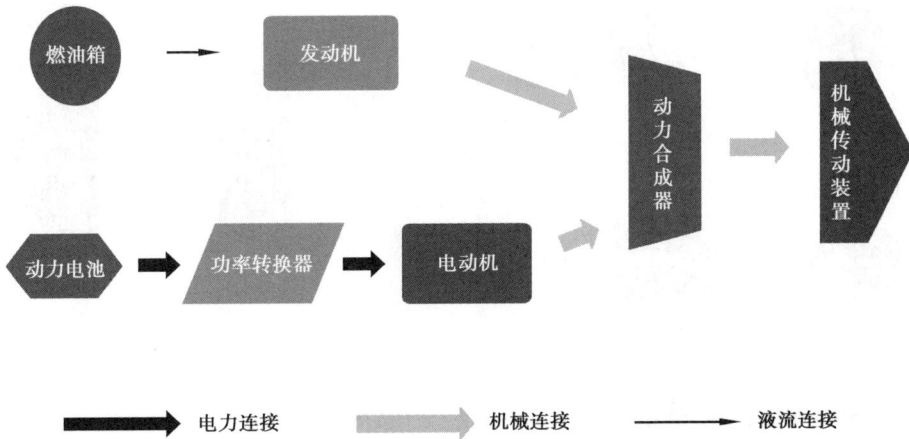

电力连接　　　　　机械连接　　　　　液流连接

图 2-26　起动/加速运行工况下的能量流动

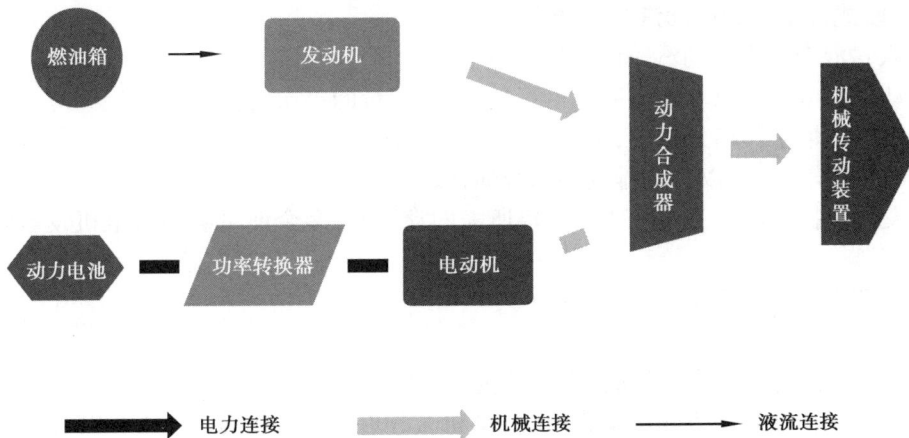

电力连接　　　　　机械连接　　　　　液流连接

图 2-27　正常行驶工况下的能量流动

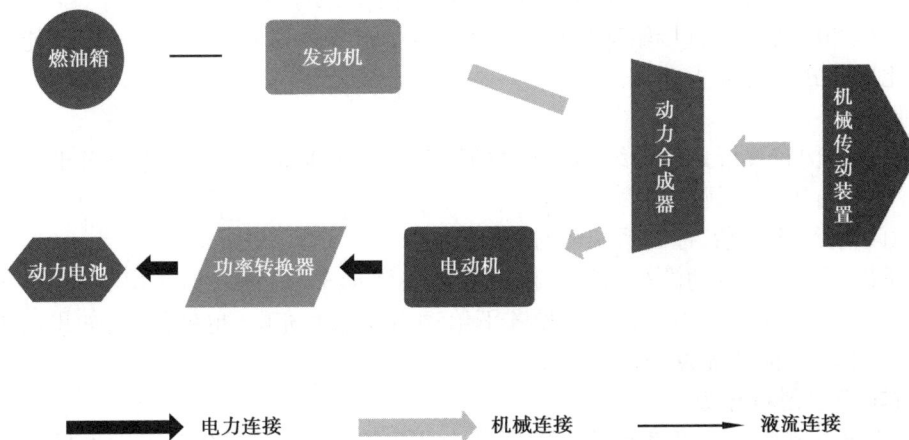

电力连接　　　　　机械连接　　　　　液流连接

图 2-28　减速/制动工况下的能量流动

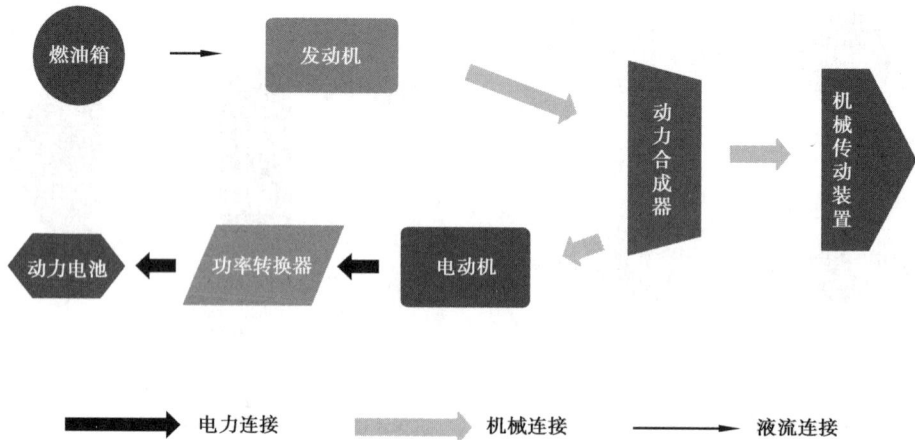

图2-29　行驶中给动力蓄电池充电工况下的能量流动

（3）并联式混合动力电动汽车的特点

1）并联式混合动力电动汽车的结构特点

①发动机和电机可以单独驱动车辆行驶，无须能量的二次转换。

②并联式车辆工作模式较多，可以适应多种工况。

③有电机的辅助，可以降低排放和综合油耗。

④当发动机提供的动力大于驱动车辆所需的动力时，多余能量会通过电机发电给动力蓄电池充电。

2）并联式混合动力电动汽车的优缺点

①优点：

a. 动力蓄电池容量较小，可减轻整车质量，降低油耗。

b. 电机可以辅助发动机输出动力，使发动机工作在高效率状态下，还可以为动力蓄电池充电，延长续驶里程。

c. 由于只有发动机和电机，与串联式相比，结构简单，质量和体积也小。

d. 发动机和电机可以直接驱动车辆，减少了能量在传递过程中的损失，因此能量的综合利用效率比串联式混合动力电动汽车高。

②缺点：

a. 并联式结构布置形式和传统燃油车类似，动力性也非常接近，因此相对于串联式混合动力电动汽车，有害气体排放较多。

b. 动力系统结构复杂，控制系统相对复杂。

c. 并联式混合动力电动汽车的发动机可以独立驱动车辆行驶，但是由于只有一个电机，没有独立的发电机，无法实现混合驱动模式下给动力蓄电池充电，也就是说，如果动力蓄电池没电了，汽车也就只能依靠发动机驱动了。

（4）汽车产业创新升级

《中华人民共和国国民经济和社会发展第十四个五年规划和2035年远景目标纲要》，汽车产业的重要性体现在多个方面。首先是"内外循环"，当前，我国正在逐步形成以国内大循环为主体、国内国际双循环相互促进的新发展格局。汽车产业要在内外循环中承担更加重要的责任和目标，产业本身的转型升级、产业链供应链的优化稳定以及产业基础的高级化、创新升级已经刻不容缓。利用科技赋能，升级成为智能制造的优势，就是要把制造立国，升级成为智能制造立国,从中低端制造,转型为高端制造;就是要将"世界工厂"逐步升级为"世界智能制造工厂",这是当代中国的必选题。

➤　学习任务

1.并联式混合动力电动汽车主要由发动机、_____、_____、机械传动装置等组成。

2.并联式混合动力电动汽车在不同工作负荷状态下,存在_____、_____、_____、_____、_____五种工作模式。

3.并联式混合动力电动汽车的运行工况分为_____、_____、_____。

4.并联式混合动力电动汽车在启动/加速工况时,车辆处于_____驱动模式。

5.并联式混合动力电动汽车在减速/制动工况时,车辆处于_____模式,同时为动力蓄电池充电。

6.并联式混合动力电动汽车的特点。

➤　职业功能目标自评

知识目标自评
①了解并联式混合动力电动汽车的结构组成。
②掌握并联式混合动力电动汽车的工作模式。
③掌握并联式混合动力电动汽车各运行工况。
④了解并联式混合动力电动汽车的优缺点。

技能目标自评
①能够对并联式混合动力电动汽车启动充电系统进行一般性检查。
②能正确查询维修手册。
③会使用诊断仪读取驱动电机数据流。
④会使用万用表检测驱动电机、辅助电池和动力电池。

素养目标自评
①能够在工作过程中与小组其他成员合作、交流,养成团队合作意识,锻炼沟通能力。
②养成7S的工作习惯,遵循企业文化。
③弘扬工匠精神,宣扬社会主义核心价值观,培养学生奋发图强的爱国主义精神。
④强化节约与环保意识。

任务2.3　混联启动充电检查

本任务根据汽车运用与维修(含智能新能源汽车)"1+X"证书制度职业技能等级标准中新能源汽车电子电气空调舒适系统检查保养技术【初级】模块二所对应的混联启动充电检查内容进行设定。

任务定位

【新能源汽车电子电气空调舒适技术】—初级强化项目表

工作	一					二					三					四				
职业功能	线路读图与电子元件检查					启动与充电系统检查保养					灯光与电气系统检查保养					空调与舒适系统检查保养				
任务分解要项	1	2	3	4	5	6	7	8	9	10	11	12	13	14	15	16	17	18	19	20
实训项目(资料数据参数 / 仪器量具使用 / 拆装量具调试)	汽车电路查询识读	模块控制电路查询	传感器电路的查询	执行元件电路查询	电子元件检查判断	串联启动充电检查	并联启动充电检查	混联启动充电检查	混联启动电机保养	混联发电机的保养	前照大灯光束调整	洗涤系统检查保养	全车灯光系统检查保养	灯光电路连接	仪表室内灯光检查	制冷暖风性能检查	制冷系统检查保养	过滤通风系统检查	舒适系统初始设定	车门车窗饰件保养
技能知识	8					4					1					5				
单组时间	3	3	3	3	3	3	3	3	3	3	3	3	3	3	3	3	3	3	3	3

设备与工具清单

任务	作业项目	设备与工具清单
混联启动充电检查	1.启动充电系统部件检查 2.启动充电系统电压、电流数据读取 3.电机及电机温度检测 4.三相电缆的绝缘性及电阻检测 5.电机、电池型号判读 6.电动机星型-三角形自动降压启动控制线路实物图连接	1.整车(混联式混合动力) 2.电动机星型-三角形自动降压启动控制电路教具 3.多功能万用表、绝缘检测仪、兆欧表、解码仪 4.绝缘垫、警示牌、绝缘帽、绝缘胶带、维修工具1套 5.电脑、维修手册

➤ 作业项目 启动充电系统部件及数据流检查

工作情境描述

一辆长安 CS75-PHEV 汽车用户反映:该车启动与正常车辆充电能力相比较差,需要对该车的启动充电系统及部件、启动充电系统电压、电流数据读取电机及电机温度检测,确定故障部位并进行修理。

作业设备工具

长安 CS75 混合动力轿车,风动扳手(风炮),多功能万用表,夹钳式万用表、解码仪,绝缘电阻表、常用新能源维修工具、零件盒、电脑、维修手册。

作业准备

检查举升机、车辆在工位停放周正、摆好高压警示牌、隔离栏、穿戴好高压防护用品、铺好车内和车外三件套及汽车轮胎垫块。

作业步骤

(1)检查启动系统

①遥控钥匙解锁车门,将遥控钥匙放入车内,踩刹车,启动 STAR 显示绿光,表示遥控钥匙正常。

②整车启动车到 ON 挡,检查仪表指示灯及仪表显示,仪表显示无法启动的动力系统问题,如图 2-30 所示。

③万用表检查蓄电池电压,大于 12 V 左右无问题,有问题要进行更换,如图 2-31 所示。

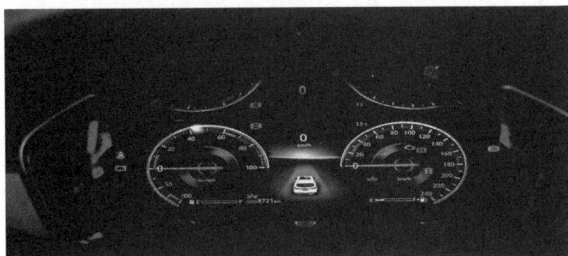

图 2-30　整车无法启动仪表显示

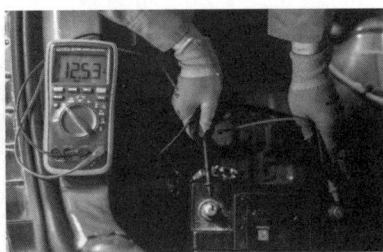

图 2-31　蓄电池电压检测

④检查前将车辆使用举升机脱离地面 10 cm 以上,夹钳式万用表检查动力电池输出电压或电流时,应将纯电动汽车模式置于启动状态,如图 2-32 所示,有电压或电流表示正常(CS75 直流电压 350 V 左右,电流理论最高 200 A)。

⑤夹钳式万用表检查高压电器控制总成输入,有电压或电流表示正常(CS75 直流电压 350 V 左右,电流理论最高 200 A),检测方法如图 2-33 所示。

图 2-32　动力电池输出电压检测

图 2-33　高压电气控制总成输入电压检测

⑥夹钳式万用表检查高压电器控制总成与驱动电机三相输入电流及电压检测,一般检测只要有数据,表示动力系统电流或电压进入驱动电机,检测方法如图 2-34 所示。

⑦夹钳式万用表检查高压电器控制总成到发电机的高压线束三相电流,检测时需要燃油发动处于启动状态,有电流表示发电机正常发电状态,检测方法如图 2-35 所示。

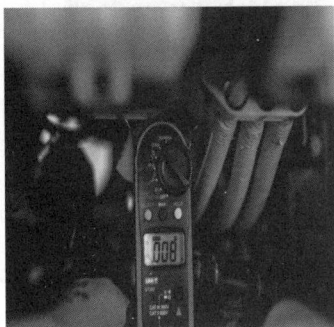

图 2-34　高压电器控制总成与驱动电机电流检测

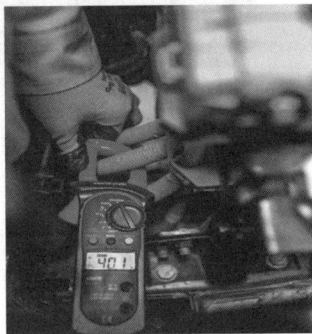

图 2-35　高压电器控制总成与发电机电流检测

（2）**检查充电系统**

①连接随车携带充电枪与电源端，然后连接随车携带充电枪与长安 CS75 混合动力轿车慢充接口，如图 2-36 所示打开车辆充电接口，连接充电枪。

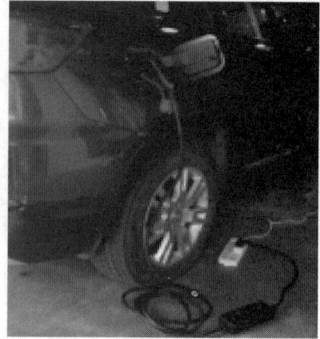

（a）打开车辆充电接口　　　　　　　　（b）连接充电枪

图 2-36　随车携带充电枪的连接

②检查仪表指示灯及仪表显示，仪表充电连接指示灯无，需要检查充电连接问题。如仪表充电连接指示灯有，充电指示灯无，则进入步骤 5 进行检查。如果仪表充电连接指示灯有，充电指示灯无，不正常如图 2-37（a）所示；如果仪表充电连接指示灯及充电指示都有，表示正常，如图 2-37（b）所示。

（a）不正常

（b）正常

图 2-37　仪表充电及连接指示灯

③首先检查随车携带充电枪 CC 与 PE 电阻是否为 680 kΩ，如无则更换随车携带充电枪，如图 2-38 所示。

④再次连接随车携带充电枪与长安 CS75 混合动力轿车慢充接口，检查仪表充电连接指示灯在仪表上是否显示，如还未显示，则需要检查慢充接口 CC 端与 BMS 连接通断。

⑤首先随车携带充电枪与电源连接，检测充电枪 CP 对 PE 电压是否为 12 V，不是则更换

充电枪,如图2-39所示。

图2-38　随车携带充电枪CC与PE电阻

图2-39　充电枪CP电压检测

⑥其次检测慢充接口CP与车载充电机的低压端口CP信号,连接充电枪,检测车载充电机低压CP电压,12 V左右正常,检测方法如图2-40所示。

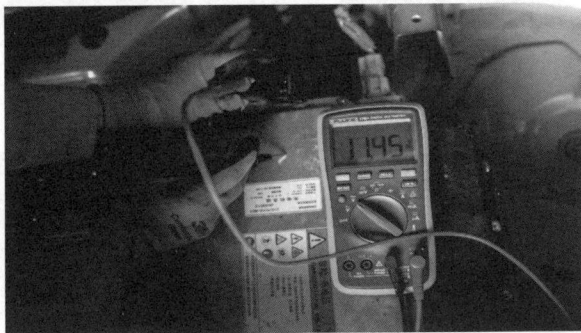

图2-40　车载充电机低压插接头CP

⑦夹钳式万用表检查车载充电机高压输入交流电,检测方法如图2-41所示。

⑧夹钳式万用表检查车载充电机输出的高压直流电,检测方法如图2-42所示。

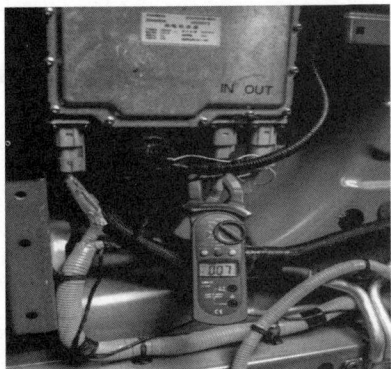

图2-41　车载充电机高压输入交流电检测

图2-42　车载充电机输出高压直流电

（3）启动系统数据流读取

①检查车辆,保证车辆能启动,然后整车高压下电。

②找与车型匹配的解码仪,并将解码仪与诊断接口连接,如图2-43所示。

③保证驻车制动,并将挡位置于空挡,踩刹车,按下STAR键,然后将车辆启动至高压上电状态,如图2-44所示。

混联汽车启动系统
数据流读取

图 2-43　解码仪与车辆诊断接口连接

图 2-44　车辆启动

④按下解码仪的电源按钮,打开解码仪,左上角查看解码仪与车辆连接情况,连接成功如图 2-45 所示。

⑤进入解码仪诊断系统,选择长安车型,如图 2-46 所示。

图 2-45　解码仪连接成功显示

图 2-46　解码仪选择长安车型

⑥解码仪器进入到 CS75 后,先进入整车控制器,然后点读取数据流,选择需要读取的启动数据流,点击确认,如图 2-47 所示。

⑦将解码仪上需要的数据流记录,如图 2-48 所示。

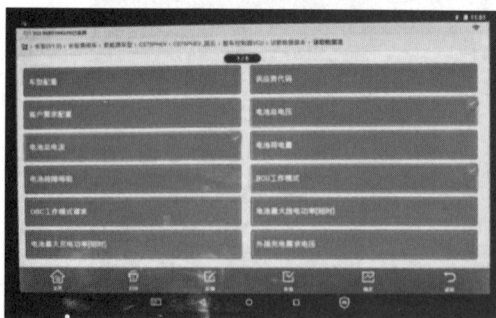

图 2-47　读启动数据流选择

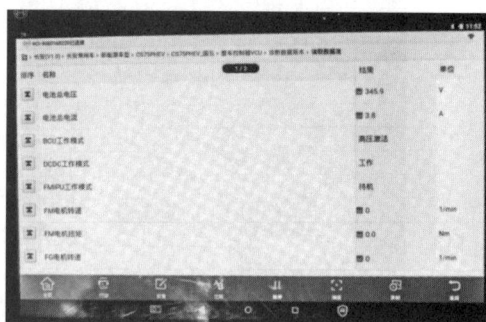

图 2-48　启动数据流

⑧最后高压下电,再将解码仪诊断连接口从车辆取下,关闭解码仪。

(4)充电系统数据流读取

①连接随车携带充电枪与电源端,然后连接随车携带充电枪与长安 CS75 混合动力轿车慢充接口。

②找与车型匹配的解码仪,并将解码仪与诊断接口连接。

混联汽车充电系统
数据流读取

③保证车辆驻车制动,并将挡位置于空挡,按下 STAR 键,然后将车辆上电至仪表显示状态,此时无法启动车辆,如图 2-49 所示。

④按下解码仪的电源按钮,打开解码仪,查看解码仪与车辆连接情况,连接成功如图 2-49 所示。

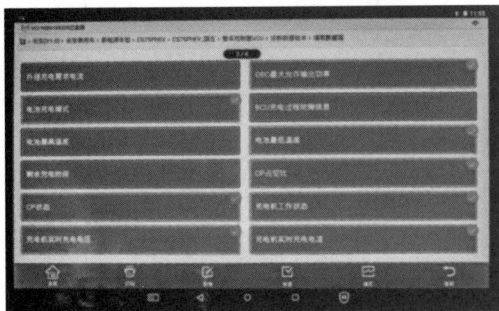

图 2-49　读充电数据流选择

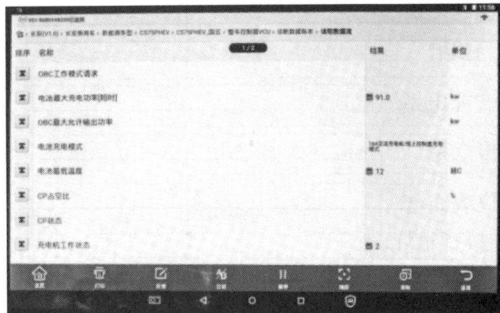

图 2-50　充电系统数据流

⑤进入解码仪诊断系统,选择长安车型。

⑥解码仪器进入到 CS75 后,先进入整车控制器,然后点读取数据流,选择需要读取的充电系统数据流,点击确认,如图 2-50 所示。

⑦将解码仪上选择需要的数据流记录。

⑧最后高压下电,再将解码仪诊断连接口从车辆取下,关闭解码仪。

(5)场地整理

按 7S 标准进行场地整理。

行业小知识

一般来说,目前市面上维修厂更换启动系统一个高压件价格是 2 000 元以上,维修工时费大约为 200 元以上。

任务工作单

考核项目:混联启动充电检查任务工单				
模块四:启动与充电系统检查保养		考核时间:　　　　分钟		
姓名:	班级:	学号:		教师签字:
初评:□合格□不合格	复评:□合格□不合格	师评:□合格□不合格		
日期:	日期:	日期:		

一、记录车辆信息

品牌		整车型号		生产日期	
发动机型号		驱动电机型号		行驶里程	
车辆识别码					

二、启动系统检查

检查项目	检测数据记录	维修建议	检查项目	检测数据记录	维修建议
遥控钥匙	正常□　异常□	调整□　无□	仪表 READ 灯	正常□　异常□	调整□　无□

蓄电池		更换☐　无☐	动力电池输出		检修☐　无☐
高压电器总成输入		更换☐　无☐	高压电器总成输出到电机		更换☐　无☐
驱动电机三相输入		更换☐　无☐			

三、充电系统检查

检查项目	检测数据记录	维修建议	检查项目	检测数据记录	维修建议
仪表充电连接指示灯	正常☐　异常☐	检查☐　无☐	仪表充电指示灯	正常☐　异常☐	检查☐　无☐
随车携带充电枪CC与PE电阻	电阻值：	更换☐　无☐	随车携带充电枪CP对PE电压	电压：	更换☐　无☐
车载充电机		更换☐　无☐	慢充接口CC端与BMS	正常☐　异常☐	检查☐　无☐

四、启动系统数据流读取

检查项目	检测数据记录	维修建议	检查项目	检测数据记录	维修
车辆启动	正常☐　异常☐	检查☐　无☐	解码仪	正常☐　异常☐	检查☐　无☐
驻车制动	正常☐　异常☐	调整☐　无☐	仪表指示灯	正常☐　异常☐	检查☐　无☐
解码仪连接	正常☐　异常☐	检查☐　无☐	解码仪诊断系统有长安车型	正常☐　异常☐	检查☐　无☐

五、充电系统数据流读取

检查项目	检测数据记录	维修	检查项目	检测数据记录	维修
驻车制动	正常☐　异常☐	检查☐　无☐	充电枪连接	正常☐　异常☐	检查☐　无☐
充电枪连接指示灯	正常☐　异常☐	检查☐　无☐	充电枪充电指示灯	正常☐　异常☐	检查☐　无☐
车辆启动	正常☐　异常☐	检查☐　无☐			

作业任务总结

混联启动充电检查综合作业评分表

序号	评分项	得分条件	评分标准	配分	扣分
1	安全/7S/态度	□1. 能进行工位7S操作 □2. 能进行设备和工具安全检查 □3. 能进行车辆安全防护操作 □4. 能进行工具清洁校准存放操作 □5. 能进行三不落地操作	未完成1项扣3分 扣分不得超15分	15	
2	专业技能	□1. 能正确读取电机型号及功率 □2. 能正确检测选电池电压 □3. 能正确检测高压动力电器总成 □4. 能正确检查驱动电机的三相电压 □5. 能正确检查充电枪 □6. 能正确检查充电相关控制线路 □7. 能正确地检测车载充电机 □8. 能正确地判断启动充电系统部件的好坏 □9. 能正确地进行启动系统数据流的读取 □10. 能正确地进行充电系统数据流的读取 □11. 能正确判断启动充电系统数据流	未完成1项扣5分 扣分不得超50分	50	
3	工具及设备的使用能力	□1. 能正确地选用维修工具 □2. 能正确地使用维修工具 □3. 能正确地使用多功能万用表 □4. 能正确地使用解码仪	未完成1项扣5分 扣分不得超10分	10	
4	资料、信息查询能力	□1. 能正确使用维修手册查询资料 □2. 能在规定时间内查询所需资料 □3. 能正确记录所查询资料章节页码 □4. 能正确记录所需维修信息	未完成1项扣5分 扣分不得超10分	10	
5	数据、判读和分析能力	□1. 能判断启动功能是否正常 □2. 能判断充电系统工作是否正常 □3. 能判断启动充电系统部件是否正常	未完成1项扣5分 扣分不得超10分	10	
6	表单填写与报告撰写能力	□1. 字迹清晰 □2. 语句通顺 □3. 无错别字 □4. 无涂改 □5. 无抄袭	未完成1项扣1分 扣分不得超5分	5	
合计					

➢　**相关知识**

（1）混联式混合动力汽车

实际上混联动力汽车是集合串并联混合动力汽车的优点,混联式混合动力系统的结构和形式如图 2-51 所示。

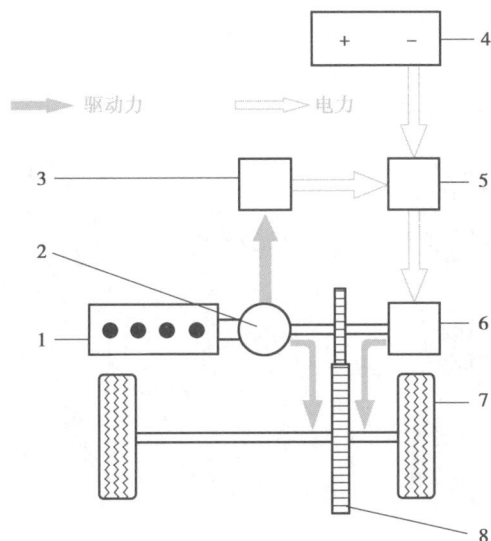

图 2-51　混联式混合动力系统

1—发动机;2—动力分离装置;3—发电机;4—动力蓄电池;
5—变压器;6—电机;7—驱动轮;8—减速器

在结构上综合了串联式和并联式的特点,结构上增加了一个发电机,可以单独串联式混合动力驱动,还可以单独并联式混合动力驱动,还可以同时串并联混合驱动,这就是混联式动力汽车的驱动结构及原理。

1）启动

车辆启动时,发动机关闭,如图 2-52 所示。动力电池提供电能经过动力控制单元,变换成电机用的三相交流电,然后车辆由电机驱动减速器,带动汽车行驶,为纯电动工况。因为发动机不能在低旋转带输出大扭矩,而电动机可以灵敏、顺畅、高效地启动。

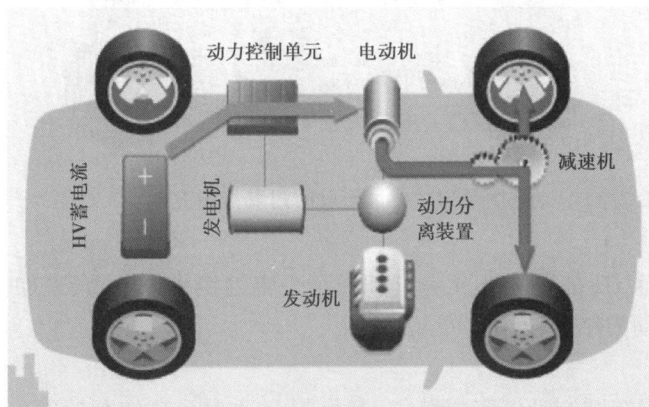

图 2-52　纯电动能量运行模式

2）低速—中速行驶

对于发动机而言，在低速—中速带的效率并不理想，但电动机在低速—中速带性能优越。因此，在用低速—中速行驶时，油电混合动力系统使用动力电池的电力驱动电动机行驶。

3）一般行驶时

一般行驶时混合动力系统采用发动机，使它在能产生最高效功率的速度带驱动。如图 2-53 所示，由发动机产生的动力直接驱动车轮，依照驾驶状况部分动力被分配给发电机。由发电机产生的动力用来驱动电动机和辅助发动机。利用发动机和电动机这一双重传动系统，发动机产生的动力以最小消耗被传向地面。

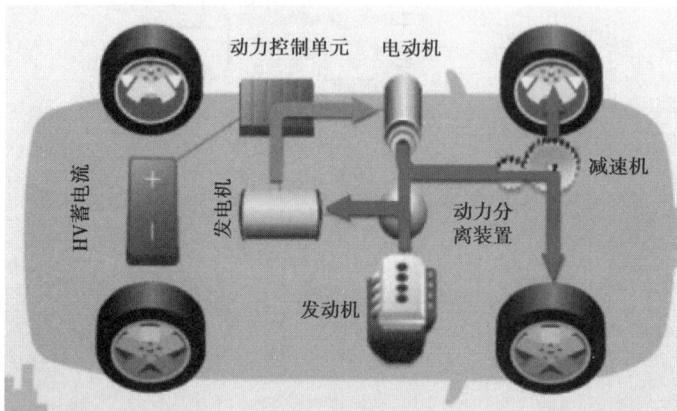

图 2-53　一般行驶时能量运行模式

4）一般行驶时过剩能量充电

如图 2-54 所示，因为混合动力系统在高速运转时是采用发动机来驱动，而发动机有时会产生多余的能量。这时多余的能量由发电机转换成电力，储存在动力电池中。

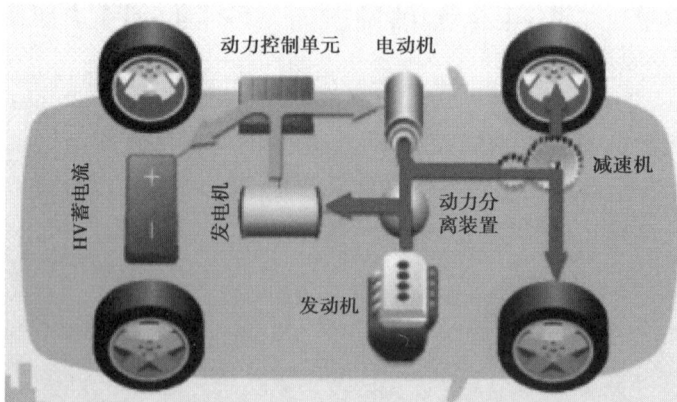

图 2-54　一般行驶时过剩能量充电

5）全速行驶

在需要强劲加速力（如爬陡坡及超车）时，动力电池也提供电力，来加大电动机的驱动力，发动机和电动机双动力结合使用。

6）减速行驶

如图 2-55 所示，在踩制动器和松节气门时，混合动力系统使车轮的旋转力带动电动机运转,将其作为发电机使用。减速时通常作为摩擦热散失掉的能量,在此被转换成电能,回收到动力电池中进行再利用。

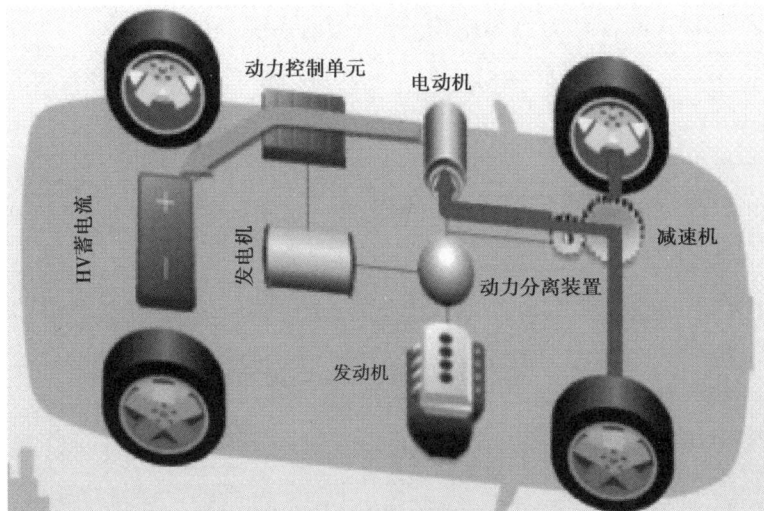

图2-55 减速行驶能量运行模式

（2）**混联式混合动力汽车动力系统的创新**

当前普遍使用的燃油发动机汽车存在种种弊病,统计表明在占80%以上的道路条件下,一辆普通轿车仅利用了动力潜能的40%,在市区还会跌至25%,更为严重的是排放废气,污染环境。20世纪90年代以来,世界各国对改善环保的呼声日益高涨,各种各样的电动汽车脱颖而出。虽然人们普遍认为未来是电动汽车的天下,但电动汽车始终囿于电池技术的阻碍,迫使工程师们想出了一个两全其美的办法,开发了一种混合动力装置（Hybrid-Electric Vehicle,缩写HEV）的汽车。所谓混合动力装置就是将电动机与辅助动力单元组合在一辆汽车上做驱动力,辅助动力单元实际上是一台小型燃料发动机或动力发电机组。形象一点说,就是将传统发动机尽量做小,让一部分动力由电池-电动机系统承担。混合动力装置既发挥了发动机持续工作时间长、动力性好的优点,又可以发挥电动机无污染、低噪声的好处,二者"并肩战斗",取长补短,汽车的热效率可提高10%以上,废气排放可改善30%以上。2010年,全球进入汽车混合动力时代。试想在纯电动汽车技术没有完全成熟之前,混合动力汽车这种创新性是多么地暖心、贴心、实用!

同学们,通过刚才的学习,大家知道,混合动力汽车只是作为目前燃油车向新能源汽车转型的一种过渡车型。当下,绿色低碳可持续发展已经成为国际共识,能源领域是实现碳达峰、碳中和目标的关键领域和主战场,绿色低碳化是实施创新驱动发展战略、构建新发展格局的重要基石,我们要筑牢绿色发展理念,顺应汽车动能向"清洁能源"转型的发展趋势,聚焦汽车绿色低碳高科技领域,努力学习、开拓创新、攻坚克难,争取为推动新能源纯电动汽车的高质量发展作出积极贡献。

➤ **学习任务**

1.根据图示混联式混合动力汽车结构,分别指出系统各件的名称。

（1）_____;（2）_____

（3）_____;（4）_____

（5）_____;（6）_____

（7）_____;（8）_____

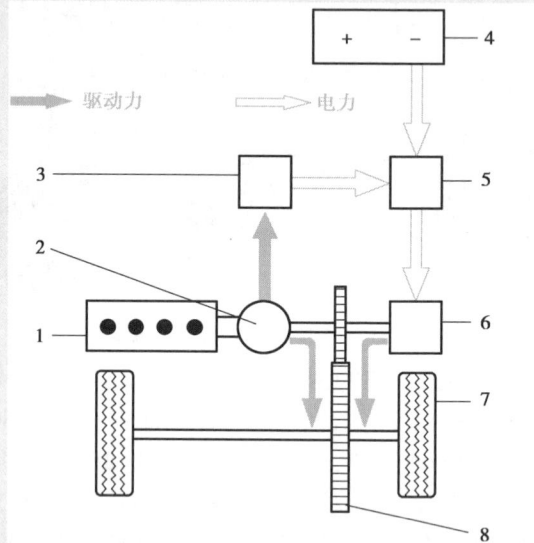

2.根据图判断混联式混合动力汽车是哪种工况,并简述其能量运行原理。

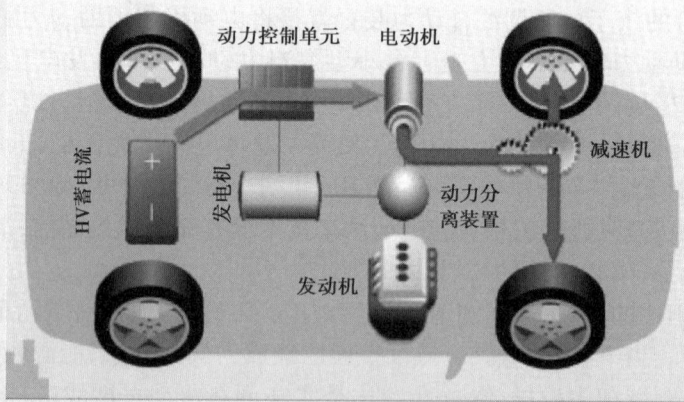

3.在结构上综合了_____和_____的特点,结构上增加了一个_____,可以_____串联式混合动力驱动,也可以单独并联式混合动力驱动,也可以_____串并联同时的混合驱动,这就是混联式动力汽车的驱动结构。

4.在_____带的效率并不理想,但电动机在低速-中速带性能优越。因此,在用低速-中速行驶时,油电混合动力系统使用_____电力驱动电动机行驶。

5.因为混合动力系统在高速运转时是采用发动机来驱动,而发动机有时会产生多余的能量,这时多余的能量由发电机转换成电力,存储在_____。

➤ **职业模块目标自评**

知识目标自评

①掌握混联启动充电系统的基本构成。

②掌握混联充电系统的工作原理。

③掌握混联充电系统正常行驶几种工况的工作原理。

技能目标自评

①能够对充电启动系统进行一般性检查。

②能够对车辆进行启动充电操作。

③会使用解码仪器读取启动充电系统数据流。

④会使用整车仪表读启动充电相关指示灯。

素养目标自评

①能够在工作过程中与小组其他成员合作、交流,养成团队合作意识,锻炼沟通能力。

②养成7S的工作习惯,遵循企业文化。

③弘扬工匠精神,宣扬社会主义核心价值观,培养学生奋发图强的爱国主义精神。

④强化节约与环保意识。

任务2.4　混联启动机的保养

本任务根据汽车运用与维修(含智能新能源汽车)"1+X"证书制度职业技能等级标准中新能源汽车电子电气空调舒适系统检查保养技术【初级】模块二所对应的混联启动机保养内容进行设定。

任务定位

			【新能源汽车电子电气空调舒适技术】—初级强化项目表																		
工作		一					二					三					四				
职业功能		线路读图与电子元件检查					启动与充电系统检查保养					灯光与电气系统检查保养					空调与舒适系统检查保养				
任务分解要项		1	2	3	4	5	6	7	8	9	10	11	12	13	14	15	16	17	18	19	20
实训项目	资料数据参数	汽车电路查询识读	模块控制电路查询	传感器电路的查询	执行元件电路查询	电子元件检查判断	串联启动充电检查	并联启动充电检查	混联启动充电检查	混联启动机的保养	混联发电机的保养	前照大灯光束调整	洗涤系统检查保养	全车灯光系统检查保养	灯光电路连接检查	仪表室内灯光检查	制冷暖风性能检查	制冷系统检查保养	过滤通风系统检查	舒适系统初始设定	车门车窗饰件保养
	仪器量具使用																				
	拆装量具调试																				
技能知识		8					4					1					5				
单组时间		3	3	3	3	3	3	3	3	3	3	3	3	3	3	3	3	3	3	3	3

设备与工具清单

任务	作业项目	设备与工具清单
混联启动 充电检查	1.电机内部、水道及轴承清洗润滑 2.通气阀检查 3.三相绕组联结类型判读 4.换向器及电刷磨损及表面深度测量 5.电机的三相绕组三角形联结及电阻、 空载检测	1.三相绕组交流启动机总成 2.三相有刷交流启动机已拆解部件 3.多功能万用表、绝缘检测仪、兆欧表、游标卡尺 4.三相交流启动机空载运转测试台 5.绝缘垫、警示牌、绝缘帽、绝缘胶带、维修工具 1 套 6.电脑、维修手册

➤ **作业项目 混联启动机的保养操作**

工作情境描述

一辆长安 CS75-PHEV 汽车用户反映:由于该车有时会报启动电机过温及产生异响,需要对启动机内部、水道进行检查,确定故障部位并修理。

作业设备工具

长安 CS75 混合动力轿车,风动扳手(风炮),堵头,盆,绝缘电阻表、常用新能源维修工具一套、润滑油及清洗剂、电脑、维修手册。

作业准备

检查举升机、车辆在工位停放周正、摆好高压警示牌、隔离栏、穿戴好高压防护用品、铺好车内和车外三件套及汽车轮胎垫块。

作业步骤

(1)混联交流启动机保养

①将启动机与变速器分开,再缓慢将发动机或变速器支撑架平稳降到合适位置,完成混联启动机总成拆卸,如图 2-56 所示。

②检查交流启动机的机械部分,转动是否轻便,发现不轻便或有阻滞,应对电机进行保养。

③及时铲除电动机机座外部的杂物、尘埃、油泥,如运用环境尘埃较多,有必要每天打扫。常常查看电机接线柱、螺丝是否松动或烧损。

④先拆卸启动机接线盒盖,再拆卸与启动机三相绕组连接螺栓 3 颗和高压接头与启动机 3 颗连接螺栓,最后取下启动机的三相绕组高压线束,如图 2-57 所示。

图 2-56 CS75 启动机(驱动电机)总成

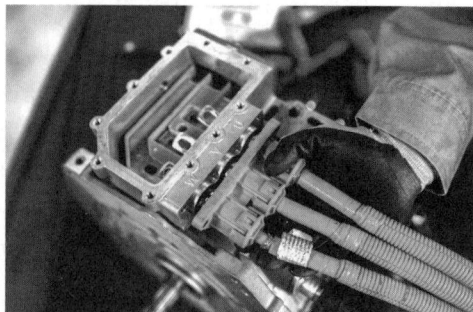

图 2-57 启动机的三相绕组高压线束拆卸

⑤拆卸启动机的前端盖、后端盖。

⑥拆卸启动机转子。拆卸电动机时,从轴伸端或非伸端取出转子。从定子中抽出转子时,应防止损坏定子绕组或绝缘。

⑦直接将专用水垢清洗剂倒入启动机水循环系统中,浸泡 20～30 min 后,然后将水循环系统内部的除垢剂排放掉,加水反复冲洗干净即可有效清除启动机水循环系统中的水垢、锈、泥及各种有害物质。

⑧如果绕组有问题,更换绕组时必须记下原绕组的形式,尺寸及匝数,线规等,当失落了这些数据时,应向制造厂索取,随意更改原设计绕组,常常使电动机某项或几项性能恶化,甚至无法使用。

⑨应保证电动机在运行过程中良好的润滑。一般的电动机运行 5 000 h 左右,即应补充或更换润滑脂,运行中发现轴承过热或润滑变质时,液压及时更换润滑脂。更换润滑脂时,应清除旧的润滑油,并用汽油洗净轴承及轴承盖的油槽,然后将 ZL-3 锂基脂填充到轴承内外圈之间空腔的 1/2(对 2 极)及 2/3(对 4、6、8 极)。

⑩当轴承的寿命结束时,电动机运行的振动及噪声将明显增大,检查轴承的径向游隙达到下限值时,即应更换轴承。

⑪除了按上述几项内容对电动机定时保护,还要有计划地对电机及相关机械设备进行大修。对电动机进行彻底、全面的查看、保护,增补电动机短少、磨损的元件,彻底铲除电动机表里的尘埃、污物,查看绝缘状况,清洗轴承并查看其磨损情况。

（2）三相绕组混联交流启动机绕组的类型、导通性及电阻检查

①拆下三相高压线束接头。

②拆卸启动机接线盒。

③查看如果三种不同颜色的线是一条线的头接一条线的尾则可以确定该接线法是星型还是三角形接线,如果互相看不到连接,则判断绕组是星形连接,如图 2-58 所示。

④分别使用多功能万用表蜂鸣档检测三相绕组任意两相,任意两相导通为正常。

⑤使用多功能万用表调整到电阻档,红表笔接 U 相,黑表笔接 V 相,记录测得电阻值,参考车型标准值,判断绕组电阻是否正常,如图 2-59 所示。

⑥使用多功能万用表调整到电阻档,红表笔接 U 相,黑表笔接 W 相,记录测得电阻值,参考车型标准值,判断绕组电阻是否正常,如图 2-60 所示。

⑦使用多功能万用表调整到电阻档,红表笔接 W 相,黑表笔接 V 相,记录测得电阻值,参考车型标准值,判断绕组电阻是否正常,如图 2-61 所示。

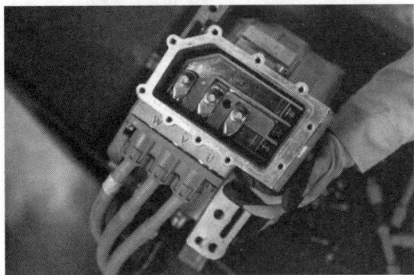

图 2-58　启动机三相绕组　　　　图 2-59　启动机 U-V 相电

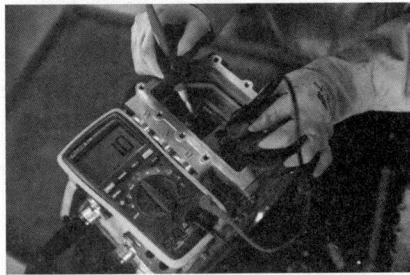

图 2-60　U-W 相电阻检测

图 2-61　V-W 相电阻检测

（3）启动机控制线路及元器件的检查

①检查启动机(前电机)控制器 EF15 保险,检测方法如图 2-62 所示。

②拔下启动机控制器(电机控制器)低压线束,如图 2-63 所示。

③检测启动机旋变传感器的励磁绕组,用万用表检查启动机控制器线束端子 1、2 的电阻值,电阻值 15 Ω 左右,如图 2-64 所示。

启动机控制线路
及元器件检查

图 2-62　控制器 EF15 保险

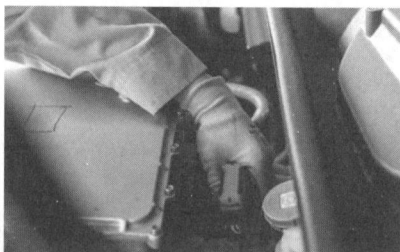

图 2-63　启动机控制器低压线束

图 2-64　检查励磁绕组

④检测启动机旋变传感器的旋变绕组,用万用表检查电机控制器线束端子 24、25 的电阻值,电阻值 43 Ω 左右,如图 2-65(a)所示。

⑤检测启动机旋变传感器的旋变绕组,用万用表检查电机控制器线束端子 13、14 的电阻值,电阻值 37 Ω 左右,如图 2-65(b)所示。

（a）电机控制器线束端子24、25

（b）电机控制器线束端子13、14

图 2-65　启动机旋变传感器的旋变绕组

⑥检测启动机的温度传感器初始电阻,用万用表检查电机控制器线束端子 3、4 的电阻值,电阻值 11.4 kΩ 左右,如图 2-66(a)所示。

⑦检测启动机的温度传感器初始电阻,用万用表检查电机控制器线束端子 9、10 的电阻值,电阻值 11.5 kΩ 左右,如图 2-66(b)所示。

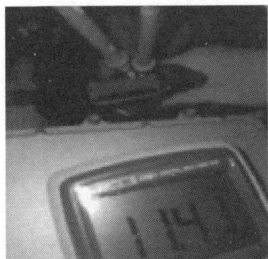

（a）电机控制器线束端子3、4　　　（b）电机控制器线束端子9、10

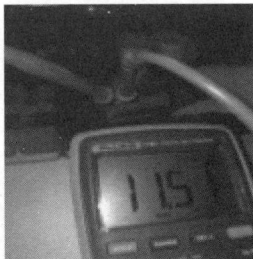

图 2-66　启动机温度传感器初始电阻

⑧根据测得静态电阻值判断启动机线路好坏。

⑨用万用表检查电机控制器线束端子 19 对地电阻，小于 1 Ω 合格，如图 2-67 所示。

⑩检测 CAN 线电阻值，用万用表检查电机控制器线束端子 5、6 的电阻值，60 Ω 左右合格，如图 2-68 所示。

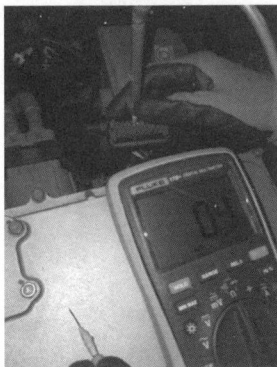

图 2-67　线束端子 19 对地电阻检测　　图 2-68　检测 CAN 线电阻值

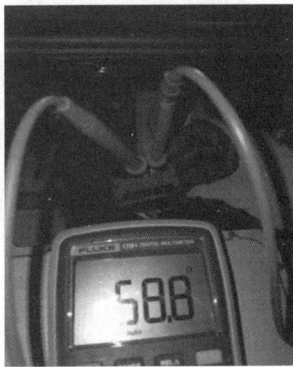

⑪检测调试 CAN 线，用万用表检查电机控制器线束端子 7、8 的电阻及导通，电阻无穷大不导通合格。

（4）启动机绝缘电阻的检查

①查看绝缘状况。绝缘材料的绝缘能力因干燥程度不同而异，所以保持电动机绕组的枯燥是非常重要的。电动机作业环境潮湿，作业间有腐蚀性气体等因素的存在，都会损坏电动机的绝缘。常见的是绕组接地故障即绝缘损坏，使带电部分与机壳等不该带电的金属部分相碰，发生这种故障，不仅影响电动机正常作业，还会危及人身安全。电动机在运用中，应常常查看绝缘电阻，还要注意查看电动机机壳接地是否牢靠。

②规范拆卸启动机三相高压线束。

③检测启动机的 U 相绝缘电阻值，将绝缘电阻表红色表笔正极连接 U 相，黑色表笔负极接电动机壳体，绝缘电阻值应大于 20 MΩ，如图 2-69 所示。

④检测启动机的 V 相绝缘电阻值，将绝缘电阻表红色表笔正极连接 U 相，黑色表笔负极接电动机壳体，绝缘电阻值应大于 20 MΩ，如图 2-70 所示。

⑤检测启动机的 W 相绝缘电阻值，将绝缘电阻表红色表笔正极连接 U 相，黑色表笔负极接电动机壳体，绝缘电阻值应大于 20 MΩ，如图 2-71 所示。

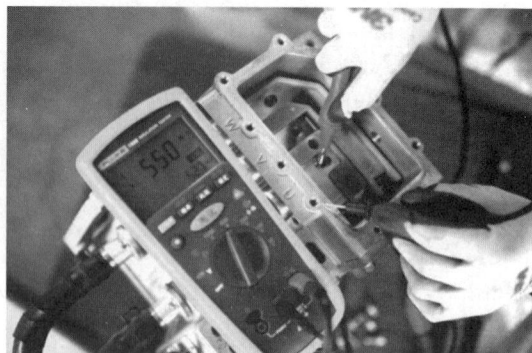

图 2-69　启动机的 U 相绝缘电阻值

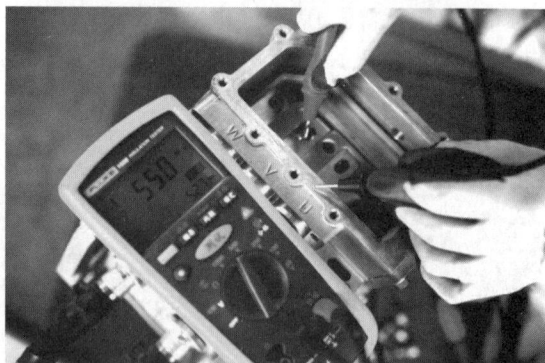

图 2-70　启动机的 V 相绝缘电阻

图 2-71　启动机的 W 相绝缘电阻值

（5）场地整理

按 7S 标准进行场地整理。

行业小知识

一般来说,目前市面上维修厂更换启动机需要 30 ~ 50 min,维修费大约为 500 元。

任务工作单

<table>
<tr><td colspan="6" align="center">考核项目:混联启动机的保养任务工单</td></tr>
<tr><td colspan="3">模块四:启动与充电系统检查保养</td><td colspan="3">考核时间:　　　　分钟</td></tr>
<tr><td>姓名:</td><td colspan="2">班级:</td><td colspan="2">学号:</td><td>教师签字:</td></tr>
<tr><td colspan="2">初评:□合格□不合格</td><td colspan="2">复评:□合格□不合格</td><td colspan="2">师评:□合格□不合格</td></tr>
<tr><td colspan="2">日期:</td><td colspan="2">日期:</td><td colspan="2">日期:</td></tr>
</table>

一、记录车辆信息

品牌		整车型号		生产日期	
发动机型号		驱动电机型号		行驶里程	
车辆识别码					

二、混联交流启动机保养

检查项目	检测数据记录	维修建议	检查项目	检测数据记录	维修建议
电机轴转动	灵活□　阻滞□	更换□　无□	电机座清洁	正常□　异常□	清洁□　无□
电机接线柱	正常□　松动□	调整□　无□	三相绕组高压线束	正常□　异常□	更换□　无□
启动机转子	正常□　异常□	更换□　无□	启动机水道	正常□　异常□	清洁□　无□
启动机轴承	正常□　异常□	检查□　无□			

三、三相绕组混联交流启动机绕组的类型、导通性及电阻检查

检查项目	检测数据记录	维修建议	检查项目	检测数据记录	维修建议
三相绕组类型	Y形□　三角形□	检查□　无□	任意两相导通性	正常□　异常□	更换□　无□
电动机 U-V 相电阻	电阻值:	更换□　无□	电动机 U-W 相电阻	电阻值:	更换□　无□
电动机 V-W 相电阻	电阻值:	更换□　无□			
混联启动机的保养结论及建议					

四、启动机控制线路及元器件的检查

检查项目	检测数据记录	维修	检查项目	检测数据记录	维修
电机控制器保险	正常□　异常□	更换□　无□	电机控制器低压线束	正常□　异常□	检查□　无□
电机控制器1、2线束端子	电阻值:	检查□　无□	电机控制器24、25端子	电阻值:	检查□　无□
电机控制器13、14线束端子	电阻值:	检查□　无□	电机控制器3、4端子	电阻值:	检查□　无□

电机控制器 9、10 线束端子	电阻值：	检查□　无□	电机控制器 线束端子 19、20 的对地电阻	电阻值：	检查□　无□
电机控制器 5、6 线束端子	电阻值：	检查□　无□	电机控制器 线束端子 7、8	电阻值：	检查□　无□
启动机线路	正常□　异常□	更换□　无□			
五、启动机绝缘电阻的检查					
检查项目	检测数据记录	维修	检查项目	检测数据记录	维修
启动机 U 相绝缘电阻值	电阻值：	更换□　无□	启动机 V 相绝缘电阻值	电阻值：	更换□　无□
启动机 W 相绝缘电阻值	电阻值：	更换□　无□			
混联启动机绝缘检查结论及建议					

作业任务总结

混联启动机的保养综合作业评分表

序号	评分项	得分条件	评分标准	配分	扣分
1	安全/7S/态度	□1. 能进行工位7S操作 □2. 能进行设备和工具安全检查 □3. 能进行车辆安全防护操作 □4. 能进行工具清洁校准存放操作 □5. 能进行三不落地操作	未完成1项扣3分 扣分不得超15分	15	
2	专业技能	□1. 能正确拆卸混联启动机总成 □2. 能正确检查启动机定子外观 □3. 能正确清洁壳体及水道 □4. 能正确检查识读三相绕组类型 □5. 能正确检测三相绕组导通性及电阻 □6. 能正确判断启动机是否正常 □7. 能正确检测启动机控制线路 □8. 能正确检测启动机控制元器件 □9. 能正确检测启动机绝缘电阻 □10. 能正确判断启动机控制线路、元器件及绝缘电阻是否正常	未完成1项扣5分 扣分不得超50分	50	
3	工具及设备的使用能力	□1. 能正确地选用维修工具 □2. 能正确地使用维修工具 □3. 能正确地使用多功能万用表 □4. 能正确地使用绝缘电阻表	未完成1项扣5分 扣分不得超10分	10	
4	资料、信息查询能力	□1. 能正确使用维修手册查询资料 □2. 能在规定时间内查询所需资料 □3. 能正确记录所查询资料章节页码 □4. 能正确记录所需维修信息	未完成1项扣5分 扣分不得超10分	10	
5	数据、判读和分析能力	□1. 能判断启动机是否正常 □2. 能判断高压绝缘电阻是否正常 □3. 能判断启动机线路及部件是否正常	未完成1项扣5分 扣分不得超10分	10	
6	表单填写与报告撰写能力	□1. 字迹清晰 □2. 语句通顺 □3. 无错别字 □4. 无涂改 □5. 无抄袭	未完成1项扣1分 扣分不得超5分	5	
合计					

➤ 相关知识

（1）混联启动机

混联式的汽车启动机一般就是驱动电机。混联汽车启动时，驱动电机通过动力电池提供高压电转动，带动发动机飞轮端转动，启动发动机，当启动完成后，驱动电机与发动机飞轮端脱离，发动机正常工作。目前市场上新能源汽车主要使用的驱动电机有异步交流电机和永磁同步电机。

（2）异步交流电动机

纯电动汽车的动力输出主要是驱动电机，异步交流电机为其中一种类型。维修或装调技师需要学习异步交流电机结构及工作原理，异步交流电动机的运行原理，异步交流电动机的启动，调速与制动等相关知识。

1）三相交流异电动机结构

三相交流异步电动机按结构分为两种：第一种是鼠笼式三相异步电动机，第二种是绕线式三相异步电动机。三相鼠笼式异步电动机有单速电动机、双速电动机和多速电动机等。

2）三相异步电动机定子绕组接法和定子旋转磁场

单速三相异步电动机三相定子绕组的首端和尾端都用引线接于电动机接线盒的接线柱上，再通过接线柱与三相电源相连接。普通常用的三相异步电动机的定子绕组有星形（Y）接法和三角形（△）接法两种，如图 2-72 所示。

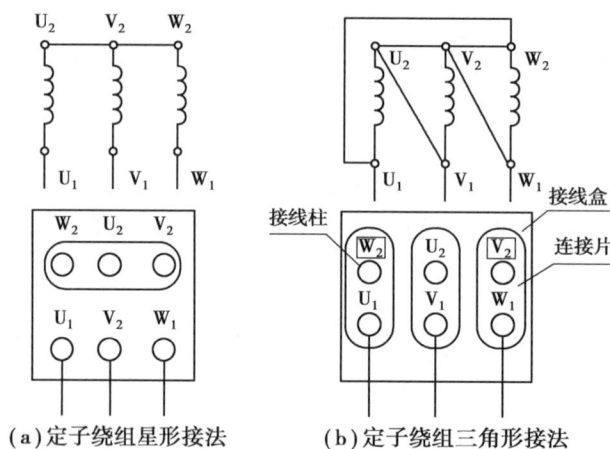

图 2-72　三相异步电动机的定子绕组有星形接法和三角形接法示意图

（3）驱动电机品牌

目前市面上电机品牌繁多，用户需要根据自己的车型及适用场合选用合适的驱动电机，下面给大家介绍一些常用电机品牌及优缺点。

1）三菱电机

国际知名品牌，是全球电机制造企业领先者之一，世界 500 强，1921 年创建于日本。

优点：空调的电机变频技术处于领先。

缺点：价格非常昂贵。

2）安川电机

知名传动产品制造商，专注于电机产品研发、设计、生产和销售，1915 年创建于日本。

优点：精度、速度、稳定性及舒适性非常好。

缺点：价格非常昂贵。

（4）中国电机之父

中国电机之父钟兆琳教授是中国第一台电动机及发电机的研制者。

1927 年，钟教授生活在美国，待遇优厚。但他满怀报国、爱国之心，毅然放弃美国的一切，回到祖国。正因为有了钟教授，中国电机才有了今天，钟教授无论在学术还是精神上，都给我们留下了宝贵的财富。

在此，借用钟教授的事迹，激励同学们安心做好自己的工作，用心把每一件事情做好，把匠心融入工作的每一个环节。

➤ 学习任务

1.目前市场上新能源汽车主要使用的驱动电机有_____和_____。

2.电动机作业_____、作业间有腐蚀性气体等因素的存在，都会损坏电动机的_____。

3.检测启动机的 V 相绝缘电阻值，将绝缘电阻表_____连接 U 相，黑色表笔负极接电动机壳体，绝缘电阻值应大于_____MΩ。

4.普通常用的三相异步电动机的定子绕组有_____和_____两种。

5.异步交流电动机在_____年由意大利物理学家和电气工程师_____发明。

6.鼠笼式三相异步电动机转子由_____和_____组成，而绕线式三相异步电动机转子由转子铁芯和_____组成。

7.三相交流异步电动机按额定电压等级分类，可分为_____和_____电动机两种类型。

8.右图中所表示的启动机品牌为_____。

9.简述三相异步电动机的定子绕组接法。

10.简述某种电动机品牌的优缺点。

➤ **职业模块目标自评**

知识目标自评
①掌握混联启动机的基本结构。
②掌握三相异步电机和永磁同步电机的工作原理。
③熟悉转子位置传感器的工作原理。

技能目标自评
①能够对混联启动机总成进行拆卸。
②能够对混联启动机绕组类型、电阻及导通性进行检测。
③能够对混联启动机进行基本保养。
④能够对启动机控制线路、元器件进行检查。
⑤能够对高压绝缘电阻进行检测。

素养目标自评
①能够在工作过程中与小组其他成员合作、交流,养成团队合作意识,锻炼沟通能力。
②养成7S的工作习惯,遵循企业文化。
③弘扬工匠精神,宣扬社会主义核心价值观,培养学生奋发图强的爱国主义精神。
④强化节约与环保意识。

任务 2.5　混联发电机的保养

本任务根据汽车运用与维修(含智能新能源汽车)"1+X"证书制度职业技能等级标准中新能源汽车电子电气空调舒适系统检查保养技术【初级】模块二所对应的混联发电机的保养内容进行设定。

任务定位

【新能源汽车电子电气空调舒适技术】—初级强化项目表																						
	工作	一					二					三					四						
	职业功能	线路读图与电子元件检查					启动与充电系统检查保养					灯光与电气系统检查保养					空调与舒适系统检查保养						
	任务分解要项	1	2	3	4	5	6	7	8	9	10	11	12	13	14	15	16	17	18	19	20		
实训项目	资料数据参数	仪器量具使用	拆装量具调试	汽车电路查询判读	模块控制电路查询	传感器电路的查询	执行元件电路查询	电子元件检查判读	串联启动充电检查	并联启动充电检查	混联启动充电检查	混联启动机的保养	混联发电机的保养	前照大灯光束调整	洗涤系统检查保养	全车灯光检查保养	灯光电路连接检查	仪表室内灯光检查	制冷暖风性能检查	制冷系统检查保养	过滤通风系统检查	舒适系统初始设定	车门车窗饰件保养
	技能知识	8					4					1					5						
	单组时间	3	3	3	3	3	3	3	3	3	3	3	3	3	3	3	3	3	3	3	3		

设备与工具清单

任务	作业项目	设备与工具清单
混联启动充电检查	1.电机内部、水道及轴承清洗润滑 2.通气阀检查 3.三相绕组联结类型判读 4.换向器及电刷磨损及表面深度测量 5.电机的三相绕组三角形联结及电阻、空载检测	1.三相绕组交流发电机总成 2.三相有刷交流发电机已拆解部件 3.多功能万用表、绝缘检测仪、兆欧表、游标卡尺 4.三相交流发电机空载运转测试台 5.绝缘垫、警示牌、绝缘帽、绝缘胶带、维修工具1套 6.电脑、维修手册

➤ **作业项目 混联发电机的保养操作**

工作情境描述

一辆长安 CS75-PHEV 汽车用户反映:动力电池电经常快用完,发动机的燃油还剩很多,需要对发电机进行检查,确定故障部位并进行修理。

作业设备工具

长安 CS75 混合动力轿车,风动扳手(风炮),堵头,盆,多功能万用表,绝缘电阻表,解码仪,零件盒,常用新能源维修工具一套,润滑油及清洗剂,电脑,维修手册。

作业准备

检查举升机,车辆在工位停放周正,摆好高压警示牌、隔离栏,穿戴好高压防护用品,铺好车内和车外三件套及汽车轮胎垫块。

作业步骤

(1)**混联交流发电机的保养**

①将车辆的发电机与变速器分开,再缓慢将发动机或变速器支撑架平稳降到合适位置,完成混联发电机总成拆卸,如图 2-73 所示。

②检查交流发电机的机械部分,转动是否轻便,发现不轻便或有阻滞,应对发电机进行保养。

③及时铲除发电机机座外部的杂物、尘埃、油泥,如运用环境尘埃较多,有必要每天打扫。常常查看发电机接线柱、螺丝是否松动或烧损。

④拆卸发电机的三相绕组高压线束,如图 2-74 所示。

图 2-73 CS75 发电机总成

图 2-74 发电机三相高压线束

⑤拆卸启动机的前端盖、后端盖。

⑥拆卸发电机转子。拆卸发电机转子时,从轴伸端或非伸端取出转子都可以。从定子中

抽出转子时,应防止损坏定子绕组或绝缘。

⑦直接将专用的水垢清洗剂倒入发电机水循环系统中,让其浸泡20～30 min,然后将水循环系统内部的除垢剂排放掉,加水反复冲洗干净即可有效清除启动机水循环系统中的水垢、锈、泥及各种有害物质。

⑧如果绕组有问题,更换绕组时必须记下原绕组的形式、尺寸、匝数及线规等,当失落了这些数据时,应向制造厂索取。随意更改原设计绕组,常常会使电动机某项或几项性能恶化,甚至于无法使用。

⑨应保证发电机在运行过程中有良好的润滑。一般的发电机运行5 000 h左右,即应补充或更换润滑脂,运行中发现轴承过热或润滑变质时,液压及时换润滑脂。更换润滑脂时,应清除旧的润滑油,并用汽油洗净轴承及轴承盖的油槽,然后将ZL-3锂基脂填充轴承内外圈之间空腔的1/2(对2极)及2/3(对4、6、8极)。

⑩当轴承的寿命终了时,发电机运行产生的振动及噪声将明显增大,检查轴承的径向游隙达到下列值时,即应更换轴承。

⑪除了按上述几项内容对发电机定时保护,还要有计划地对电机及相关机械设备进行大修。对电动机进行彻底、全面的查看、保护,增补电动机缺少、磨损的元件,彻底清除电动机表里的尘埃、污物,查看绝缘状况,清洗轴承并查看其磨损情况。

(2)三相绕组交流发电机绕组的类型、导通性及电阻检查

①拆下三相高压线束接头。

②拆卸发电机接线盒。

③查看如果三种不同颜色的线是一条线的头接一条线的尾则可以确定该接线法是三角形接线,如果互相看不到连接,则判断绕组是星形连接,如图2-75所示。

三相绕组交流发电机绕组的类型、导通性、电阻及绝缘电阻的检查

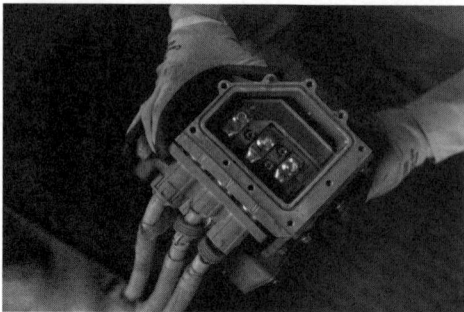

④分别使用多功能万用表蜂鸣挡检测三相(U、V、W)绕组任意两相,任意两相导通为正常。

⑤使用多功能万用表调整到电阻挡,红表笔接V相,黑表笔接U相,记录测得电阻值,参考车型标准值,判断绕组电阻是否正常,如图2-76所示。

图2-75　发电机三相绕组的连接图

图2-76　发电机U-V相电阻检测

⑥使用多功能万用表调整到电阻挡,红表笔接W相,黑表笔接U相,记录测得电阻值,参考车型标准值,判断绕组电阻是否正常,如图2-77所示。

⑦使用多功能万用表调整到电阻挡,红表笔接W相,黑表笔接V相,记录测得电阻值,参考车型标准值,判断绕组电阻是否正常,如图2-78所示。

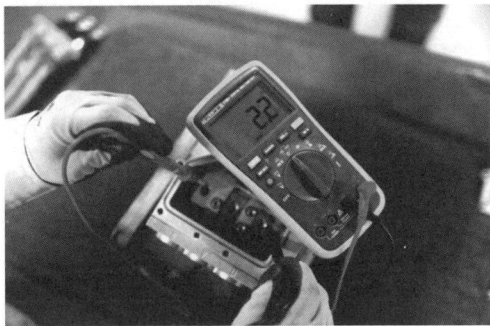

图 2-77　发电机 U-W 相电阻检测

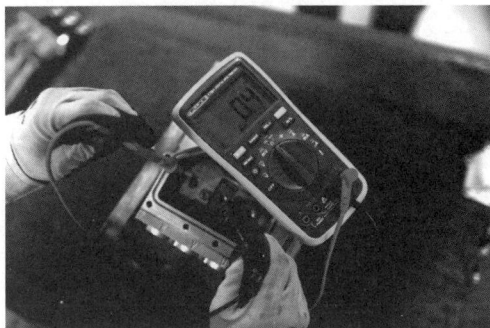

图 2-78　发电机 V-W 相电阻检测

（3）发电机控制线路及元件的检查

①检查前电机控制器 EF15 保险,见启动机线路检查保险图。

②拔下发电机控制器(电机控制器)低压线束,见启动机线路检查低压线束图。

③检测发电机旋变传感器的励磁绕组,用万用表检查电机控制器端子 11、12 的电阻值,电阻值为 15 Ω 左右,如图 2-79 所示。

④检测发电机旋变传感器的旋变绕组,用万用表检查电机控制器端子 34、35 的电阻值,电阻值为 43 Ω 左右,如图 2-80(a)所示。

⑤检测发电机旋变传感器的旋变绕组,用万用表检查电机控制器端子 22、23 的电阻值,电阻值为 37 Ω 左右,如图 2-80(b)所示。

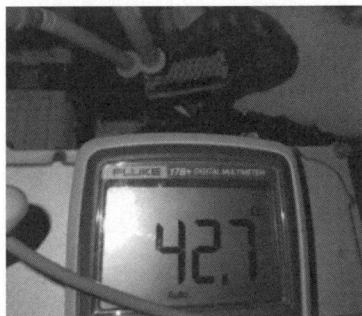

（a）电机控制器线束端子34、35　（b）电机控制器线束端子22、23

图 2-79　励磁绕组检测　　　　　图 2-80　发电机旋变传感器的旋变绕组

⑥检测发电机的温度传感器初始电阻,用万用表检查电机控制器端子 26、27 的电阻值,电阻值为 11.1 kΩ 左右,如图 2-81(a)所示。

⑦检测发电机的温度传感器初始电阻,用万用表检查电机控制器端子 28、29 的电阻值,电阻值为 11.1 kΩ 左右,如图 2-81(b)所示。

⑧根据测得的静态电阻值判断发电机线路的好坏。

⑨用万用表检查电机控制器端子 19、20 的对地电阻,小于 1 Ω 为合格,见启动机电机控制器端子 19、20 的对地电阻检测图。

⑩检测 CAN 线电阻值,用万用表检查电机控制器端子 5、6 的电阻值,60 Ω 左右为合格,和启动机 CAN 线电阻值检测一样。

⑪检测调试 CAN 线,用万用表检查电机控制器线束端子 7、8 的电阻及导通,电阻无穷大

不导通为合格，和启动机调试 CAN 线电阻值检测一样。

（a）电机控制器线束端子26、27　　　　（b）电机控制器线束端子28、29

图 2-81　发电机温度传感器初始电阻

（4）发电机绝缘电阻的检查

①查看绝缘状况。绝缘材料的绝缘能力因枯燥程度不同而异，所以保持发电机绕组的枯燥是非常重要的。发电机作业环境潮湿，作业间有腐蚀性气体等因素，都会损坏电动机的绝缘。常见的是绕组接地故障即绝缘损坏，带电部分与机壳等不该带电的金属部分相碰，发生这种故障，不仅会影响电动机正常作业，还会危及人身安全。在发电机运用中，应常常查看绝缘电阻，还要注意查看发电机机壳接地是否牢靠。

②拔下发电机三相高压线束。

③检测发电机的 U 相绝缘电阻值，将绝缘电阻表红色表笔正极连接 U 相，黑色表笔负极接电动机壳体，绝缘电阻值应大于 20 MΩ，如图 2-82 所示。

④检测发电机的 V 相绝缘电阻值，将绝缘电阻表红色表笔正极连接 U 相，黑色表笔负极接电动机壳体，绝缘电阻值应大于 20 MΩ，如图 2-83 所示。

⑤检测发电机的 W 相绝缘电阻值，将绝缘电阻表红色表笔正极连接 U 相，黑色表笔负极接电动机壳体，绝缘电阻值应大于 20 MΩ，如图 2-84 所示。

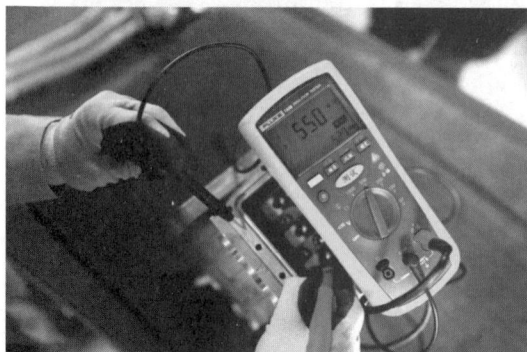

图 2-82　发电机的 U 相绝缘电阻值检测　　　　图 2-83　发电机的 V 相绝缘电阻值检测

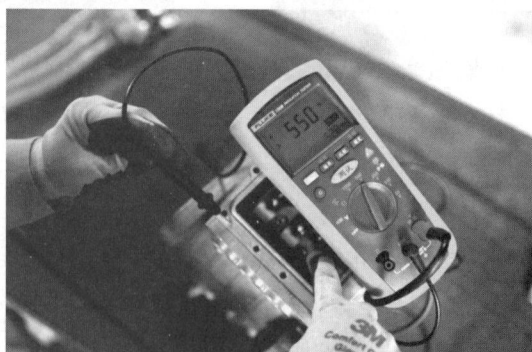

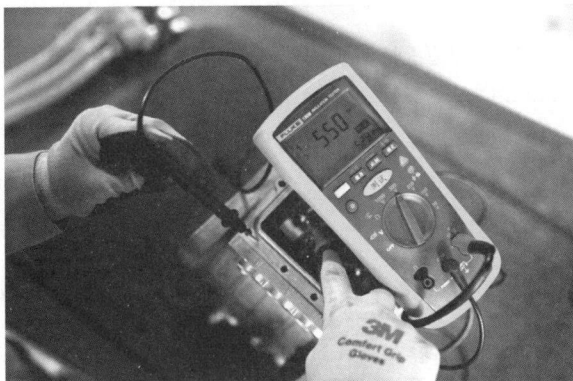

图 2-84 发电机的 W 相绝缘电阻值检测

（5）**场地整理**

按 7S 标准进行场地整理。

行业小知识

一般来说,目前市面上维修厂更换高压零部件比较贵,例如高压线束基本是 200 ~ 400 元/m,维修工时费为 50 ~ 200 元。

任务工作单

模块四:启动与充电系统检查保养				考核时间:		分钟	
姓名:		班级:		学号:		教师签字:	
初评:□合格□不合格		复评:□合格□不合格		师评:□合格□不合格			
日期:		日期:		日期:			

一、记录车辆信息

品牌		整车型号		生产日期	
发动机型号		驱动电机型号		行驶里程	
车辆识别码					

二、混联交流发电机保养

检查项目	检测数据记录		维修建议		检查项目	检测数据记录		维修建议	
发电机轴转动	灵活□	阻滞□	更换□	无□	发电机座清洁	正常□	异常□	清洁□	无□
发电机接线柱	正常□	松动□	调整□	无□	三相绕组高压线束	正常□	异常□	更换□	无□
发电机转子	正常□	异常□	更换□	无□	发电机水道	正常□	异常□	清洁□	无□
发电机轴承	正常□	异常□	检查□	无□					

三、三相绕组混联交流发电机绕组的类型、导通性及电阻检查

检查项目	检测数据记录		维修建议		检查项目	检测数据记录		维修建议	
三相绕组类型	Y 形□	星形□	检查□	无□	任意两相导通性	正常□	异常□	更换□	无□

发电机 U-V 相电阻	电阻值：	更换□ 无□	发电机 U-W 相电阻	电阻值：	更换□ 无□
发电机 V-W 相电阻	电阻值：	更换□ 无□			

四、发电机控制线路及元器件的检查

检查项目	检测数据记录	维修建议	检查项目	检测数据记录	维修建议
电机控制器保险	正常□ 异常□	更换□ 无□	电机控制器低压线束	正常□ 异常□	检查□ 无□
电机控制器端子 11、12	电阻值：	检查□ 无□	电机控制器 34、35 端子	电阻值：	检查□ 无□
电机控制器端子 22、23	电阻值：	检查□ 无□	电机控制器 26、27 端子	电阻值：	检查□ 无□
电机控制器端子 28、29	电阻值：	检查□ 无□	电机控制器线束端子 19、20 的对地电阻	电阻值：	检查□ 无□
电机控制器端子 5、6	电阻值：	检查□ 无□	电机控制器 7、8 端子	电阻值：	检查□ 无□
发电机线路	正常□ 异常□	更换□ 无□			

五、启动机绝缘电阻的检查

检查项目	检测数据记录	维修建议	检查项目	检测数据记录	维修建议
发电机 U 相绝缘电阻值	电阻值：	更换□ 无□	发电机 V 相绝缘电阻值	电阻值：	更换□ 无□
发电机 W 相绝缘电阻值	电阻值：	更换□ 无□			

作业任务总结

混联发电机的保养综合作业评分表

序号	评分项	得分条件	评分标准	配分	扣分
1	安全/7S/态度	□1.能进行工位7S操作 □2.能进行设备和工具安全检查 □3.能进行车辆安全防护操作 □4.能进行工具清洁校准存放操作 □5.能进行三不落地操作	未完成1项扣3分 扣分不得超15分	15	
2	专业技能	□1.能正确拆卸混联发电机总成 □2.能正确检查发电机定子外观 □3.能正确清洁壳体及水道 □4.能正确检查识读三相绕组类型 □5.能正确检测三相绕组导通性及电阻 □6.能正确判断发电机是否正常 □7.能正确检测发电机控制线路 □8.能正确检测发电机控制元器件 □9.能正确检测发电机绝缘电阻 □10.能正确判断发电机控制线路、元器件及绝缘电阻是否正常	未完成1项扣5分 扣分不得超50分	50	
3	工具及设备的使用能力	□1.能正确地选用维修工具 □2.能正确地使用维修工具 □3.能正确地使用多功能万用表 □4.能正确地使用绝缘电阻表	未完成1项扣5分 扣分不得超10分	10	
4	资料、信息查询能力	□1.能正确使用维修手册查询资料 □2.能在规定时间内查询所需资料 □3.能正确记录所查询资料章节页码 □4.能正确记录所需维修信息	未完成1项扣5分 扣分不得超10分	10	
5	数据、判读和分析能力	□1.能判断发电机是否正常 □2.能判断高压绝缘电阻是否正常 □3.能判断发电机线路及部件是否正常	未完成1项扣5分 扣分不得超10分	10	
6	表单填写与报告撰写能力	□1.字迹清晰 □2.语句通顺 □3.无错别字 □4.无涂改 □5.无抄袭	未完成1项扣1分 扣分不得超5分	5	
合计					

> **相关知识**

（1）发电机

动力电池的容量是有限的，不能满足汽车长途行驶的需要，所以，在汽车上除装有蓄电外，还另装有发电机。它的主要作用是：当发动机电压高于蓄电池电压时，能及时向蓄电池充电，并向全车用电设备（除启动机外）直接供电。汽车交流发电机具有体积小、质量轻、结构简单、维护方便、使用寿命长和低速充电性能好等显著特点，故广泛应用在汽车上而取代直流发电机。

混联式的汽车交流发电机一般安装在燃油发动机和变速器之间，如图 2-85 所示。混联汽车在发动机工作时通过发电机将燃油发动机的机械能转化为电能，再将电能储存到动力电池中，或直接通过电机控制器转换给驱动电机，带动主减速器运转，驱动整车行驶。目前发电机主要有异步交流电机和永磁同步电机。

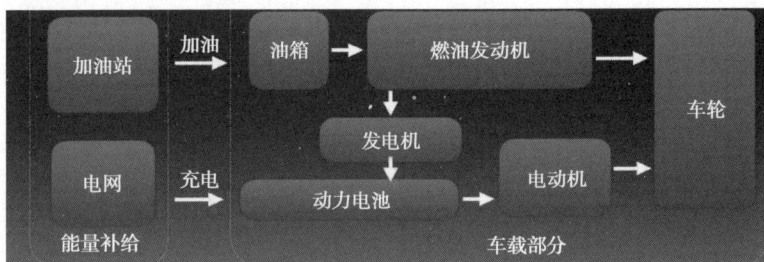

图 2-85　混联式汽车结构示意图

交流异步发电机是一种将电能转化为机械能的电力拖动装置，它主要由定子、转子和它们之间的气隙构成。定子绕组接通三相交流电源后，产生旋转磁场并切割转子，获得转矩。三相交流异步发电机不仅具有结构简单、运行可靠、价格便宜、过载能力强等特点，而且使用、安装、维护方便，被广泛应用于各个领域。

（2）永磁同步电动机

1）发电机

同感应电机和直流电机相似，永磁同步发电机也是由转子及定子两大部件所构成。三相交流绕组在定子上，永磁体在转子上，如图 2-86 所示。

①定子。定子通常称作电枢，它由定子三相绕组、定子铁芯、机座和端盖等零部件所构成。定子铁芯是由冲压后的硅钢片紧密叠装而成，如图 2-87 所示。

②转子。转子有两种形式，即表面凸出式和表面插入式。

2）转子位置传感器

在永磁同步发电机中，通常转子位置传感器与电机轴联在一起，用来随时测定转子磁极的位置，为电子换向提供正确的信息。也有例外，像洗衣机用的 DD 电机，往往将 HALL 安装到定子上，永磁体安装在转子上。定子转子这里其实只是个相对的概念。

3）逆变器

位置传感器将转子的位置信号电平反馈给控制芯片，控制芯片经过电流采样和数学变换，并根据反馈的位置信息经过闭环运算，重新按新的 PWM 占空比输出，来触发功率器件（IGBT 或 MOSFET），实际上逆变器是自控的，由自身运行来保证电机的转速和电流输入频率同步，并避免震荡和失步的发生。

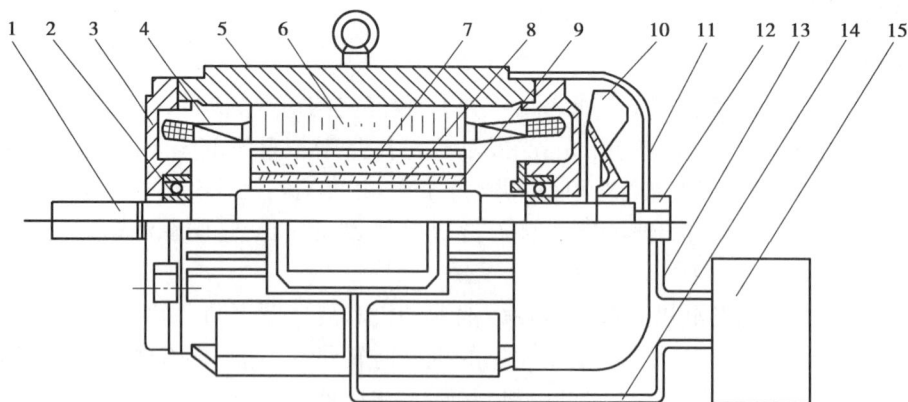

图 2-86　永磁电动机组成

1—转轴；2—轴承；3—端差；4—定子绕组；5—机座；6—定子铁心；7、8—永磁体；
9—转子铁心；10—风扇；11—风罩；12—位置传感器；13、14—电缆；15—变频驱动器

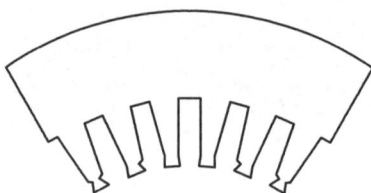

图 2-87　定子图

（3）能量之星

新能源汽车驱动系统由两个或多个能同时运转的单个驱动系统联合组成，车辆的行驶功率依据实际的车辆行驶状态由单个驱动系统单独或共同提供。因各个组成部件、布置方式和控制策略的不同，形成了多种分类形式。混合动力汽车发电机主要的作用是将燃油发动机输出的机械能转化成电能，然后直接储存或通过功率变换器转换供给驱动电机，驱动电机带动整车行驶。混合动力装置既发挥了发动机持续工作时间长、动力性好的优点，又可以发挥电动机无污染、低噪声的好处，二者相互协同、取长补短，提高了汽车的热效率，降低了废气排放，所以赢得了"能量之星"的美誉。节能、低排放的混合动力车辆也成为当前汽车研发的一个重点。

同学们，通过以上学习，大家知道为什么混合动力汽车被誉为"能量之星"了吧？与传统汽车相比，它具有更多优势，也更好地满足了人们的需要，所以倍受世人追捧。同时，混合动力汽车告诉我们，世间万物只有做到功能"混合、复合"才能拓展其适应的广度，更好满足需要。我们作为社会主义现代化的未来建设者，希望同学们要从"混合动力汽车"的"混合、复合"中吸取成功经验，多学本领，努力成为"一专多能、多专多能"的复合型高素质技术技能人才，今后才能成为人才市场的"香饽饽"和"抢手货"，才能实现我们的人生出彩梦。

➤　学习任务

1. 汽车交流发电机具有＿＿＿＿＿＿，＿＿＿＿＿＿，结构简单，维护方便，使用寿命长和
＿＿＿＿＿＿性能好等显著特点，故广泛应用在汽车上而取代直流发电机。

2. 永磁同步发电机，在许多情况下可以实现＿＿＿＿＿＿，因此其多为＿＿＿＿＿＿和
＿＿＿＿＿＿所采用。

3. 永磁同步电机转子有两种形式，＿＿＿＿＿＿和＿＿＿＿＿＿。

4. 在永磁同步电机中，通常转子＿＿＿＿＿＿与电动机轴连在一起，用来随时测定
＿＿＿＿＿＿的位置，为电子换向提供正确的信息。

5. 定子通常也称作＿＿＿＿＿＿，它由＿＿＿＿＿＿、＿＿＿＿＿＿、＿＿＿＿＿＿和端盖等零部件所
构成。

6. 新能源汽车动力电池的＿＿＿＿＿＿是有限的，不能满足汽车长途行驶的需要，所以，在
汽车上除装有蓄电池外，还另装有＿＿＿＿＿＿。

7. 简述混联式汽车交流发电机的工作过程。

8. 简述表面凸出式转子结构的特点及应用。

➤　职业模块目标自评

知识目标自评
①掌握混联发电机的基本结构。
②掌握三相异步发电机和永磁同步发电机的工作原理。
③熟悉发电机的常见故障的维修方法。

技能目标自评
①能够对混联发电机总成进行拆卸。
②能够对混联发电机绕组类型、电阻及导通性进行检测。
③能够对混联发电机进行基本保养。
④能够对发电机控制线路、元器件进行检查。
⑤能够对高压绝缘电阻进行检测。

素养目标自评
①能够在工作过程中与小组其他成员合作、交流，养成团队合作意识，锻炼沟通能力。
②养成 7S 的工作习惯，遵循企业文化。
③弘扬工匠精神，宣扬社会主义核心价值观，培养学生奋发图强的爱国主义精神。
④强化节约与环保意识。

职业模块 3

新能源汽车灯光与电气系统检查保养

任务 3.1　前照大灯光束调整

本任务根据汽车运用与维修(含智能新能源汽车)"1+X"证书制度职业技能等级标准中新能源汽车电子电气空调舒适系统检查保养技术【初级】模块三所对应的前照大灯光束调整内容进行设定。

任务定位

		【新能源汽车电子电气空调舒适技术】—初级强化项目表																				
	工作	一					二					三					四					
	职业功能	线路读图与电子元件检查					启动与充电系统检查保养					灯光与电气系统检查保养					空调与舒适系统检查保养					
	任务分解要项	1	2	3	4	5	6	7	8	9	10	11	12	13	14	15	16	17	18	19	20
实训项目	资料数据参数 / 仪器量具使用 / 拆装量具调试	汽车电路查询判读	模块控制电路查询	传感器电路的查询	执行元件电路查询	电子元件检查判读	串联启动充电检查	并联启动充电检查	混联启动充电检查	混联发电机的保养	混联发电机的保养	前照大灯光束调整	洗涤系统检查保养	全车灯光检查保养	灯光电路连接检查	仪表室内灯光检查	制冷系统检查保养	制冷暖风性能检查	过滤通风系统检查	舒适系统初始设定	车门车窗饰件保养
	技能知识	8					4					1					5				
	单组时间	3	3	3	3	3	3	3	3	3	3	3	3	3	3	3	3	3	3	3	3

设备与工具清单

任务	作业项目	设备与工具清单
前照大灯光束调整	1. 大灯调整前准备工作 2. 光束高度及宽度量测绘制 3. 近光灯束调整 4. 远光灯束调整 5. 光照流量检测 6. 灯光操作	1. 整车 2. 大灯调整仪或光板 3. 维修工具、工具箱、卷尺、光照流量计 4. 电脑、维修手册

➤　**作业项目　汽车大灯灯光检测**

工作情境描述

一辆长安 EV460 汽车,车辆行驶里程为 80 000 km,根据汽车年检规定到汽车检测站进行年检,发现前照灯灯光亮度比较弱,而且灯光往左边偏,维修人员使用汽车前照灯检测仪对该车进行检测。

作业设备工具

长安 EV460 轿车,汽车前照灯检测仪,常用工具,零件盒,电脑,维修手册。

作业准备

检查举升机,车辆在工位停放周正,铺好车内和车外护套。

作业步骤

（1）仪器与车辆对准

将被检汽车尽可能地与前照灯检测仪的轨道保持垂直方向驶近检测仪,使前照灯与检测仪受光器相距 1 m,如图 3-1 所示。

用汽车摆正找准器使检测仪与被检汽车对准,如图 3-2 所示。否则,应重新停放车辆,或者通过旋转摆正旋钮,如图 3-3 所示,使光接收箱旋转一定角度,从而使仪器与车辆对准。

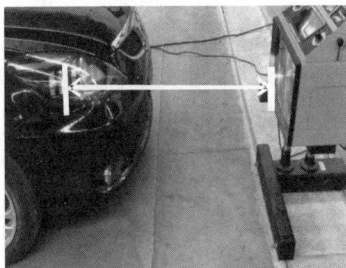

图 3-1　前照灯与检测仪受光器相距 1 m

图 3-2　检测仪与被检汽车对准

图 3-3　摆正旋钮

（2）仪器与远光对准

打开前照灯远光,移动检测仪,使光束照射到受光器上,利用影像观察器使仪器和被测前照灯的远光对准。注意:被测前照灯远光的光斑在影像观察器中心,如图 3-4 所示。

把测量状态选择开关转至"远光高度"位置,则"光强/灯中心高"表头上绿色的高度指示灯点亮,下方显示出当前车灯的中心高,如图3-5所示。

图3-4　观察仪器与远光对准

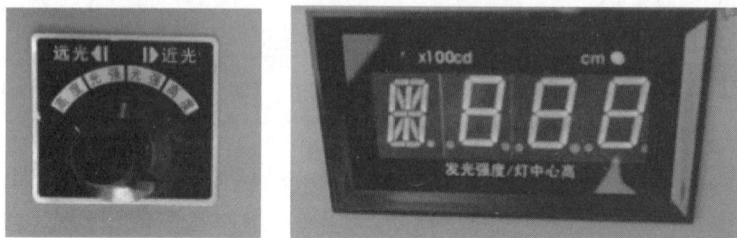

图3-5　远光灯高测量

(3)远光检测

把测量状态选择开关转至"远光光强"位置,调整左右、上下光轴刻度盘调整旋钮,使左右、上下偏移量指示表绿灯亮,从左右、上下偏移量指示表读取偏移量,从"发光光强/灯中心高"指示表上读取发光强度,如图3-6所示。

(4)近光检测

打开前照灯近光,移动检测仪,使光束照射到受光器上,利用影像观察器使仪器和被测前照灯的近光对准。注意:被测前照灯近光的光斑在影像观察器中心。把测量状态选择开关转至"近光高度"位置,则"光强/灯中心高"表头上绿色的高度指示灯点亮,下方显示出当前车灯的中心高。

图3-6　远光检测结果显示界面

把测量状态选择开关转至"近光光强"位置,把仪器侧面的测量转换手柄扳至近光测量位置,如图3-7所示。调整左右、上下光轴刻度盘调整旋钮,使明暗截止线的拐点与屏幕上的原点位置重合,从左右、上下偏移量指示表读取偏移量,从"发光光强/灯中心高"指示表上读取发光强度,如图3-8所示。

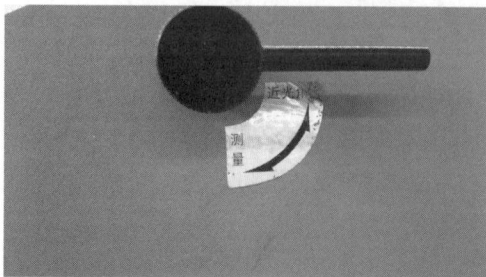

图3-7　测量转换手柄图

图3-8　近光检测结果示意图

（5）前照灯光束调整

接通灯光开关，调整其光束，如图 3-9 所示。调灯时以一只灯为单位调整，首先遮蔽其他前照灯；然后拧动上下左右光束调整螺钉，使主光束（光度最高点）处于规定高度；前照灯上下左右调整时，必须拧入调整。若需拧松调节时，应完全拧松后拧入调整。

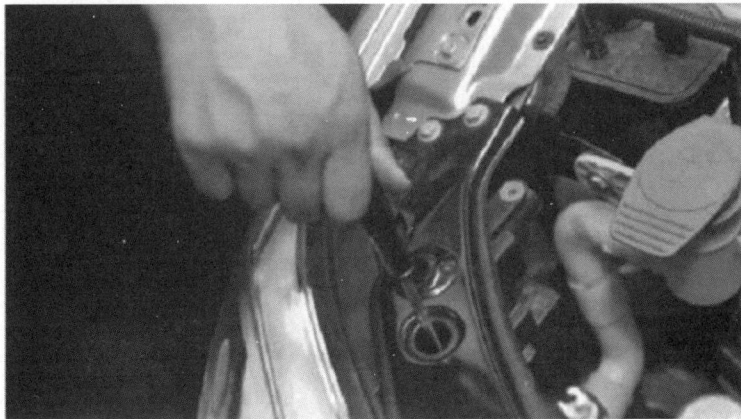

图 3-9　前照灯光束调整

（6）更换灯泡

①在更换大灯灯泡之前，为避免在更换灯泡时被发动机舱内的部件烫伤，应首先确认车辆已经熄火，并且是在凉车状态，打开引擎盖。更换时应戴上手套，这样既能保护自己的双手，也便于操作。

前大灯灯泡更换

②拔开电源接口后，将灯泡背后的防水盖拿掉。

③将灯泡的电源插口拔开。

④将灯泡从反射罩中取出。灯泡一般是由钢丝卡簧固定，某些车型的灯泡还带有塑料底座。

⑤将新灯泡放入反射罩，对准灯泡的固定卡位，捏住两边的钢丝卡簧往里推，将新灯泡固定在反射罩内。

⑥将灯泡电源插上，重新盖上防水盖，更换操作便完成了。

（7）场地整理

按 7S 标准进行场地整理。

行业小知识

奥迪之所以能被称为"灯厂"，是因为它在"造灯"这一领域始终走在市场前列，创领风潮。

任务工作单

考核项目：灯光与电气系统检查保养		
模块三：前照大灯光束调整	考核时间： 分钟	
姓名：	班级：	学号：	教师签字：
初评：□合格□不合格	复评：□合格□不合格	师评：□合格□不合格	
日期：	日期：	日期：	

一、车辆信息记录

品牌		整车型号		生产年月	
发动机型号		发动机排量		行驶里程	
车辆识别码					

二、汽车前照灯检查

检查项目	点亮情况	光照流量	光束宽度	光束高度	检查结果
左前近光灯					
右前近光灯					
左前远光灯					
右前远光灯					

三、汽车前照灯光束调整

四、汽车前照灯灯泡更换

作业任务总结

前照大灯光束调整综合作业评分表

序号	评分项	得分条件	评分标准	配分	扣分
1	安全/7S/态度	□1. 能进行工位 7S 操作 □2. 能进行设备和工具安全检查 □3. 能进行车辆安全防护操作 □4. 能进行工具清洁校准存放操作 □5. 能进行三不落地操作	未完成 1 项扣 3 分 扣分不得超 15 分	15	
2	专业技能	□1. 能正确检查轮胎充气压力大小 □2. 能正确清洁大灯散射罩 □3. 能正确对车辆处于加载状态检查 □4. 能正确对近光束调整 □5. 能正确对远光束调整 □6. 能正确测量蓄电池电压 □7. 能正确对光束高度及宽度进行测量 □8. 能正确协助近光、远光光束调整 □9. 能正确检测光照流量 □10. 能正确查询大灯调整前准备工作 □11. 能正确查询大灯光束调整的方法 □12. 能正确查询大灯的内部结构	未完成 1 项扣 5 分 扣分不得超 50 分	50	
3	工具及设备的使用能力	□1. 能正确使用大灯调整仪或光板 □2. 能正确使用卷尺 □3. 能正确使用维修工具	未完成 1 项扣 5 分 扣分不得超 10 分	10	
4	资料、信息查询能力	□1. 能正确使用维修手册查询资料 □2. 能在规定时间内查询所需资料 □3. 能正确记录所查询资料章节页码 □4. 能正确记录所需维修信息	未完成 1 项扣 5 分 扣分不得超 10 分	10	
5	数据、判读和分析能力	□1. 能正确检测大灯的照明情况 □2. 能正确调整大灯光束 □3. 能正确更换大灯灯泡	未完成 1 项扣 5 分 扣分不得超 10 分	10	
6	表单填写与报告撰写能力	□1. 字迹清晰 □2. 语句通顺 □3. 无错别字 □4. 无涂改 □5. 无抄袭	未完成 1 项扣 1 分 扣分不得超 5 分	5	
合计					

➤ 相关知识

(1)汽车前照灯要求

汽车前大灯,又叫前照灯,装于汽车头部两侧,用于夜间行车道路的照明。为保证汽车在夜间及能见度较低的情况下安全、高速行驶,改善车内驾乘环境,便于交通安全管理和车辆使用、检修,对现代汽车照明系统提出如下要求:

①照明设备能提供车前道路100 m以上明亮均匀的照明,在会车时,不应对迎面来车的驾驶员造成眩目。随着车速的不断提高,要求道路照明的距离也相应增加,现在有些车的照明距离已达到200 m以上。

②驾驶员在夜间倒车时能看清车后的情况。

③在夜间,其他行驶车辆驾驶员和行人在一定距离内能看清车辆的牌号。

(2)汽车前照灯结构

前照灯安装于车辆前部两侧,用于夜间行车道路的照明使用。它主要由前照灯开关、远光灯泡、近光灯泡、前照灯变光开关、反射镜配光镜等组成。

①灯泡,灯泡有充气灯泡、卤钨灯泡和新型高压放电氙灯等几种类型,如图3-10所示。

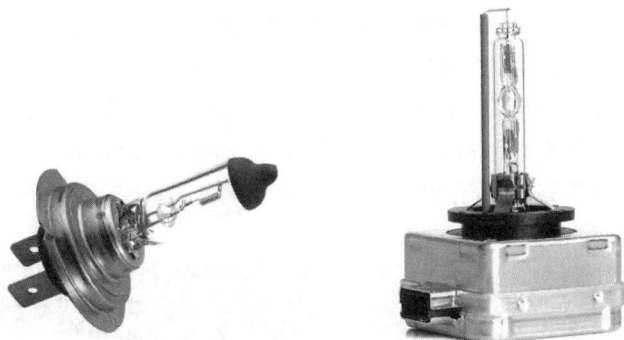

图3-10　汽车灯泡

②反射镜,反射镜用来聚集光线并将其反出去,表面呈抛物型并镀银、铝或铬,再抛光。

③配光镜,又称配光屏、散光玻璃,它由透镜和棱镜组合而成,外形一般为圆形或方形,其作用是使光线折射向较宽的路面,如图3-11所示。

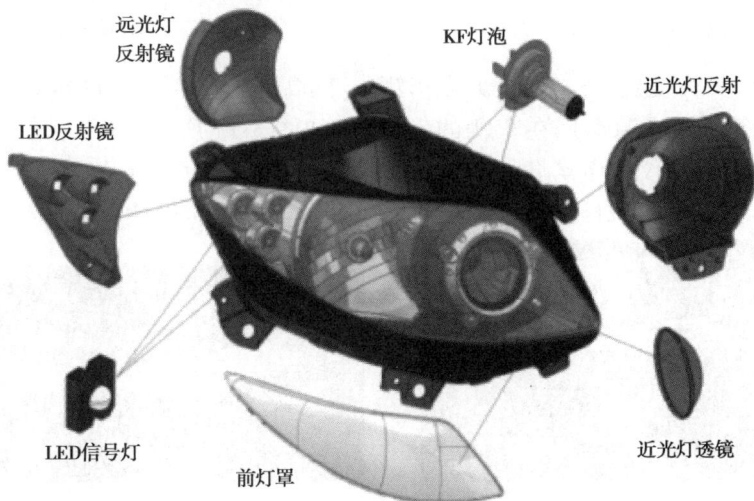

图3-11　汽车前照灯结构

④前照灯开关,如图 3-12 所示,从前照灯开启的方式可分为手动开启和自动开启两种,变光开关作为转向信号/多功能开关的功能之一,其作用是用来控制前照灯远近光的切换,同时具有超车变光开关的功能。

图 3-12　汽车前照灯开关

(3)汽车前照灯类型

①卤素大灯,又称作钨卤大灯,是白炽灯的一个变种,如图 3-13 所示,广泛运用在汽车照明领域。不过,卤素大灯由于其光线昏暗偏黄、照射范围小,越来越不能适应当下的照明需求,但卤素大灯成本低廉、维修更换方便等优势搭载在很多廉价车上。

②氙气大灯,是一种气体放电灯,如图 3-14 所示。与卤素灯泡相比,氙气大灯有两大明显优势:一是氙气灯泡拥有比卤素灯泡高 3 倍的光照亮度,能耗却只有其 2/3;二是氙气大灯采用与日光相近的光色,能为驾驶者创造出更佳的视觉条件。不过在雾天环境下,氙气大灯的穿透性要稍逊于颜色偏黄的卤素大灯。

图 3-13　汽车卤素大灯　　　　图 3-14　汽车氙气大灯

③LED 大灯,又称发光二极管,是如今车辆尾灯、高位刹车灯和日间行车灯的重要组成部分,有些车辆也将 LED 光源运用在车辆的大灯上,如图 3-15 所示。LED 灯拥有非常多的优点,发光效率高,能耗却仅为卤素灯的 1/20,使用寿命却长达 10 万 h,在整车设计寿命中基本上不需要更换。另外,LED 灯组体积小,便于布置和车辆的造型设计。

图 3-15　汽车 LED 大灯　　　　图 3-16　汽车激光大灯

④激光大灯,激光大灯比 LED 大灯聚光能力更强、更加节能、寿命更长。激光大灯的原理是激光发光二极管的蓝光灯将会贯穿前大灯单元内有荧光的荧光粉材料,将其转换成一个扩

散的白光,在明亮的同时对眼睛也更加友好,如图 3-16 所示。对于汽车大灯来说,照射距离远、光线发散小、能耗低、寿命长是最理想的特点,而激光大灯则是目前人造光源中集上述优点于一身的光源,但是成本过于高昂。

(4)汽车前照灯的检测标准

国家标准《机动车运行安全技术条件》(GB 7258-2012)中,对机动车前照灯光束照射位置和前照灯光束发光强度作了规定。

前照灯远光光束发光强度,如表 3-1 所示。

表 3-1　前照灯远光光束发光强度检测标准　　　　　　　　　　单位:ccd

机动车类型		检查项目					
		新注册车			在用车		
		一灯制	二灯制	四灯制 a	一灯制	二灯制	四灯制 b
三轮汽车		8 000	6 000	—	6 000	5 000	—
最大设计车速小于 70 km/h 的汽车		—	10 000	8 000	—	8 000	6 000
其他汽车		—	18 000	15 000	—	15 000	12 000
普通摩托车		10 000	8 000	—	8 000	6 000	—
轻便摩托车		4 000	3 000	—	3 000	2 500	—
拖拉机运输机组	标定功率大于 18 kW	—	8 000	—	—	6 000	—
	标定功率不小于 18 kW	6 000b	6 000	—	5 000b	5 000	—

a. 四灯制是指前照灯具有四个远光光束;采用四灯制的机动车其中两只对称的灯达到两灯制的要求时视为合格。

b. 允许手扶拖拉机运输机组只装用一只前照灯。

(5)"持久的灯光"

物理学教授的大胆畅想发生于 1802 年,在俄国的彼得堡外科医学院,一名叫作彼德罗夫的物理学教授宣布,他打算"以电取光"。在以木材、松明、动植物油及燃气为材料的主要照明方式的 19 世纪初期,在电流还是一件新鲜事物的前提下,这一决定无异于天方夜谭。但是彼德罗夫的热情并没有被众人的冷嘲所打击,因为在不久前,美国物理学家富兰克林用放风筝的方法引出火花一事让他受到启发:电池组两端在被导线连接时所产生的电火花,能不能变成持久的灯光,以供照明之用?为了达到预想的效果,彼德罗夫进行了不懈的努力。

尽管在临终前他始终没有见到"持久的灯光",但彼德罗夫发现了"电弧":如果把两根炭棒彼此靠近,那么在它们中间就出现了非常明亮的白色光或白色火焰,这就使炭棒很快地或者慢慢地燃烧掉,并且可以完全照亮黑暗的大房间。这是关于电气照明的最早言论。电弧的发现,标志着人类在由电到光的转化过程中迈出了具有决定意义的一步。

任务 3.2　洗涤系统检查保养

本任务根据汽车运用与维修(含智能新能源汽车)"1+X"证书制度职业技能等级标准中新能源汽车电子电气空调舒适系统检查保养技术(初级)模块三所对应的洗涤系统检查保养内容进行设定。

任务定位

工作		一					二					三					四			
职业功能		线路读图与电子元件检查					启动与充电系统检查保养					灯光与电气系统检查保养					空调与舒适系统检查保养			
任务分解要项		1	2	3	4	5	6	7	8	9	10	11	12	13	14	15	16	17	18	19	20
实训项目	资料数据参数	汽车电路查询判读	模块控制电路查询	传感器电路的查询	执行元件电路查询	电子元件检查判读	串联启动充电检查	并联启动充电检查	混联启动充电检查	混联启动机的保养	混联发电机的保养	前照大灯光束调整	洗涤系统检查保养	全车灯光保养	灯光电路连接检查	仪表室内灯光检查	制冷暖风性能检查	制冷系统保养	过滤通风系统检查	舒适系统初始设定	车门车窗饰件保养
	仪器量具使用																				
	拆装量具调试																				
技能知识		8					4					1					5				
单组时间		3	3	3	3	3	3	3	3	3	3	3	3	3	3	3	3	3	3	3	3

表头：【新能源汽车电子电气空调舒适技术】—初级强化项目表

设备与工具清单

任务	作业项目	设备与工具清单
洗涤系统检查保养	1. 洗涤液液位检查及添加 2. 洗涤喷嘴及管路检查调整 3. 大灯清洗系统检查 4. 洗涤液的调配和冰点测量 5. 雨刮片的调整清洁更换 6. 刮水器维修位置设置 7. 风窗玻璃的清洗 8. 雨刮洗涤系统操作	1. 整车(配备自动雨刮系统) 2. 维修工具、工具箱、零件盒 3. 玻璃清洗液、擦拭布 4. 喷嘴调试工具、洗涤管路清理工具、冰点仪 5. 洗涤液、水 6. 电脑、维修手册、用户手册

➤ **作业项目　洗涤系统检查**

工作情境描述

一辆长安 EV460 汽车,车辆行驶里程为 80 000 km,客户反映自己车的刮水器经常"刮不干净"该怎么办,维修人员对该车雨刮系统进行检查维护。

作业设备工具

长安 EV460 轿车,常用工具、零件盒、电脑、维修手册。

洗涤系统检查

作业准备

检查举升机,车辆在工位停放周正,铺好车内和车外护套。

作业步骤

(1)玻璃水的加注

一般在汽车的仪表上都会有一个玻璃水液位指示灯,如图 3-17 所示,

图 3-17　玻璃水液位指示灯

平时为熄灭状态。该指示灯点亮或闪烁时说明玻璃水快用完了,这时就该添加玻璃水了,添加足够的玻璃水后,指示灯熄灭。

检查玻璃水液位时,首先打开前机盖,然后找到喷洗液储液罐(玻璃水壶),打开机盖后需要找到喷水壶所在的位置,绝大多数车的喷水壶都在发动机舱右边,如图 3-18 所示。

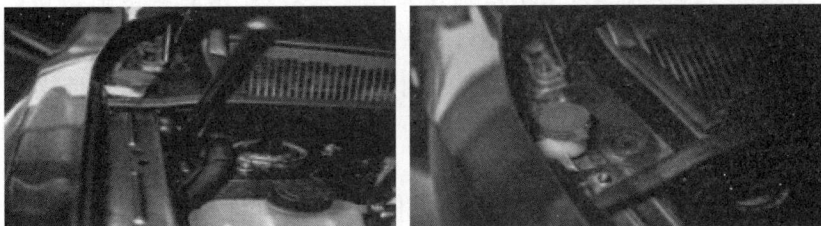

图 3-18　喷洗液储液罐位置

玻璃水应加注到储液罐标有"−MAX−"最大加液处。风窗洗涤液储液罐为前风窗玻璃和后风窗玻璃提供洗涤液,风窗洗涤液的溢出有可能造成车身部件的褪色。请注意避免溢出,尤其是当使用未掺水、高浓度的洗涤液时。如果发生溢出,立即用水清洗被污染的表面。

(2)玻璃水冰点的测量

玻璃水的冰点指玻璃水的结冰温度。冰点的高低直接影响玻璃水冬季的使用性能。玻璃水的冰点用冰点测试仪检测,冰点测试仪内刻度标志及刻度含义如图 3-19 所示。

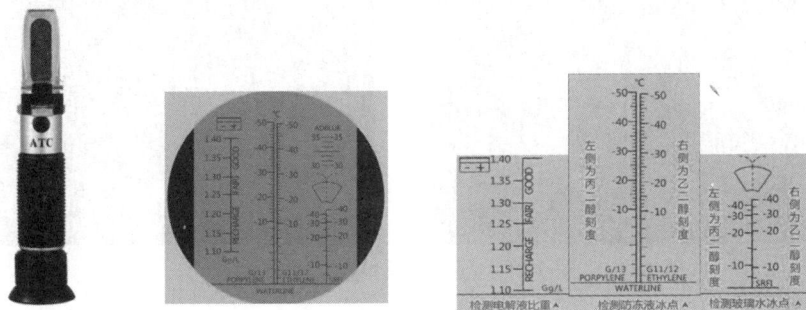

图 3-19　冰点测试仪

使用时,用柔软的绒布将盖板及棱镜表面擦拭干净。将待测液体用吸管滴于棱镜表面,合上盖板后轻轻按压,将冰点测试仪对向明亮处,旋转目镜使视场内刻度线清晰,读出明暗分界线在标示板上相应标尺上的数值即可。

(3)检查雨刮臂和雨刮片

经常检查刮水器臂和雨刮片的工作情况及磨损状态,如图 3-20 所示。清洗刮水器刮片时,可用蘸有酒精清洗剂的棉纱轻轻擦去刮片上的污物。刮片不可用汽油清洗和浸泡,否则刮片会变形而影响其工作。检查周期为每 10 000 km 或 6 个月。

图 3-20　刮水器臂和刮水器片

（4）拆装刮水器片

①竖起刮水器臂,为更换刮水器片做准备。

②一只手抓刮水器片,另一只手按住刮水器片固定杆,压下并分离弹簧夹后拔出刮水器片即可。

③把新的刮水器片水平放置后将固定杆朝下,然后将刮水器片孔对准固定杆并向下插入。注意:刮水器片在分离状态时,应避免刮水器臂碰到风窗玻璃,以免玻璃破损。汽车型号不同刮水器片的型号也不同,更换时请注意。

④把刮水器片朝上推到最高位置,然后把同定杆安装到刮水器臂上,听到"卡塔"声为止,这说明安装位置是正确的。为了防止损伤刮水器片,不要用汽油、燃油、辛钠或其他清洗剂清洗风窗玻璃。

（5）刮水情况检查

检查刮水器开关在各挡位下工作是否正常,一般情况下在汽车组合开关手柄上有刮水器控制旋钮,如图 3-21 所示,设有低速、高速、间歇 3 个挡位。检查刮水器在各挡位下的刮水效果,不得有条纹式水痕或刮拭不彻底现象。检查当刮水器关闭时,刮水器能正常回位。

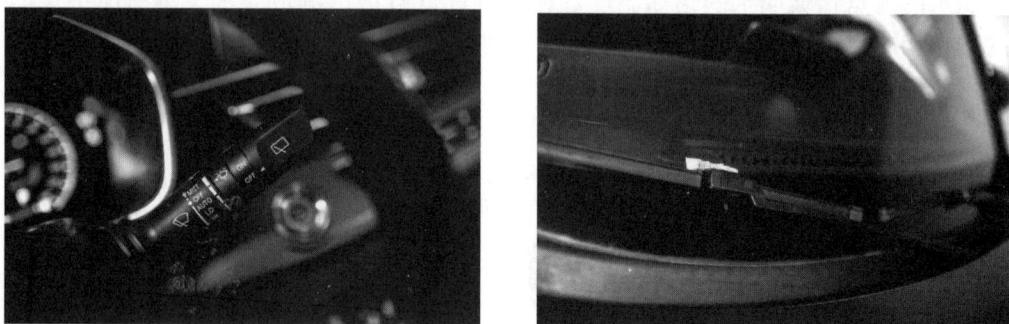

图 3-21　刮水器及控制旋钮开关

（6）喷洗器检查

1）喷洗器喷射功能检查

一般在雨刮开关手柄顶端设有洗涤器按键开关,如图 3-22 所示,按下开关有洗涤水喷出,配合刮水器洗涤风窗玻璃。洗涤器系统由储水箱、水泵、输水管、喷水嘴组成。其中储水箱一般是 1.5 ~2 L 的塑料罐,水泵是一种微型电动离心泵,通过它将储水箱的洗涤水输向喷水嘴,如图 3-23 所示,经 2 ~4 个喷水嘴的挤压作用将洗涤水分成细小的射流喷向风窗玻璃,配合刮水器起到清洁风窗玻璃的作用,检查喷洗器喷射功能是否正常,喷射压力是否正常。

2）喷射位置检查

检查玻璃水的喷射位置是否在刮水器的工作区域内。其大致在刮水器的刮水范围中间,必要时需要进行调整,在喷嘴内插入一根与喷洗器喷孔相匹配的钢丝,以便调整喷洒方向。

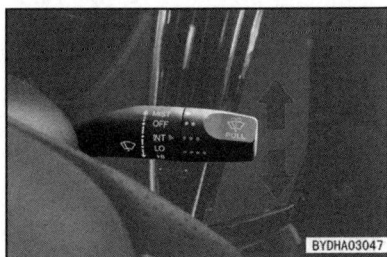

图 3-22 洗涤器按键开关

图 3-23 喷水嘴

（7）场地整理

按 7S 标准进行场地整理。

行业小知识

玻璃上有看不见的污点，因为虫子排泄的粪便黏液粘在玻璃上，当再次使用时，因为风窗玻璃的外表凹凸不平，导致雨刷刮不干净。

任务工作单

考核项目:灯光与电气系统检查保养			
模块三:洗涤系统检查保养		考核时间: 分钟	
姓名:	班级:	学号:	教师签字:
初评:□合格□不合格	复评:□合格□不合格	师评:□合格□不合格	
日期:	日期:	日期:	
一、车辆信息记录			
品牌	整车型号	生产年月	
发动机型号	发动机排量	行驶里程	
车辆识别码			
二、雨刮更换流程			
三、雨刮系统检查内容			
四、洗涤检查方法			

作业任务总结

洗涤系统检查保养综合作业评分表

序号	评分项	得分条件	评分标准	配分	扣分
1	安全/7S/态度	□1. 能进行工位 7S 操作 □2. 能进行设备和工具安全检查 □3. 能进行车辆安全防护操作 □4. 能进行工具清洁校准存放操作 □5. 能进行"三不落地"操作	未完成 1 项扣 3 分 扣分不得超 15 分	15	
2	专业技能	□1. 能正确检查添加洗涤液 □2. 能正确检查洗涤管路 □3. 能正确检查调整喷嘴 □4. 能正确对刮水器臂进行调整 □5. 能正确调配洗涤液 □6. 能正确测量洗涤液冰点 □7. 能正确清洗风窗玻璃 □8. 能正确清洁更换刮水器刮片 □9. 能正确设置刮水器维修位置 □10. 能正确操作大灯清洗系统 □11. 能正确操作洗涤系统 □12. 能正确操作刮水系统 □13. 能正确查询刮水器臂调整方法 □14. 能正确查询刮水器片更换方法 □15. 能正确查询刮水器维修位置设置 　　方法 □16. 能正确查询洗涤液冰点测量方法	未完成 1 项扣 5 分 扣分不得超 50 分	50	
3	工具及设备的使用能力	□1. 能正确使用维修工具 □2. 能正确使用冰点测试仪 □3. 能正确使用喷嘴调试工具	未完成 1 项扣 5 分 扣分不得超 10 分	10	
4	资料、信息查询能力	□1. 能正确使用维修手册查询资料 □2. 能在规定时间内查询所需资料 □3. 能正确记录所查询资料章节页码 □4. 能正确记录所需维修信息	未完成 1 项扣 5 分 扣分不得超 10 分	10	
5	数据、判读和分析能力	□1. 能判断刮水器片是否正常 □2. 能判断洗涤液冰点是否正常 □3. 能判断刮水器臂位置是否正常 □4. 能判断洗涤清洗功能是否正常 □5. 能判断洗涤喷水功能是否正常	未完成 1 项扣 5 分 扣分不得超 10 分	10	
6	表单填写与报告撰写能力	□1. 字迹清晰 □2. 语句通顺 □3. 无错别字 □4. 无涂改 □5. 无抄袭	未完成 1 项扣 1 分 扣分不得超 5 分	5	
合计					

➤ **相关知识**

(1)电动刮水器及洗涤器系统概述

为了保证汽车在雨天或雪天时有良好的视线,确保行车安全,在汽车风窗玻璃前装有刮水器。如图 3-24 所示,一般汽车的前风窗上装有两个刮水片,后风窗装有一个刮水片。有些高级轿车的前大灯上也装有刮水片,如图 3-25 所示,以扫除玻璃上的积水或积雪。现代汽车均使用电动机驱动刮水器,这样可以保持一定速度摆动,不受发动机转速与负荷变动的影响,且可以随驾驶人的需要,视雨势大小调整动作速度。电动刮水器更可以做每秒一次至 30 s 一次间歇动作的无级变速调整,汽车全车雨刮洗涤系统布置位置如图 3-26 所示。

图 3-24　汽车雨刮系统

图 3-25　汽车大灯清洗系统

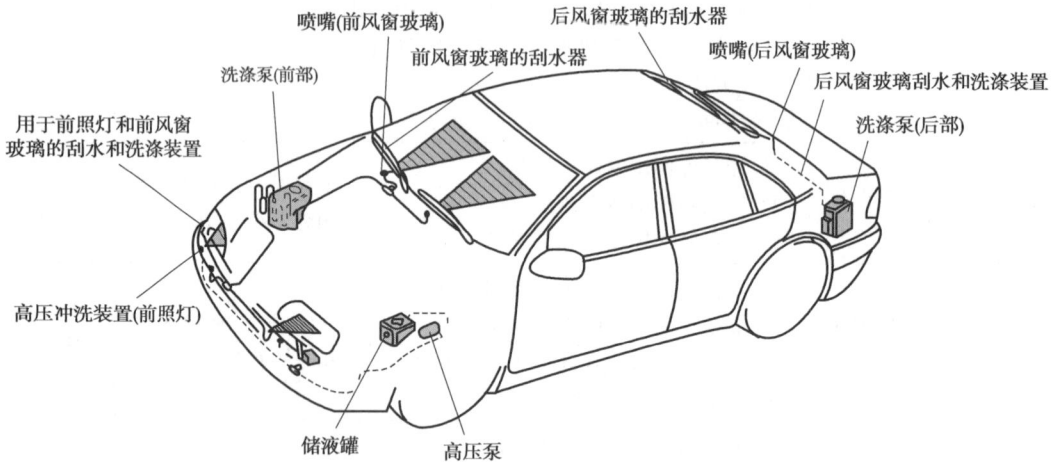

图 3-26　汽车全车雨刮洗涤系统布置位置

(2)刮水器装置的组成和工作原理

刮水器装置主要由刮水器电动机、刮水器联动机构、刮水器臂、刮水片、风窗清洗泵、喷水泵等组成,如图 3-27 所示。刮水器电动机和喷水泵主要通过刮水器开关、刮水器继电器和导线等组成的控制电路驱动。

利用电动机的动力,带动连杆机构,使刮水片产生作用,如图 3-28 所示。现代汽车刮水器直流电动机多使用永久磁铁式刮水器电动机。刮水器电动机转动时,使蜗轮上的曲臂旋转,经连杆使短臂以电枢中心做扇形运动,此短臂上安装右侧的刮水器臂,另一连杆与左侧的短臂连接,左右两侧的刮水器臂以电枢为中心做同方向左右平行的运动。

图 3-27　汽车刮水器装置组成

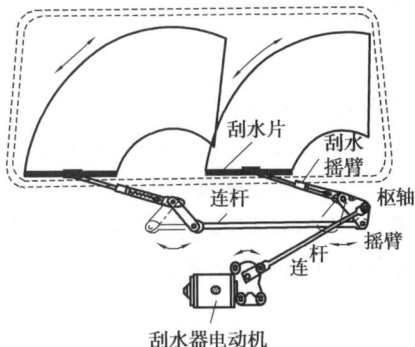

图 3-28　汽车刮水器作用原理

（3）刮水器电动机的结构组成

刮水器电动机由永磁双速电动机、减速器和自动复位器等组成,如图 3-29 所示。永磁双速电动机的转子电枢上有三个碳刷与之相接触,分别是主碳刷、低速碳刷和高速碳刷,如图 3-30 所示,用来实现电动机的高低速运转。在刮水器电动机的减速器上安装有自动复位器滑环,滑环与两个触点相接触,可以在刮水器开关关闭后依然能让刮水器电动机回到初始位置。

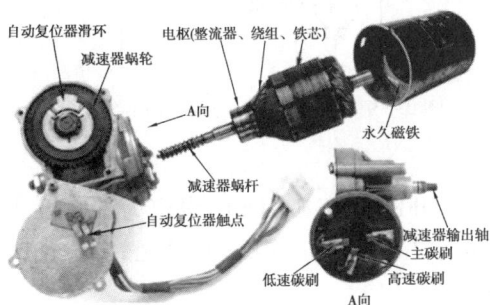

图 3-29　刮水器电动机组成

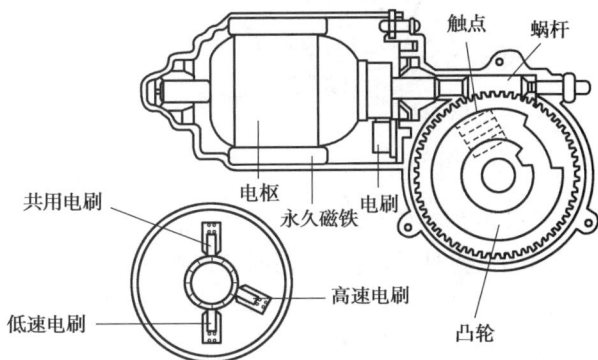

图 3-30　刮水器电机组成

（4）刮水器的间歇功能

在下小雨的天气或潮湿路面行驶时,前车带起的水珠会溅湿后车的风窗玻璃,偶尔需要操作一下刮水器才能保持良好视线,避免给驾驶员带来麻烦。现代汽车刮水器开关控制杆设置有 5 个挡位,如图 3-31 所示,包含一个雨刮间歇时间调节旋钮开关和一个后雨刮开关。

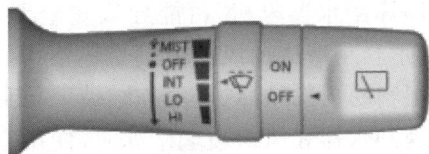

图 3-31　汽车刮水器开关控制杆

（5）电动洗涤器系统组成

汽车行驶时,风窗玻璃上常附着灰尘、沙粒等,若不冲洗就直接使用刮水器时,会使刮水片损伤,并易使风窗玻璃刮伤;同时风窗玻璃太干燥时,刮水片会受到过大的阻力,易使刮水器电动机烧坏。故使用刮水器前,先用洗涤器向风窗玻璃喷水,洗净玻璃上的灰尘、沙粒等,以减少刮水片的阻力。

（6）前照灯冲洗装置

在泥泞路面或恶劣气候下跟车或会车时,经常因泥水飞溅,使前照灯镜面脏污,影响照明及行车安全,故部分车辆装备有前照灯冲洗装置。前照灯冲洗装置由前照灯冲洗开关、控制器、储液罐、冲洗电动机及喷嘴等组成,如图3-32所示。前照灯冲洗装置的电路如图3-33所示,压下冲洗开关,左右两侧的喷嘴将喷出冲洗液,将前照灯冲洗干净。

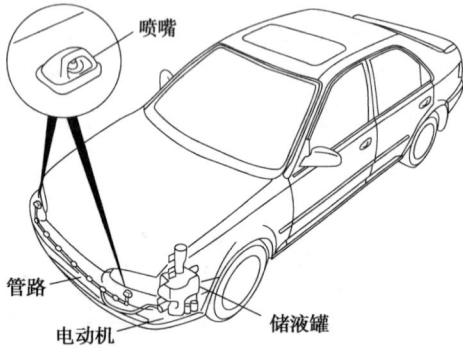

图3-32　前照灯冲洗装置的组成

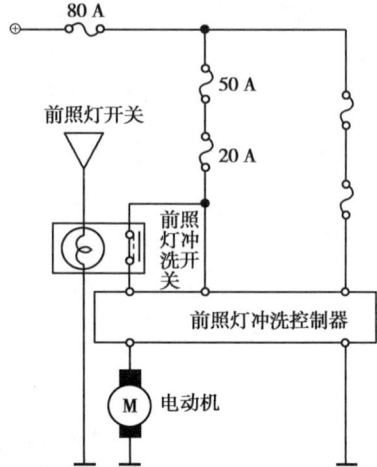

图3-33　前照灯冲洗装置电路图

（7）雨刮维修模式

整车电源挡位为ON挡时,2 s内快速操作雨刮开关:OFF→HIGH→OFF,设定为维修模式开启,雨刮回位后自动刮刷800 ms至维修模式处(此功能在车速大于3 km/h时无效,防止用户在行驶过程中误操作)。

（8）安全用车

由于大部分刮水器都是由天然橡胶制成的,因此夏天的温度一般都比较高。汽车暴露在阳光下后,车内温度可高达70 ℃,刮水器贴在风窗玻璃上。高温很容易加速橡胶的老化,用不了多久刮水器就会损坏。

冬天下雪时,建议竖起刮水器,因为雪很容易把刮水器冻住,粘在风窗玻璃上。一旦车主不小心,冰冻后用力打开刮水器,不仅会损坏刮水器电机,还会撕裂刮水器表面的橡胶,使其失效,甚至会因为无法摆动而损坏刮水器电机,可能导致安全事故发生。遇到这种结冰情况时,一定不要用热水融冰,否则很容易造成前风窗玻璃受热不均匀而开裂。即使没有裂纹,下雪的天气也很冷,玻璃上的水很容易再次结冰,进而冻结玻璃与刮水器的接触面。

正确的使用方法是,在发现刮水器和风窗玻璃结冰时,使用空调的暖风模式,等待冰面自然解冻后再用车。最好的方法是竖起刮水器,使用汽车时放下雨刷,非常简单方便。建议冬季露天停车时,尽量不要停在大树下,以免厚厚的积雪压垮树枝,造成不必要的损失。

➤ **学习任务**

1. 电动刮水器的作用_____。

2. 刮水器装置主要由_____、_____、_____和_____、喷水泵等组成。

3. 请填写电动刮水器总成的名称：

（1）_____　　　（2）_____　　　（3）_____　　　（4）_____

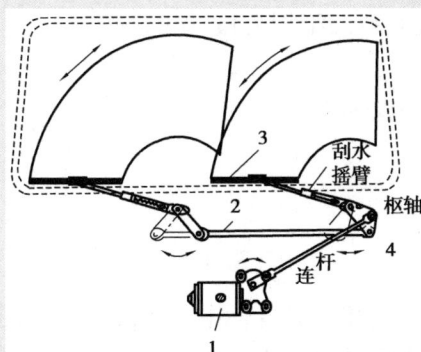

4. 请操作车辆刮水器并填写其内容

项目	含义
MIST	
OFF	
INT	
LO	
HIGH	

5. 汽车使用的洗涤器均为_____，其结构包括_____、_____及_____等部分。

6. 最常用的刮水器电动机是（　　）永磁电动机。

　　A. 二刷　　　　　　　B. 三刷　　　　　　　C. 四刷　　　　　　　D. 交流

7. （　　）使雨刮片不停止在中间位置。

　　A. 雨刮电机　　　　　B. 蜗轮蜗杆组织　　　C. 自动停位器　　　　D. 连杆机构

8. 电动洗涤器的电动泵（　　）装有滤清器。

　　A. 进水口　　　　　　B. 出水口　　　　　　C. 内部　　　　　　　D. 进水口或内部

9. 当刮水器回器开关拨到 2 挡时，雨刮电机（　　）运转。

　　A. 低速　　　　　　　B. 中速　　　　　　　C. 怠速　　　　　　　D. 高速

➤ **职业模块目标自评**

知识目标自评
①掌握风窗刮水器、清洗装置的作用。
②掌握风窗刮水器、清洗装置的结构组成。
③熟悉汽车冰点测试仪。
④熟悉风窗刮水器、清洗装置的维护与检查。

技能目标自评
①能够检测玻璃水液位高度和加注。
②能够检测玻璃水冰点。
③能够更换雨刮片。
④能够操作雨刮开关。

素养目标自评
①能够在工作过程中与小组其他成员合作、交流,养成团队合作意识,锻炼沟通能力。
②养成7S的工作习惯,遵循企业文化。
③弘扬工匠精神,宣扬社会主义核心价值观,培养学生奋发图强的爱国主义精神。
④强化节约与环保意识。

任务3.3 全车灯光检查保养

本任务根据汽车运用与维修(含智能新能源汽车)"1+X"证书制度职业技能等级标准中新能源汽车电子电气空调舒适系统检查保养技术(初级)模块三所对应的全车灯光系统检查保养内容进行设定。

任务定位

【新能源汽车电子电气空调舒适技术】—初级强化项目表																						
工作			一					二					三					四				
职业功能			线路读图与电子元件检查					启动与充电系统检查保养					灯光与电气系统检查保养					空调与舒适系统检查保养				
任务分解要项			1	2	3	4	5	6	7	8	9	10	11	12	13	14	15	16	17	18	19	20
实训项目	资料数据参数	仪器量具使用	拆装量具调试	汽车电路查询判读	模块控制电路查询	传感器电路的查询	执行元件电路查询	电子元件检查判读	串联启动充电检查	并联启动充电检查	混联启动充电检查	混联发电机的保养	混联发电机的保养	前照大灯光束调整	洗涤系统检查保养	全车灯光检查保养	灯光电路连接检查	仪表灯光检查	制冷暖风性能检查	制冷系统检查保养	过滤通风系统检查	舒适系统初始设定	车门车窗饰件保养
技能知识			8					4					1					5				
单组时间	3	3	3	3	3	3	3	3	3	3	3	3	3	3	3	3	3	3	3	3	3	3

设备与工具清单

任务	作业项目	设备与工具清单
全车灯光 检查保养	1. 全车灯光手势操作 2. 全车灯光检查 3. 前照灯灯泡更换 4. 全车灯光操作 5. 后尾灯灯泡更换	1. 整车 2. 维修工具、工具箱、零件盒 3. 前照灯灯泡、尾灯灯泡 4. 电脑、维修手册、用户手册

全车灯光检查

➤ **作业项目　全车灯光检查**

工作情境描述

一辆长安 CS75 混合动力轿车,车辆行驶里程为 10 000 km,车主到店做
日常维护保养与检查,客户因经常夜间行车,因此要求维修技师着重对全车灯光进行检查。

维修技师为了确保作业质量和效率,准备与小组搭档两人合作完成。

作业设备工具

长安 CS75 混合动力轿车、维修手册、用户手册、车内防护四件套。

作业准备

车辆在工位停放周正、前后车轮处放置挡块;

铺好车内防护套,确保电量、油量充足;

确保工位废气排放系统工作正常;

工作人员按要求穿着工装、佩戴手套。

作业步骤

(1)**制订灯光检查工作计划**

①两人一组合理分工(A 为车外配合人员、B 为车内操作人员)。

②按照灯光检查任务单确定检查项目和顺序(共计 15 个检查项目,先进行前方灯光检
查,再进行后方灯光检查)。

(2)**前方灯光检查**

A 在车辆正前方就位,B 就座于车内驾驶室,启动车辆或让车辆处于上电状态。

1)前方小灯检查

A 发出小灯检查指令:双手平行向前伸直,拇指伸出相对,其余手指握紧;B 按照指令操
作小灯开关,打开灯光;A 确认灯泡是否正常点亮,并反馈给 B;B 完成检车结果记录,如图 3-
34 所示。

(a)　　　　　　　　　　(b)　　　　　　　　　　(c)

图 3-34　检查前方小灯

2）前方近光灯检查

A 发出近光灯检查指令：双臂平行向前伸直，双手掌心向下握拳，然后五指有力向外弹开—握紧，反复两次，如图 3-35（a）所示；B 按照指令操作近光灯开关，打开灯光如图 3-35（b）所示；A 确认灯泡是否正常点亮如图 3-35（c）所示，并反馈给 B；B 完成检车结果记录。

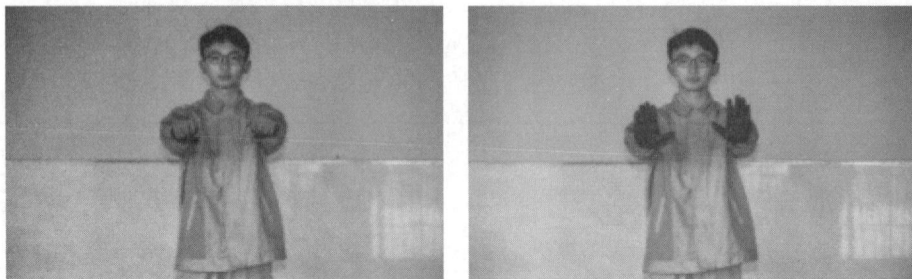

（a）检查前方近光灯的指示手势

（b）前方近光灯灯光操作与点亮位置

（c）仪表盘近光灯灯光点亮指示

图 3-35　检查近光灯

3）前方远光灯检查

A 发出远光灯检查指令：双臂抬向胸前，双手掌心向内握拳，然后五指有力弹开—握紧，反复两次，如图 3-36（a）所示；B 按照指令操作远光灯开关，打开灯光如图 3-36（b）所示；A 确认灯泡是否正常点亮如图 3-36（c）所示，并反馈给 B；B 完成检车结果记录。

4）前方远、近光灯变换检查

A 发出远、近光灯变换检查指令：双臂抬向胸前，双手手指伸直，掌心向内—向外，反复翻转两次；B 按照指令操作变光开关；A 确认灯光变换是否正常，并反馈给 B；B 完成检车结果记录，如图 3-37 所示。

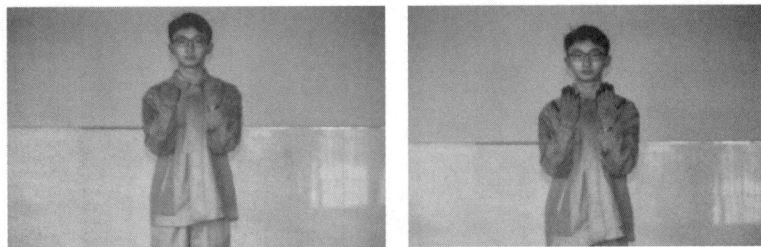
(a)检查前方远光灯的指示手势

(b)前方远光灯灯光操作与点亮位置

(c)仪表盘远光灯灯光点亮指示

图 3-36　检查远光灯

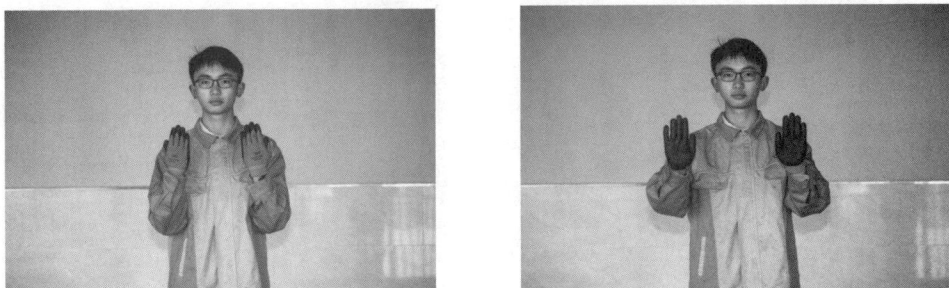
图 3-37　检查前方远、近光灯变换的指示手势

5)前方左转向灯检查

A 发出前方左转向灯检查指令:左臂向正前方平伸,左手手指伸直,手掌向外、五指向上,右臂向右水平伸直、与肩齐平,然后右手握拳—弹开—握拳—弹开,如图 3-38(a)所示;B 按照指令操作左转向灯开关,如图 3-38(b)所示;A 确认灯光是否正常,并反馈给 B;B 完成检车结果记录。

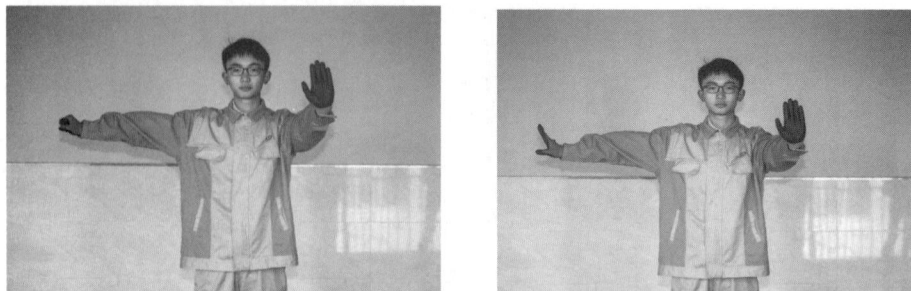

（a）检查前方左转向灯的指示手势

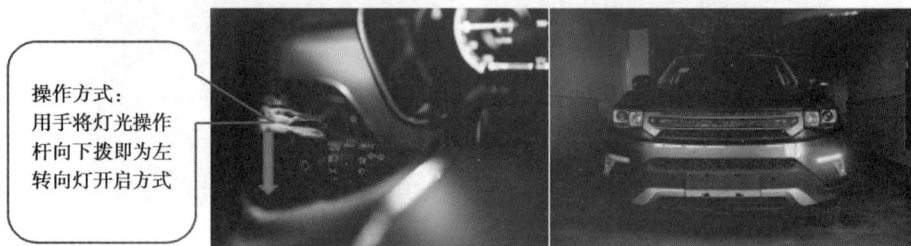

操作方式：
用手将灯光操作杆向下拨即为左转向灯开启方式

（b）前方左转向灯灯光操作与点亮位置

图 3-38　前方左转向灯检查

6）前方右转向灯检查

A 发出前方右转向灯检查指令：右臂向正前方平伸，右手手指伸直，手掌向外、五指向上，左臂向左水平伸直、与肩齐平，然后左手握拳—弹开—握拳—弹开如图 3-39（a）所示；B 按照指令操作右转向灯开关，如图 3-39（b）所示；A 确认灯光是否正常，并反馈给 B；B 完成检车结果记录。

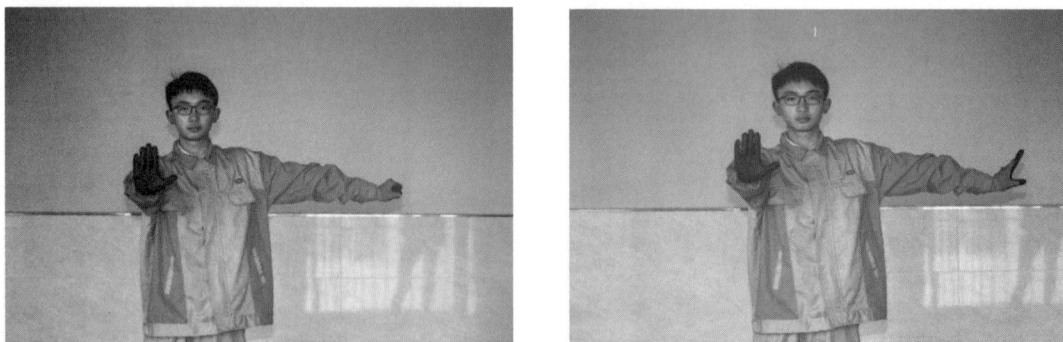

（a）检查前方右转向灯的指示手势

操作方式：
用手将灯光操作杆向上拨

（b）前方右转向灯灯光操作与点亮位置

图 3-39　前方右转向灯检查

7）前方危险警示灯检查

A 发出前方危险警示灯检查指令：双臂向身体两侧平伸，与肩齐平；双手呈握拳状，然后五指弹开—握紧—弹开—握紧，反复两次，如图 3-40（a）所示；B 按照指令操作危险警示灯开关，如图 3-40（b）所示；A 确认灯光是否正常，并反馈给 B，如图 3-40（c）所示；B 完成检车结果记录。

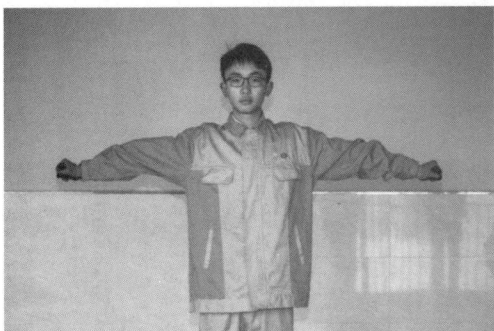

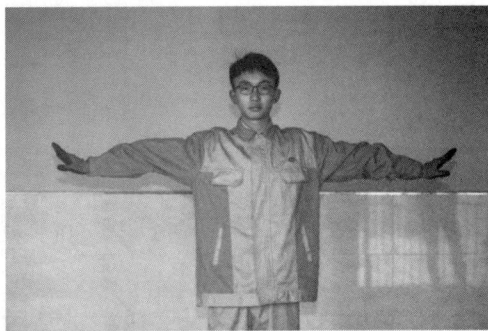

（a）检查前方危险警示灯的指示手势

（b）前方危险警示灯灯光操作与点亮位置

（c）仪表盘危险警示灯灯光操点亮指示

图 3-40　前方危险警示灯检查

8）前方雾灯检查

A 发出前方雾灯检查指令：双臂向前伸直，与肩齐平；双手呈握拳状，大拇指伸直向下指，如图 3-41（a）所示；B 按照指令操作前雾灯开关，如图 3-41（b）所示；A 确认灯光是否正常，并反馈给 B 如图 3-41（c）所示；B 完成检车结果记录。

143

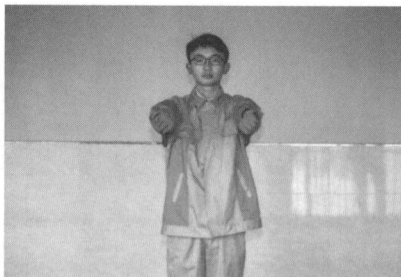

(a)检查前方雾灯的指示手势

(b)前方雾灯灯光操作与点亮位置

(c)仪表盘前雾灯点亮指示

图 3-41　前方雾灯检查

（3）**后方灯光检查**

A 移步至车辆正后方就位,B 保持仍就座于车内驾驶室,启动车辆,并通过后视镜观察 A 的指令。

1)后方小灯和牌照灯检查

A 发出小灯检查指令:双手平行向前伸直,拇指伸出并相对,其余手指握紧,如图 3-42(a)所示;B 按照指令操作小灯开关,打开灯光,如图 3-42(b)所示;A 确认灯泡是否正常点亮,并反馈给 B;B 完成检车结果记录。

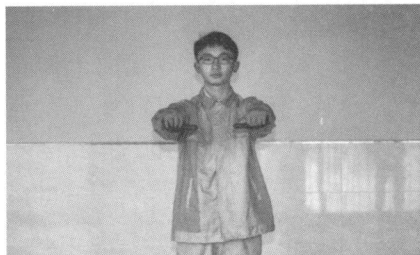

（a）检查后方小灯和牌照灯的指示手势

（b）后方小灯和牌照灯灯光操作与点亮位置

图3-42　后方小灯和牌照灯操作与手势

2）后方制动灯检查

A 发出制动灯检查指令：双手抬至胸前，拇指并拢伸直并指尖向上，然后手掌用力向下方推，如图3-43（a）所示；B 按照指令踩下制动踏板，点亮制动灯，如图3-43（b）所示；A 确认灯泡是否正常点亮，并反馈给 B；B 完成检车结果记录。

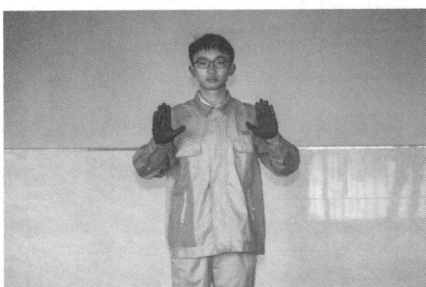

（a）检查后方制动灯的指示手势

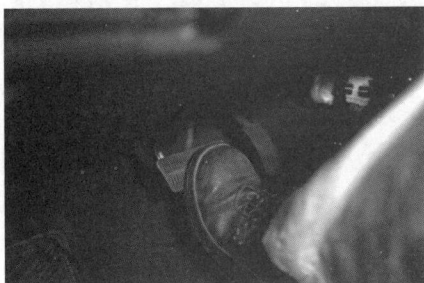

（b）后方制动灯操作方式与点亮位置

图3-43　制动灯操作与手势

3）后方倒车灯检查

A 发出倒车灯检查指令：双手抬至胸前，拇指并拢向上伸直、掌心向内，然后手掌用力向内拉，如图 3-44（a）所示；B 按照指令换挡杆挂入倒挡（R 挡），点亮倒车灯如图 3-44（b）所示；A 确认灯光是否正常，并反馈给 B；B 完成检车结果记录。

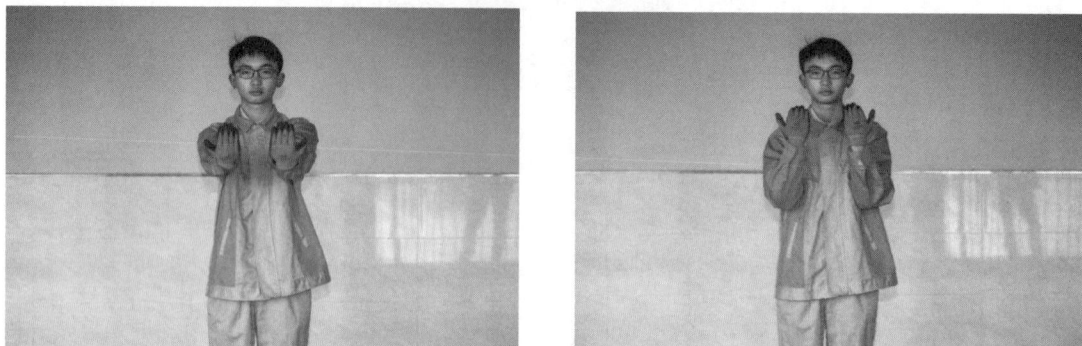

（a）检查后方倒车灯的指示手势

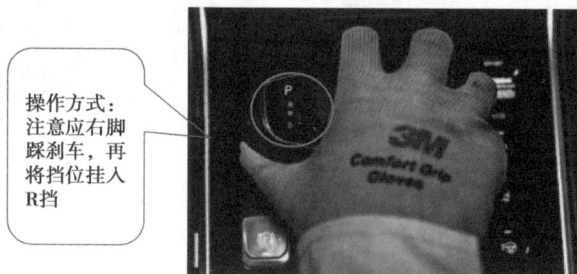

操作方式：
注意应右脚踩刹车，再将挡位挂入R挡

（b）换挡杆挂入倒挡，点亮后方倒车灯

图 3-44　后方倒车灯操作与手势

4）后方左转向灯检查

A 发出后方左转向灯检查指令：右臂向正前方平伸，右手手指伸直，手掌向外、五指向上，左臂向左水平伸直、与肩齐平，然后左手握拳—弹开—握拳—弹开，如图 3-45（a）所示；B 按照指令操作左转向灯开关，如图 3-45（b）所示；A 确认灯光是否正常，并反馈给 B；B 完成检车结果记录。

（a）检查后方左转向灯的指示手势

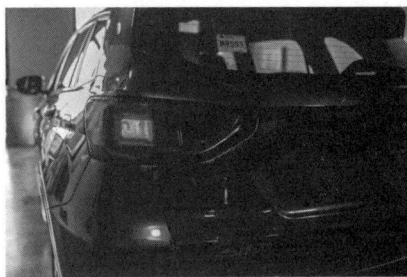

（b）后方左转向灯灯光操作与点亮位置

图 3-45　后方左转向灯操作与手势

5）后方右转向灯检查

A 发出后方右转向灯检查指令：左臂向正前方平伸，左手手指伸直，手掌向外、五指向上，右臂向右水平伸直、与肩齐平，然后右手握拳—弹开—握拳—弹开，如图 3-46（a）所示；B 按照指令操作右转向灯开关，如图 3-46（b）所示；A 确认灯光是否正常工作，并反馈给 B；B 完成检车结果记录。

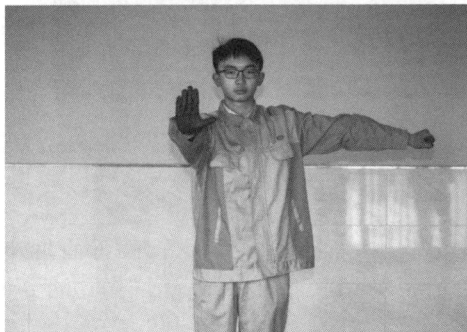

（a）检查后方右转向灯的指示手势

（b）后方右转向灯灯光操作与点亮位置

图 3-46　后方右转向灯操作与手势

6）后方危险警示灯检查

A 发出后方危险警示灯检查指令：双臂向身体两侧平伸，与肩齐平；双手呈握拳状，然后五指弹开—握紧—弹开—握紧，反复两次，如图 3-47（a）所示；B 按照指令操作危险警示灯开关，如图 3-47（b）所示；A 确认灯光是否正常，并反馈给 B；B 完成检车结果记录。

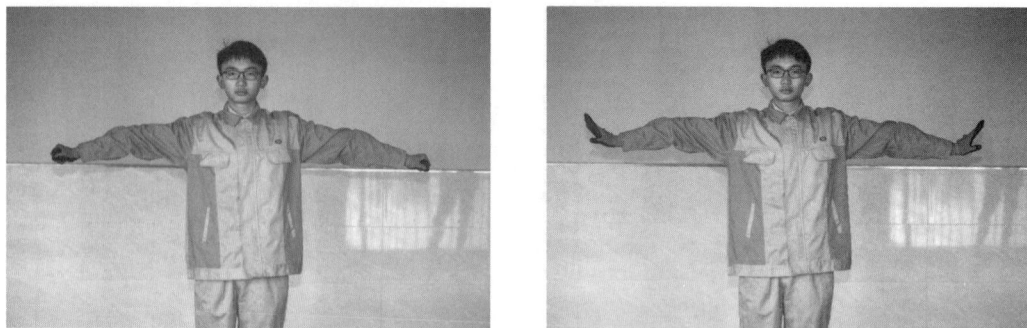

（a）检查后方危险警示灯的指示手势

（b）后方危险警示灯灯光操作与点亮位置

图 3-47　后方雾灯操作与手势

7）后方雾灯检查

A 发出后方雾灯检查指令：双臂向前伸直，与肩齐平；双手呈握拳状，大拇指伸直向下指，如图 3-48（a）所示；B 按照指令操作后雾灯开关，如图 3-48（b）所示；A 确认灯光是否正常工作，并反馈给 B；B 完成检车结果记录。

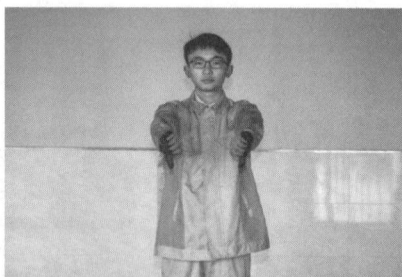

（a）检查后方雾灯的指示手势

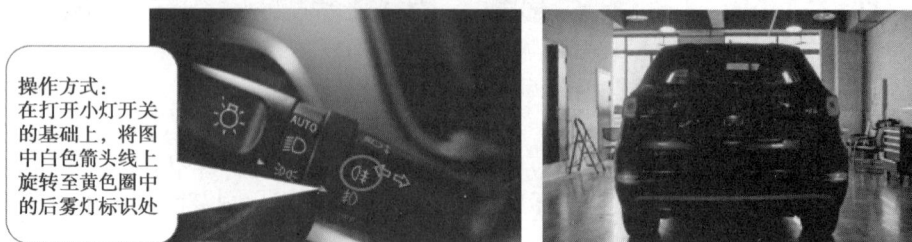

操作方式：
在打开小灯开关的基础上，将图中白色箭头线上旋转至黄色圈中的后雾灯标识处

（b）后方雾灯灯光操作与点亮位置

图 3-48　后方雾灯操作与手势

（4）**场地整理**

按 7S 标准进行场地整理。

任务工作单

考核项目:灯光与电气系统检查保养				
模块三:全车灯光检查保养		考核时间:　　　分钟		
姓名:	班级:	学号:	教师签字:	
初评:□合格□不合格	复评:□合格□不合格	师评:□合格□不合格		
日期:	日期:	日期:		

一、车辆信息记录

品牌		整车型号		生产年月	
发动机型号		发动机排量		行驶里程	
车辆识别码					

二、全车灯光检查

检查项目	全车灯光					
前车灯光	左前小灯	正常□　异常□	左前近光灯	正常□　异常□		
	右前小灯	正常□　异常□	右前近光灯	正常□　异常□		
	左前远光灯	正常□　异常□	左前远近光变光	正常□　异常□		
	右前远光灯	正常□　异常□	右前远近光变光	正常□　异常□		
	前方左转向灯	正常□　异常□	左前雾灯	正常□　异常□		
	前方右转向灯	正常□　异常□	右前雾灯	正常□　异常□		
	前方危险警示灯	正常□　异常□	—	—		
后车灯光	左后小灯	正常□　异常□	牌照灯	正常□　异常□		
	右后小灯	正常□　异常□	高位刹车等	正常□　异常□		
	左后刹车灯	正常□　异常□	左后倒车灯	正常□　异常□		
	右后刹车灯	正常□　异常□	右后倒车灯	更换□换位□无□		
	后方左转向灯	正常□　异常□	后方危险警示灯	正常□　异常□		
	后方右转向灯	正常□　异常□	左后雾灯	正常□　异常□		
	—	—	右后雾灯	正常□　异常□		

注:1. 查阅维修手册或用户使用手册中灯光操作方法;

 2. 灯光检查比较耗电，因此如果在车辆启动下检查时，请按照环保要求做好废气排放收集;

 3. 为确保作业安全，在倒车灯检查时需要挂入倒挡，应注意确保车辆挡块安放到位，并且踩下制动踏板;

 4. 全程注意 7S 作业管理，确保客户车辆防护品的安放到位。

作业任务总结

汽车全车灯光系统检查保养综合作业评分表

序号	评分项	得分条件	评分标准	配分	扣分
1	安全/7S/态度	□1.能进行工位 7S 操作 □2.能进行设备和工具安全检查 □3.能进行车辆安全防护操作 □4.能进行工具清洁校准存放操作 □5.能进行三不落地操作	未完成 1 项扣 3 分 扣分不得超 15 分	15	
2	专业技能	□1.能正确进行车外灯光手势操作 □2.能正确检查车外灯光 □3.能正确完成车外灯光操作 □4.能正确检查仪表信号指示灯光 □5.能正确更换近光灯灯泡 □6.能正确更换转向灯灯泡 □7.能正确拆装前雾灯总成 □8.能正确更换制动灯灯泡 □9.能正确更换倒车灯灯泡 □10.能正确更换牌照灯灯泡 □11.能正确拆装后雾灯总成	未完成 1 项扣 5 分 扣分不得超 50 分	50	
3	工具及设备的使用能力	□1.能正确选用维修工具 □2.能正确使用维修工具 □3.能正确使用维修工具拆装 □4.能正确使用举升机	未完成 1 项扣 5 分 扣分不得超 10 分	10	
4	资料、信息查询能力	□1.能正确使用维修手册查询资料 □2.能正确使用用户手册查询资料 □3.能在规定时间内查询所需资料 □4.能正确记录所查询资料章节页码 □5.能正确记录所需维修信息	未完成 1 项扣 5 分 扣分不得超 10 分	10	
5	数据、判读和分析能力	□1.能判断车外灯光工作是否正常 □2.能判断仪表信号指示工作是否正常 □3.能判断灯泡是否正常	未完成 1 项扣 5 分 扣分不得超 10 分	10	
6	表单填写与报告撰写能力	□1.字迹清晰 □2.语句通顺 □3.无错别字 □4.无涂改 □5.无抄袭	未完成 1 项扣 1 分 扣分不得超 5 分	5	
合计					

➤ 相关知识

(1)车外灯具组成

汽车灯具分为车外灯和车内灯。车外灯是保证车辆安全行驶的必备灯具,按照其功能不同,主要分为车外照明灯和车外信号灯两个种类。

车外照明灯包括:前照灯、前雾灯、牌照灯及倒车灯,其中倒车灯既是照明灯又兼有信号灯的功能。

车外信号灯包括:转向信号灯、危险报警灯、制动灯、日间行车灯、驻车灯/示宽灯、后雾灯、后尾灯及倒车灯等。

(2)车灯的具体介绍

1)前照灯

前照灯安装在车辆前部两侧,用于夜间行车道路的照明使用。前照灯主要由前照灯开关、远光灯、近光灯、前照灯变光开关、环境光照传感器及控制模块等组成。

2)日间行车灯

它是专门为白天行车而设计的,其作用是引起其他机动车、非机动车及行人的注意,提高行车的安全性,属于信号灯的一种。在满足条件——发动机正常运行、前照灯开关置于自动位置、远光和近光灯熄灭时,车身控制模块就会控制日间行车灯点亮。

3)驻车灯/示宽灯和牌照灯

驻车灯又称为示宽灯或小灯,安装在车辆的前部和尾部。现代很多车辆日间行车灯逐渐取代了前驻车灯。

牌照灯安装于汽车尾部牌照的正上方,用于夜间照亮牌照,灯光多为白色。

4)转向灯

转向灯是表示车辆动态信息的主要信号装置,安装于车辆前后两侧。灯光多为琥珀色,灯泡功率一般为 20 W。要求在白天时,前后转向灯应该在 100 m 外可见,侧转向灯 30 m 以外可见。

5)危险警告灯

危险警告灯又名双闪灯,是车辆在发生故障需要临时停车等紧急情况下使用,或在能见度较低的恶劣天气打开,以闪烁的方式工作,提醒其他车辆或行人注意。

6)制动灯

制动灯包括:左右制动灯和高位制动灯。左右制动灯是后车灯的重要组成部分,一左一右分布在两边的后尾灯里,灯光为红色,具有警示作用。

7)倒车灯

倒车灯安装于车辆尾部两侧,用于倒车时的后方道路照明及警告其他车辆和行人,灯光为白色。

8)雾灯

雾灯装于汽车前部和后部稍低的位置,用于雨雾天气行车时照明道路,并为迎面来车及后面车辆提供信号,以警示尾随车辆保持安全行驶距离。目前,在部分配置较高的车辆上均使用 LED 前后雾灯。因为雾天能见度低,驾驶员视线受到限制,灯光可增大距离,特别是黄色防雾灯的光穿透力强,它可提高驾驶员与周围交通参与者的能见度,使来车和行人在较远处便能发现对方。

（3）**常见汽车灯光标志**

常见灯光标志如图 3-49 所示。

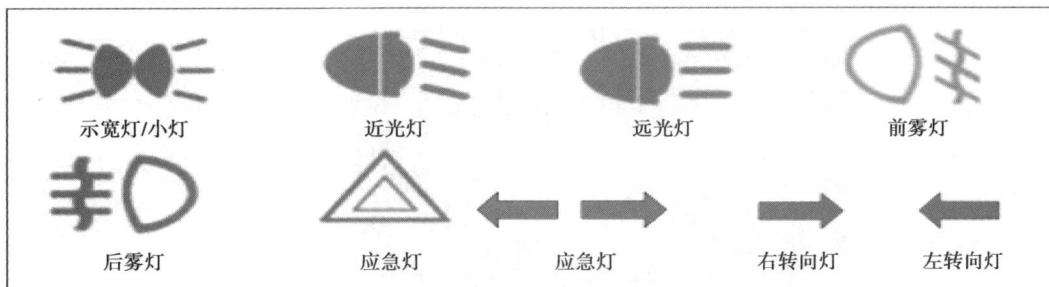

示宽灯/小灯	近光灯	远光灯	前雾灯
后雾灯	应急灯	应急灯	右转向灯　左转向灯

图 3-49　常见灯光标志

（4）**工匠精神**

重庆长安汽车股份有限公司的黄忠露是重庆市首席技能大师工作室领衔人、重庆市技术能手、公司一级技能专家。

作为汽车焊装人，无论寒冬酷暑，每天都需全副武装与焊花、机器的轰鸣声打交道。在没有空调、没有机器人、没有技术积累、现场交流全用吼、器械搬运靠双手的年代，长安汽车在技术技能领域常被"卡脖子"。为将核心技术掌握在自己手中，黄忠露带领团队打破常规思想，主动求变，承接公司汽车焊装领域以外的样车改制项目，实施技能产业化，对学员开展实景教学，形成"以产代训，以训传效"新模式，年均为公司节创价值 800 万元以上。他对徒弟倾囊相授，带领徒弟走出去见世面、以技会友，在省部级、国家级技能大赛中取得优异成绩，培养出多名全国技术能手、全国青年岗位能手、兵装青年拔尖人才、公司劳模、高级技师。

黄忠露通过自身不懈努力，在焊装专业领域，从一线工人摸索沉淀为一代大师。

➤ **学习任务**

一、写出下图中汽车外部灯结构的名称

二、判断题

1. 左转向灯是在向左转向时打开。 （　　）
2. 当出现紧急情况时打开危险警报灯。 （　　）
3. 制动灯的作用是用来制动时照明路面。 （　　）
4. 夜间对面有来车时应该把远光切换为近光。 （　　）
5. 汽车灯光打开方式有旋钮式和拨杆式。 （　　）

三、根据下面描述写出相应答案,或者在图表中画出相应图标。

示宽灯的作用:_____

_____的作用:夜间在有路灯道路用于道路照明,夜间会车时在距相

对方向来车 150 m 以外改用近光灯,夜间前后跟车时使用等。

_____的作用:又名双闪灯,车辆发生故障需要临时停车等紧急情况

下使用,在能见度较低的恶劣天气也应打开双闪。

➤ **职业模块目标自评**

知识目标自评

①掌握汽车车外灯光的组成。
②掌握不同灯光的标识、作用和功能。
③熟悉汽车车灯的检查流程。
④熟悉前照灯和后尾灯灯泡更换的流程。

技能目标自评

①能够熟练操作汽车车灯开关。

②能够对全车灯光进行检查。

③会使用常用工具更换车灯灯泡。

素养目标自评

①能够在工作过程中与小组其他成员合作、交流，养成团队合作意识，锻炼沟通能力。

②养成7S的工作习惯，遵循企业文化。

③弘扬工匠精神，劳动精神。

④宣扬社会主义核心价值观，培养奋发图强的爱国主义精神。

⑤树立对国产自主品牌的民族自豪感。

⑥强化节约与环保意识。

任务3.4　灯光电路连接检查

本任务根据汽车运用与维修（含智能新能源汽车）“1+X”证书制度职业技能等级标准中新能源汽车电子电气空调舒适系统检查保养技术（初级）模块三所对应的灯光电路连接检查内容进行设定。

任务定位

【新能源汽车电子电气空调舒适技术】—初级强化项目表																							
实训项目	工作			一					二					三					四				
	职业功能			线路读图与电子元件检查					启动与充电系统检查保养					灯光与电气系统检查保养					空调与舒适系统检查保养				
	任务分解要项			1	2	3	4	5	6	7	8	9	10	11	12	13	14	15	16	17	18	19	20
	资料数据参数	仪器量具使用	拆装量具调试	汽车电路查询识读	模块控制电路查询	传感器电路的查询	执行元件电路查询	电子元件检查判断	串联启动充电检查	并联启动充电检查	混联启动充电检查	混联启动机的保养	混联发电机的保养	前照大灯光束调整	洗涤系统检查保养	全车灯光检查保养	灯光电路连接检查	仪表室内灯光检查	制冷暖风性能检查	制冷系统检查保养	过滤通风系统检查	舒适系统初始设定	车门车窗饰件保养
	技能知识			8					4					1					5				
	单组时间			3	3	3	3	3	3	3	3	3	3	3	3	3	3	3	3	3	3	3	3

设备与工具清单

任务	作业项目	设备与工具清单
灯光电路连接检查	1.前照灯灯光电路实物连接及电压电流电阻测量 2.串联及并联电路连接测量 3.尾灯灯光电路实物连接及电压电流电阻测量 4.串并联电路连接测量	1.电路板（台架）、组合开关、灯泡及灯座 2.保险丝、继电器、导线 3.多功能万用表 4.电脑、维修手册、前照灯电路图、后尾灯电路图

➤ **作业项目　前照灯灯光电路连接与检测**

工作情境描述

一辆长安 CS75 混合动力轿车，车辆行驶里程为 3 万 km，车主到店反映车辆左侧前照灯不亮，提出让维修技师帮忙检查维修。

作业设备工具

电路板（台架）、组合开关、灯泡及灯座、保险丝、继电器、蓄电池、导线、多功能万用表、电脑、维修手册、前照灯电路图、斜口钳、剥线钳等。

作业准备

车辆在工位停放周正、前后车轮处放置挡块；铺好车内、外防护套，确保电量、油量充足；确保工位废气排放系统工作正常；工作人员按要求穿着工装、佩戴手套。注意如果采用电路板或者灯光电路台架，则无需准备前三项。

作业步骤

（1）检查前照灯保险丝

1）找到保险，目测观察是否断裂

现代汽车上大都设两个以上的保险盒。通常一个安装在发动机舱中，另一个安装在驾驶舱脚踏板上方。车型不同灯光保险所处位置不同。可以通过查阅车辆使用说明书、维修收车或保险盒罩内侧的索引信息准确找到对应灯光的保险进行检查，如图 3-50、图 3-51 所示。

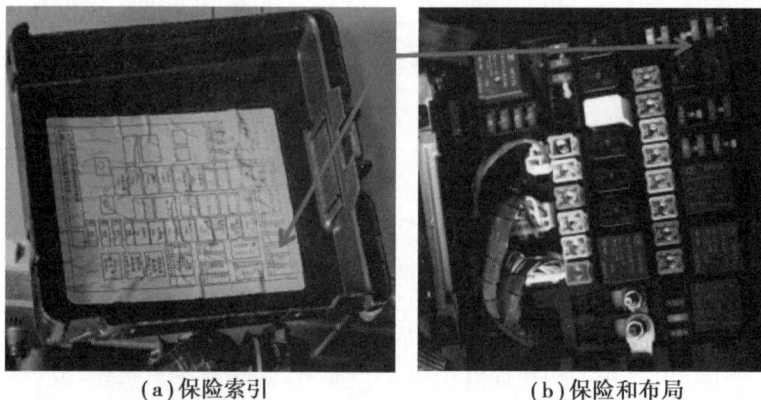

（a）保险索引　　　　　　　　（b）保险和布局

图 3-50　保险盒罩内的保险索引及保险盒布局

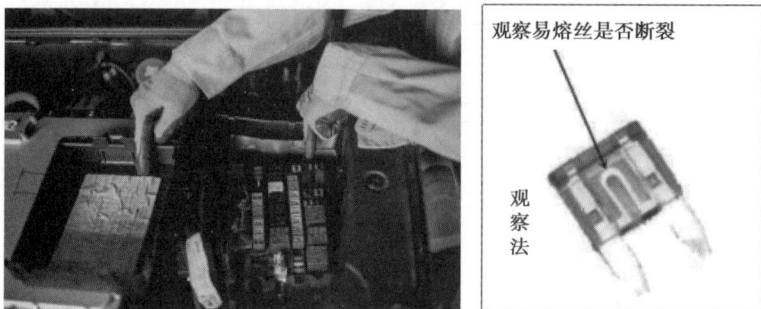

观察易熔丝是否断裂

观察法

图 3-51　按照索引找到对应远光灯保险丝并检查外观

2）用万用表测量保险丝电阻

把万用表红黑表笔分别插入 VΩHz 和 COM 插孔；打开万用表电源；把红表笔与保险丝正上方的金属点连接，黑表笔与车身搭铁，如图 3-52 所示，观察万用表电压读数并记录，一般电压值为 11~12 V。如无电压值否则保险丝可能已经熔断，需要更换新的保险丝。

汽车灯光电路因保险丝熔断造成的灯光故障所占比例很大。检查时，不仅要检查保险丝是否熔断，而且还应查出保险丝熔断的原因。若某个灯的保险丝频繁熔断或一开灯保险丝便熔断，故障原因多为该灯的线路存在短路的现象，如图 3-53 所示。

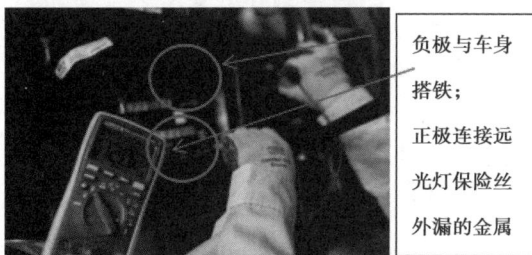

图 3-52 用万用表测量保险丝电压

图 3-53 灯光电路灯丝熔断

（2）检查前照灯灯泡

1）目测检查

首先应通过目测的方法检查，若灯泡变黑或灯丝熔断，如图 3-53 所示，应更换新灯泡。

2）测量灯泡电阻

万用表表笔插入同上，把挡位旋钮置于测电阻 200 Ω 挡，打开电源，把红黑表笔与前照灯灯泡的两个引脚并接，如图 3-54 所示，观察万用表读数并记录。

3）测量输出电压

若灯丝频繁熔断，多为发电机调节器损坏，导致输出电压过高所致，对此应用万用表检测输出电压，以确诊故障，如图 3-55 所示。

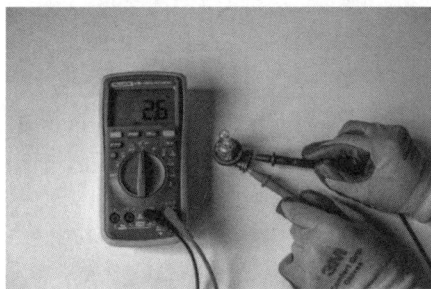

图 3-54 前照灯灯泡电阻检测示意图

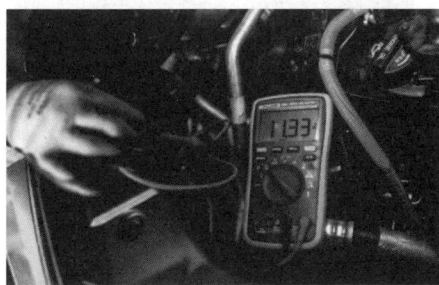

图 3-55 前照灯灯泡输出电压检测示意图

4）检查搭铁情况

如果前面几步检查均正常，灯泡火线又有正常电压时，应检查搭铁线是否搭铁不良，以及线路是否断路等。可用一根导线一端接灯泡的搭铁极，另一端与车架或蓄电池负极相连，若灯光亮度正常，即可确诊为搭因锈蚀氧化导致接触不良的现象也比较常见。检查前照灯继电器首先按照保险继电器盒盖上的索引图，找到前照灯继电器，并拔出继电器进行检查，如图 3-56 所示。

(3)检测线圈

将万用表拨至 200 Ω 挡,然后将两表笔分别与线圈接线接触,测量其电阻值,如图 3-57 所示。正常时线圈阻值为 75~80 Ω,若测量电阻值为∞,说明线圈断路,若测量电阻过小,说明线圈短路。

图 3-56　前照灯灯泡搭铁情况检测示意图

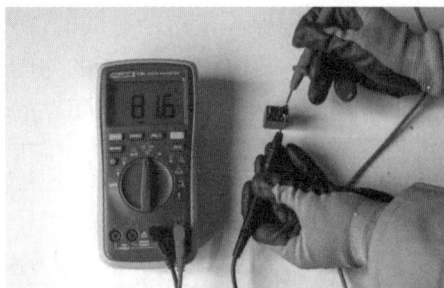

图 3-57　灯光继电器线圈电阻测量

(4)检测触点

常闭触点的检测:将万用表拨至 200 Ω 挡,然后将两表笔分别与常闭触点,接线脚(30—87a 端子)接触测量其电阻值。正常时万用表应有值,且阻值不大于 0.8 Ω,若测量电阻为∞,说明触点已被烧蚀,如图 3-58 所示。

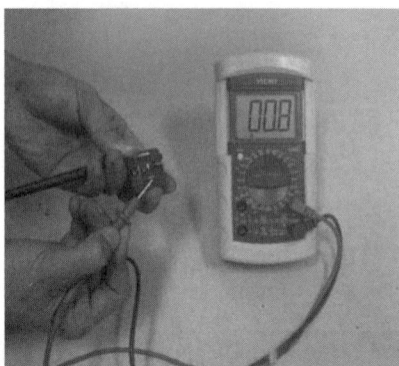

图 3-58　灯光继电器常闭触点检测示意图

常开触点检测:用两根跨接线把 12 V 的蓄电池电压给线圈通电,将万用表拨至 200 Ω 挡,然后将两表笔分别与常开触点接线脚(30—87 端子)接触,测量其电阻值。正常时万用表应有阻值且不大于 1.4 Ω,若测量电阻为∞,说明触点烧蚀,如图 3-59 所示。

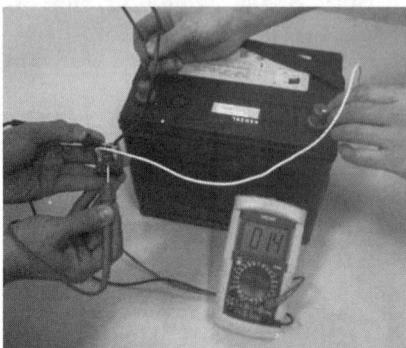

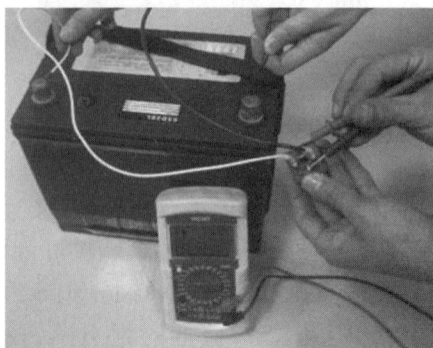

图 3-59　灯光继电器常开触点检测示意图

（4）检查蓄电池

检查步骤：万用表表笔插入同上；把挡位旋钮置于测直流电压 20 V 挡；打开电源；把红黑表笔与蓄电池的两个正、负引脚并接，如图 3-60 所示，观察万用表读数并记录。

图 3-60　蓄电池电压检测示意图

（5）场地整理

实训完毕，关断电源，按要求断开连接导线，收好器件和仪表，按 7S 标准进行场地整理。

行业小知识

一般来说，全车灯光检查为汽车维护保养必做项目，用时 5 ~ 8 min，工时费都包含在保养工时内，不再单独收取，而更换零部件则单独计算工时和材料费。

任务工作单

考核项目:灯光与电气系统检查保养			
模块三:灯光电路连接检查		考核时间:　　　　分钟	
姓名:	班级:	学号:	教师签字:
初评:□合格□不合格	复评:□合格□不合格	师评:□合格□不合格	
日期:	日期:	日期:	

一、车辆信息记录

品牌		整车型号		生产年月	
发动机型号		发动机排量		行驶里程	
车辆识别码					

二、前照灯电路元件检查

检查项目		检查结果			
灯光保险丝	外观:		判断结果	正常□　异常□	
	电压:				
灯光继电器	线圈电阻:		判断结果	正常□　异常□	
	常闭触点电阻:		判断结果	正常□　异常□	
	常开触点电阻:		判断结果	正常□　异常□	

灯光开关	开关断开电阻：		判断结果	正常☐　异常☐
	开关闭合电阻：		判断结果	正常☐　异常☐
前照灯灯泡	电阻：		判断结果	正常☐　异常☐
蓄电池	电压：		判断结果	正常☐　异常☐
三、前照灯电路连接与测量				
绘制连接电路图				

注:1.查阅维修手册中的灯光电路图;

　　2.在进行万用表的设置更换前,一定确保灯光开关处于关闭状态,以免损坏电路元件;

　　3.全程注意7S作业管理。

作业任务总结

_____

_____

_____

_____

_____

_____

_____

_____

_____

汽车灯光电路连接与检测综合作业评分表

序号	评分项	得分条件	评分标准	配分	扣分
1	安全/7S/态度	□1. 能进行工位 7S 操作 □2. 能进行设备和工具安全检查 □3. 能进行车辆安全防护操作 □4. 能进行工具清洁校准存放操作 □5. 能进行三不落地操作	未完成 1 项扣 3 分，扣分不得超 15 分	15	
2	专业技能	□1. 能正确连接前照灯灯光电路实物 □2. 能正确测量指定电路电压、电流及电阻 □3. 能正确测量串联及并联电路连接及指定点 □4. 能正确连接尾灯灯光电路实物 □5. 能正确测量指定电路电压、电流及电阻 □6. 能正确连接串并联电路 □7. 能正确测量串并联电路电压、电阻及电流 □8. 能正确查询车辆前照灯电路图 □9. 能正确查询车辆后尾灯电路图 □10. 能正确绘制左前大灯电路简图	未完成 1 项扣 5 分，扣分不得超 50 分	50	
3	工具及设备的使用能力	□1. 能正确使用仿真软件 □2. 能正确使用多功能万用表	未完成 1 项扣 5 分，扣分不得超 10 分	10	
4	资料、信息查询能力	□1. 能正确使用维修手册查询资料 □2. 能正确使用用户手册查询资料 □3. 能在规定时间内查询所需资料 □4. 能正确记录所查询资料章节页码 □5. 能正确记录所需维修信息	未完成 1 项扣 5 分，扣分不得超 10 分	10	
5	数据、判读和分析能力	□1. 能判断前照灯电路连接是否正确 □2. 能判断后尾灯电路连接是否正确 □3. 能识读车辆的前照灯电路图 □4. 能识读车辆的后尾灯电路图	未完成 1 项扣 5 分，扣分不得超 10 分	10	
6	表单填写与报告撰写能力	□1. 字迹清晰 □2. 语句通顺 □3. 无错别字 □4. 无涂改 □5. 无抄袭	未完成 1 项扣 1 分，扣分不得超 5 分	5	
合计					

➤ **相关知识**

(1)认识电路

电路是电流流经的途径,一个完整的电路通常是由供电设备(如蓄电池)、负载(如车灯)、中间环节三部分组成。其中中间环节包括:控制装置(如灯光控制开关、继电器)、保护装置(如保险丝)和连接线路。

供电设备,俗称电源,它是为电路提供电能的设备或器件,一般分为直流和交流两种供电设备。由交流电源供电的电路叫交流电路;由直流电源供电的电路叫直流电路。汽车上的基本用电设备一般多采用直流供电电路,如蓄电池、动力电池等。

负载,也称用电器,是消耗电能的装置,如汽车上的前照灯、后尾灯就是一种将电能转换成为光能的负载。

(2)电路图的构建

在前面的作业项目中的图片是用导线把各元件、仪表的实物连接起来,称为电路实物图。在实际应用中,由于一些元件实物尺寸大、画法繁琐,不利于电路图制作和分析,故要寻找用一些简单的电气符号来替代描述实际的元件。用电气符号替代实物描述电路连接的图,称为电路原理图,简称电路图。针对作业项目中的电路实物图我们可以用表 3-2 中的电气符号表示。

表 3-2　电路实物元件对应的电气符号

序号	元件实物	电气符号	序号	元件实物	电气符号
1		+ ⊣⊢ −	4		▭
2		⊗	5		(A)
3		OFF ON	6		(V)

电工学中,常见各种器件所对应的电气符号及文字符号如表 3-3 所示。因此根据表可以把作业项目中的实施示意连接图转化成电路图,如图 3-61 所示。

表 3-3　常见各种元器件所对应的电气图形符号及文字符号

名称	图形符号	文字符号	名称	图形符号	文字符号	名称	图形符号	文字符号
电池	+ ⊣⊢ −	E	电阻	▭	R	电容器	⊣⊢	C

续表

名称	图形符号	文字符号	名称	图形符号	文字符号	名称	图形符号	文字符号
电压源		U_S	可调电阻		R	可变电容		C
电流源		I_S	电位器		R_P	空心线圈		L
发电机			开关		S	铁芯线圈		L
电流表			电灯		R	接地、接机壳		GND
电压表			保险丝		FU	导线交叉点{连接 不连接		

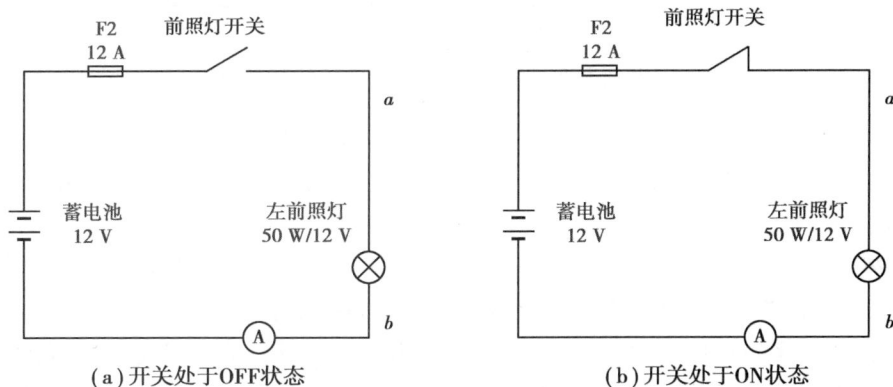

图3-61　作业项目中的电路实物图所对应的电路原理图

（3）**直流电路的基本物理量**

1）电流

电流是一个矢量,既有大小,又有方向。

电流大小用I表示,电流的单位为安培,简称安,用符号A表示。电荷量的符号是Q,单位的名称是库仑,简称库,用符号C表示。习惯上把正电荷移动的方向规定为电流的方向,因此,自由电子和负离子移动的方向与电流方向相反。

将大小和方向都不随时间变化的电流称之为稳衡电流,简称直流;将大小和时间都随时间作相应变化的电流,称为交变电流,简称交流。直流/交流波形如图3-62所示。

2）电压

两种不同极性的分离电荷之间可产生电场,电压就是指在电场力的作用下把单位正电荷从a点移到b点所做的功。

电压大小用U表示。电压单位为伏特,简称伏（V）。电压与电流的关系可以借助水压与水流的关系来描述，如图 3-63 所示。

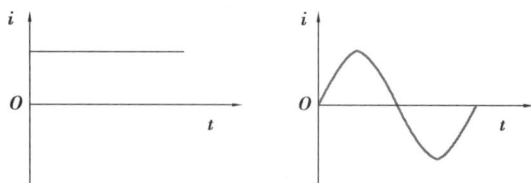

图 3-62　直流与交流电波形图

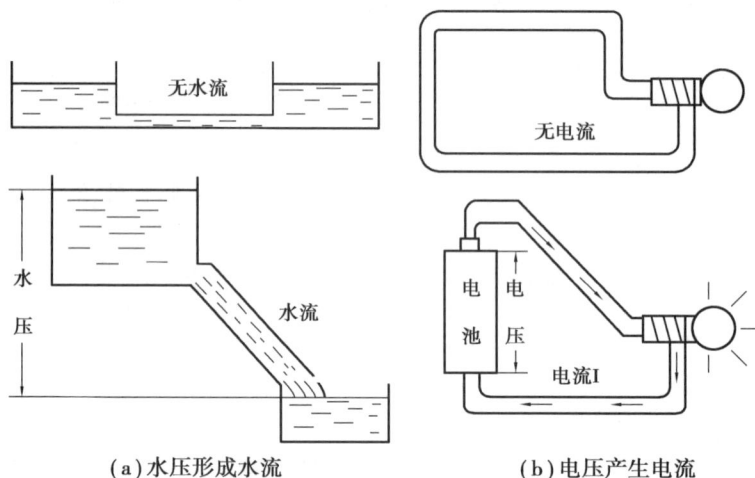

（a）水压形成水流　　　　　　（b）电压产生电流

图 3-63　水压与水流和电压与电流的关系

电压的正方向是由"+"极性（高电位）指向"−"极性（低电位），即表示电位降落的方向。

3）电位

物理学中的电位又称为电势，电路中每一点都有一定的电位。衡量电位高低必须有一个计算电位的起点，即参考点，称为零电位点，该点电位为 0 V，即 $V_0 = 0$ V。

电路中的零参考点可以任意选取，计算某点的电位就为该点到零参考点之间的电压。一般取大地为参考点或电子线路公共点（车架、机壳），汽车电路中通常我们将蓄电池负极作为零电位点，也称为搭铁点，用符号"⊥"表示。如图 3-64 所示为科鲁兹车上的搭铁点。

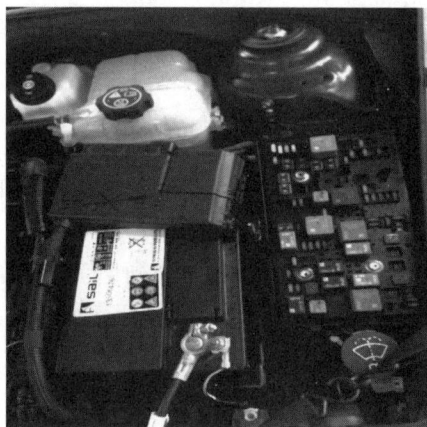

图 3-64　雪佛兰科鲁兹搭铁点

（4）串联、并联电路

1）串联电路

串联电路是用电器首尾依次连接在电路中,如图 3-65 所示,其特点是电路只有一条路径,任何一处断路都会出现断路。

2）并联电路

并联电路是使在构成并联的电路元件间电流有一条以上的相互独立通路,为电路组成的两种基本的方式之一。例如,一个包含两个电灯泡和一个 9 V 电池的简单电路。若两个电灯泡分别由两组导线分开地连接到电池,则两灯泡为并联如图 3-66 所示。

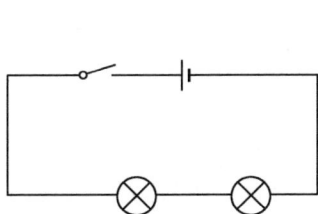

图 3-65　串联

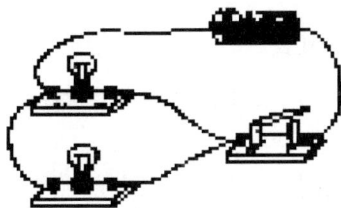

图 3-66　两个灯采取并联连接

并联电路的特点:是电路有多条路径,每一条电路之间互相独立,有一个电路元件短路则会造成电源短路。并联电路中用导线连接在电源两极的任意两点间的电压相等。

（5）灯光电路图识别（长安 75-PHEV）

1）灯光总体电路图

为获得最大照明亮度,提高工作可靠性,汽车灯光系通均采用并联电路、车身搭铁式单线制线路。如图 3-67 所示。

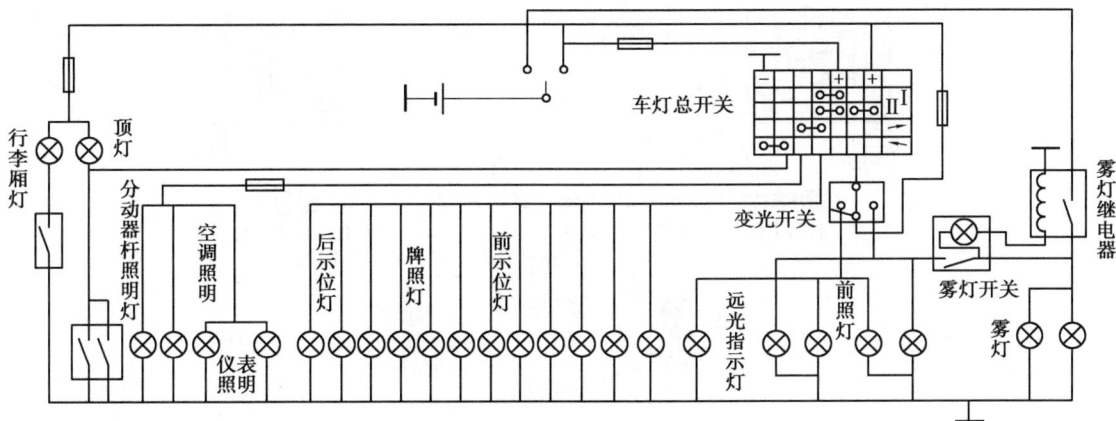

图 3-67　长安 CS75PHEV 灯光电路图

2）前照灯电路图

前照灯电路由前照灯开关、变光开关、远光指示灯、近光指示灯和前照灯等组成,其中灯光控制系统按供电方式可分为控制电源及控制搭铁两种。如图 3-68 所示。

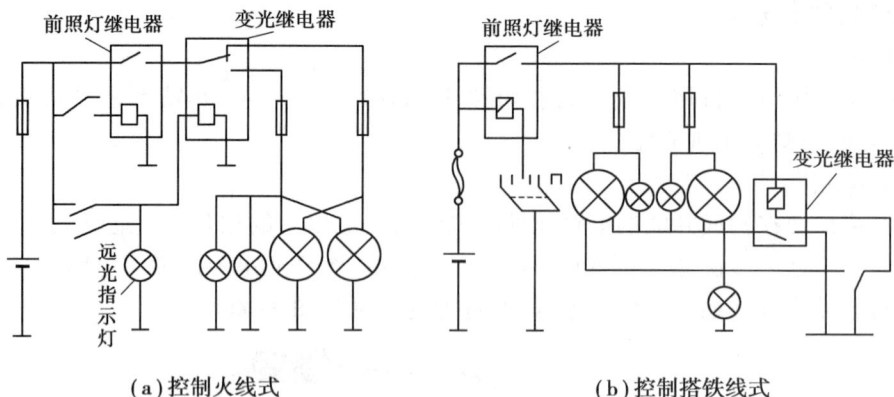

(a)控制火线式　　　　　　　　　　(b)控制搭铁线式

图 3-68　前照灯控制形式

3)组合尾灯电路图

组合灯尾受灯光开关控制,可以在不点亮前照灯的前提下点亮组合尾灯,灯光开关的第一挡就是开这些灯。图 3-69 所示为停车灯和尾灯电路,电路受灯光开关操纵,即使点火开关在 OFF 挡也能开闭这些灯。

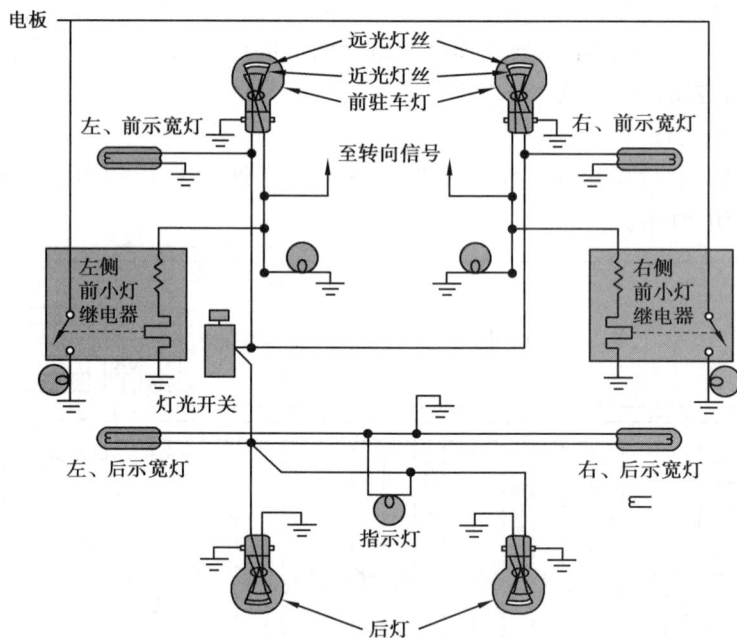

图 3-69　停车灯和尾灯电路

许多汽车将制动灯开关和制动踏板连接。当施加制动时,踏板向下运动,制动灯就亮。有些汽车的制动灯开关是一个设置在制动主缸的压敏开光,当施加制动时,制动主缸产生的压力将压敏开关接通,点亮制动灯。制动灯开关安装位置如图 3-70 所示。

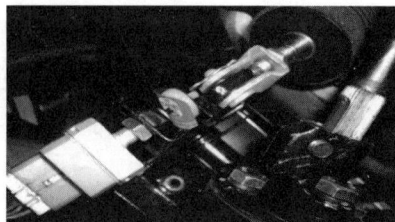

图 3-70　制动灯安装位置

（6）国家电网

国家电网有限公司成立于 2002 年 12 月 29 日,是根据《中华人民共和国公司法》规定设立的中央直接管理的国有独资公司,是关系国民经济命脉和国家能源安全的特大型国有重点骨干企业。公司以投资建设运营电网为核心业务,承担着保障安全、经济、清洁、可持续电力供应的基本使命。

➢ **学习任务**

一、画出下图中汽车部件的电气符号,描述相应汽车部件的名称、功用。

名称:＿＿＿＿＿＿,电气符号:＿＿＿＿＿＿＿＿＿＿＿＿＿＿＿＿＿＿＿＿＿＿＿

作用:＿＿＿＿＿＿＿＿＿＿＿＿＿＿＿＿＿＿＿＿＿＿＿＿＿＿＿＿＿＿＿＿＿＿＿＿

名称:＿＿＿＿＿＿,电气符号:＿＿＿＿＿＿＿＿＿＿＿＿＿＿＿＿＿＿＿＿＿＿＿

作用:＿＿＿＿＿＿＿＿＿＿＿＿＿＿＿＿＿＿＿＿＿＿＿＿＿＿＿＿＿＿＿＿＿＿＿＿

名称:＿＿＿＿＿＿,电气符号:＿＿＿＿＿＿＿＿＿＿＿＿＿＿＿＿＿＿＿＿＿＿＿

作用:＿＿＿＿＿＿＿＿＿＿＿＿＿＿＿＿＿＿＿＿＿＿＿＿＿＿＿＿＿＿＿＿＿＿＿＿

二、判断题

1.电流大小表示带电粒子定向运动强弱的物理量,是指在单位时间通过导体横截面的电荷量的多少,所以其方向与电子移动方向相同。　　　　　　　　　　　　（　　）

2.电压的正方向是由"＋"极性(高电位)指向"－"极性(低电位),即表示电位降落的方向。　　　　　　　　　　　　　　　　　　　　　　　　　　　　　　　　　　（　　）

3.电压与电动势是一回事。　　　　　　　　　　　　　　　　　　　　　（　　）

4.汽车电路中通常我们将蓄电池负极作为零电位点,也称为搭铁点。　　（　　）

5.串联电路的检测可以通过用导线跨接各电子元件(电源除外),来判断该元件是否存在断路。　　　　　　　　　　　　　　　　　　　　　　　　　　　　　　　　（　　）

6.并联电路中各用电设备彼此互不干扰,一个损坏其他仍可以正常工作。（　　）

7.测量电流时,电流表应该串接在电路中;而测量电压时电压表应该并接在被测量元件两端。　　　　　　　　　　　　　　　　　　　　　　　　　　　　　　　　　（　　）

➤ **职业模块目标自评**

知识目标自评
①掌握汽车灯光电路元件的组成。
②掌握不同电路元件的功用、电气符号。
③熟悉汽车灯光电路图。
④熟悉前照灯电路连接和检测流程。

技能目标自评
①能够熟练连接灯光电路。
②能够对灯光电路元件进行检测。
③会使用常用工具测量电路中的电压、电阻和电流数据。
④能够根据测量结果对电路进行初步故障判断。

素养目标自评
①能够在工作过程中与小组其他成员合作、交流,养成团队合作意识,锻炼沟通能力。
②养成7S的工作习惯,遵循企业文化。
③弘扬工匠精神,劳动精神。
④宣扬社会主义核心价值观,培养奋发图强的爱国主义精神。
⑤树立对国产自主品牌的民族自豪感。
⑥强化安全、节约与环保意识。

任务3.5 仪表室内灯光检查

本任务根据汽车运用与维修(含智能新能源汽车)"1+X"证书制度职业技能等级标准中新能源汽车电子电气空调舒适系统检查保养技术(初级)模块三所对应的仪表室内灯光检查内容进行设定。

任务定位

			【新能源汽车电子电气空调舒适技术】—初级强化项目表																			
	工作		一					二					三					四				
	职业功能		线路读图与电子元件检查					启动与充电系统检查保养					灯光与电气系统检查保养					空调与舒适系统检查保养				
	任务分解要项		1	2	3	4	5	6	7	8	9	10	11	12	13	14	15	16	17	18	19	20
实训项目	资料数据参数	仪器量具使用 / 拆装量具调试	汽车电路查询识读	模块控制电路查询	传感器电路的查询	执行元件电路查询	电子元件检查判断	串联启动充电检查	并联启动充电检查	混联启动充电检查	混联启动机的保养	混联发电机的保养	前照大灯光束调整	洗涤系统检查保养	全车灯光检查保养	灯光电路连接检查	仪表室内灯光检查	制冷暖风性能检查	制冷通风系统保养	过滤系统检查保养	舒适系统初始设定	车门车窗饰件保养
	技能知识		8					4					1					5				
	单组时间		3	3	3	3	3	3	3	3	3	3	3	3	3	3	3	3	3	3	3	3

设备与工具清单

任务	作业项目	设备与工具清单
仪表室内灯光检查	1. 安全带指示灯检查 2. 驻车指示灯检查 3. 挡位指示灯检查 4. 故障指示灯检查 5. 座椅调整功能检查 6. 后视镜功能检查 7. 仪表及室内灯检查调整 8. 室内灯泡的更换 9. 室内灯光电路实物连接及电压电流电阻测量	1. 整车（含阅读灯、化妆灯、储物箱灯、后背箱灯） 2. 维修工具、工具箱、零件盒、室内灯教具 3. 计算机、维修手册、用户手册

➤ **作业项目　仪表指示灯、座椅及后视镜的检查**

仪表指示灯、座椅及后视镜的检查

工作情境描述

一辆长安 CS75PHEV 混合动力轿车，车辆行驶里程为 2 万 km，车主到店做日常维护保养与检查，客户描述在近期驾车过程中曾出现过一次仪表上有黄灯短暂闪烁，但没有看清楚具体图表，希望维修技师着重对仪表指示灯部分进行检查。

作业设备工具

长安 CS75PHEV 混合动力轿车、维修手册、用户手册、车内防护四件套。

作业准备

车辆在工位停放周正，前后车轮处放置挡块；

铺好车内防护套，确保电量、油量充足；

确保工位废气排放系统工作正常；

工作人员按要求穿着工装、佩戴手套。

作业步骤

（1）车辆上电/点火开关处于 ON 挡

确保车钥匙在车内，按下点火开关（注意此时不需要踩下刹车踏板启动）或确保车辆处于上电状态。

（2）检查仪表盘指示灯

检查仪表上的所有警示灯是否亮起及排挡指示灯是否正确，如图 3-71 所示。

图 3-71　车辆上电仪表盘显示图

1)安全警告灯检查

将点火开关置于 ON 位时,安全警告灯会亮约 6 s,随后应自动熄灭。如果此安全气囊警告灯在将点火开关转至 ON 位时或启动发动机时不亮,或者约 6 s 后仍持续亮,或者在行驶中亮,说明安全气囊系统出现故障应进行进一步检查。

2)发动机故障警告灯检查

点火开关置于 ON 时,发动机故障警告灯会灯亮,并在几秒内或发动机启动后熄灭。如果在启动后或行驶中灯亮,点火开关置于 ON 时灯不亮,说明有故障。

3)ABS 警告灯检查

ABS 警告灯在点火开关置于 ON 位置亮,如果系统正常,3 s 后熄灭。如果警告灯持续亮,在行驶中亮或在将点火开关转至 ON 位不亮,表明 ABS 有故障。

4)安全带指示灯检查

①点火开关置于 ON 位,不佩戴驾驶席安全带,如图 3-72 所示,该指示灯应点亮。

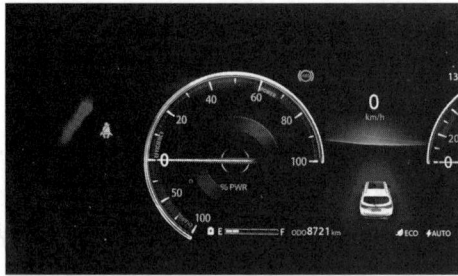

图 3-72　安全带未配,车辆静止状态下的指示灯点亮

②如图 3-73 所示将安全带插头插入插接器,配好驾驶席安全带,该指示灯应熄灭。

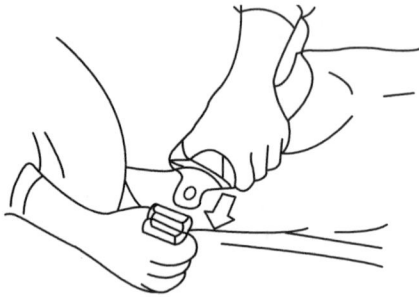

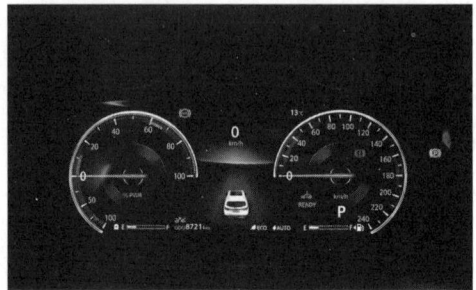

图 3-73　安全带配好后指示灯熄灭

③按下安全带连接器按钮,使安全带插头与插接器断开,如图 3-74 所示,此时指示灯再次点亮。

图 3-74　断开安全带、指示灯点亮示意图

④启动汽车,以低于 6 km/h 的速度行驶时,警示灯始终点亮,当高提速到高于 9 km/h 的速度时,警告灯开始闪烁工作;继续加速至高于 20 km/h 时,除了警告灯闪烁,并且应该伴随蜂鸣器响约 100 s。

⑤如果在以上行驶状态,警示灯和蜂鸣器未正常工作则认为有故障。

5)驻车指示灯检查

点火开关置于 ON 时,在未按下电子手刹的情况下,驻车指示灯应处于点亮状态,如图 3-75 所示。按下电子手刹,该指示灯应自动熄灭,如图 3-76 所示。

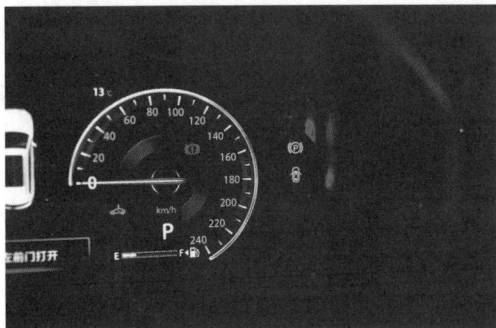

图 3-75　驻车指示灯应处于点亮状态

图 3-76　驻车指示灯应处于熄灭状态

6)挡位指示灯检查

①点火开关置于 ON 时,仪表盘指示灯点亮,此时仪表盘上应显示挡位处于 P 挡位置,如图 3-77 所示。

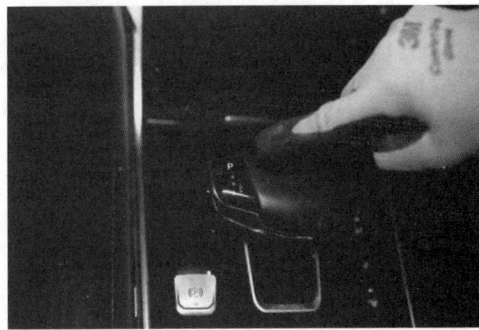

图 3-77　未切换挡位时,仪表盘挡位显示

②踩下制动踏板,用手按住挡位锁止按钮,拉动变速器手柄,将挡位从 P-R-N-D-L 依次变换挡位,仪表盘上的信息屏显示应该与实时变化的挡位同步,如图 3-78 所示为换挡杆处于 D 挡时,仪表盘的显示情况。

图 3-78　换挡杆处于 D 挡时,仪表盘挡位显示

(3)座椅调整功能检查

1)座椅位置与高度调节检查

沿水平方向向左、向右移动控制开关如图 3-79①所示,使座椅前后移动,检查是否顺畅;沿所需方向上下推动控制开关①如图所示,进行座椅上下移动检查。在移动过程中观察感受是否有卡滞现象。松开开关,座椅应停止移动并锁止。

2)座椅靠背角度调节开关

分别顺时针和逆时针旋转如图 3-79 所示的移动控制开关②,进行座椅靠背角度的调节检查,观察靠背角度的变化是否顺畅,有无异响。松开开关,座椅靠背停止移动并锁止。

3)腰托调节检查

按住如图 3-79 所示腰托调节按钮③前端,腰部支撑应向前凸起;按住腰托调节按钮③后端,腰部支撑向后运动。松开后,腰托位置应该能够锁止。

4)座椅记忆功能检查

①按下点火开关处于 ON 的位置,车辆上电,变速器挡位处于 P 挡。

②将座椅调整到合适的位置。

③按住图 3-80 中所示的 SET 键直到仪表内蜂鸣器鸣叫一声,同时观察仪表上显示"请在 3 秒内按下记忆按键 1 或 2"的字眼。

④快速在 3 s 内按压图 3-80 中的②或③按键,直到仪表内蜂鸣器再次鸣叫一声,同时仪表上显示"座椅位置存储成功"如图 3-81 所示,确认存储成功。

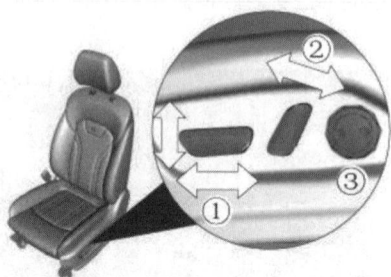

图 3-79　座椅调节开关示意图

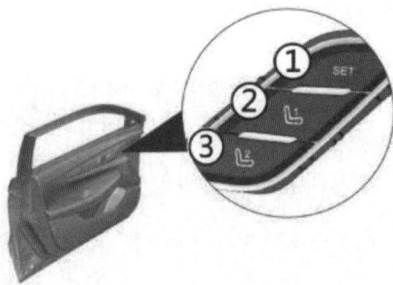

图 3-80　座椅记忆功能检查

5)调取驾驶员座椅记忆位置

变速器换挡杆处于 P 挡,电源处于任意挡位,车门关闭情况下,按压相应的记忆按钮(即步骤 D 中设置的按钮),如图 3-82 所示。感受座椅位置是否移动到上述设置的存储位置。

图 3-81　座椅位置存储成功后仪表显示图

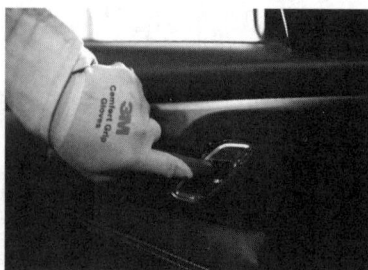

图 3-82　按下座椅记忆按键检查

6）座椅加热、通风椅功能检查

驾驶员座椅及副驾驶员座椅加热开关布置在中央控制面板上,为触摸控制,如图 3-83 所示。

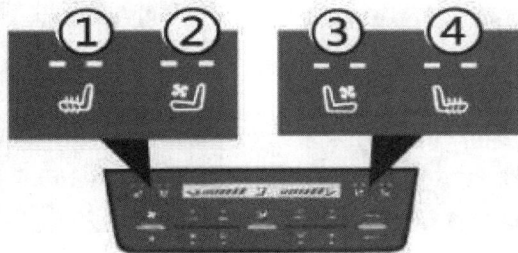

图 3-83　座椅加热、通风功能按键

启动发动机(以免耗电过多,导致蓄电池电压过低),按下主驾驶座椅加热功能按键,一个指示灯点亮,座椅加热功能处于"低挡"工作,再次点击按钮,两个指示灯点亮,座椅加热功能处于"高挡"工作。感受座椅出风大小的变化。再次按下按键,加热功能关闭。

（4）后视镜功能检查

1）选择后视镜

如图 3-84 所示转动后视镜调节主开关按钮,切换至左(L)外后视镜。

2）调节方向

分别上下左右摇动旋钮,调节左外后视镜的位置,并观察左后视镜的变化。

3）重复上述方法,检查右外后视镜调节功能,如图 3-85 所示。

图 3-84　切换至左(L)外后视镜

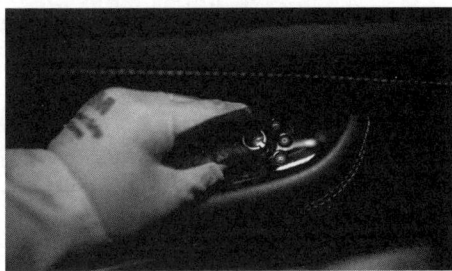

图 3-85　检查右外后视镜调节功能

4）检查后视镜折叠功能

转动旋钮至外后视镜折叠按键如图 3-86 所示,观察双侧后视镜是否能够顺畅折叠。转动旋钮离开此位置后,外后视镜应同时自动展开。将整车电源处于 OFF 状态时,遥控锁止或无钥匙锁止车辆,观察外后视镜是否能够同时自动折叠;遥控解锁或无钥匙解锁车辆,外后视镜同时自动展开。

5）检查后视镜记忆设置功能

以下检查操作可以与前面座椅记忆功能检查同时进行(在座椅记忆功能确认存储成功后,请继续下列步骤)在多媒体显示屏的车辆设置中点击开启后视镜倒车辅助功能,踩下刹车,将换挡杆挂入"R"挡,调整外后视镜至合适位置。

6)检查后视镜除霜功能

整车电源处于 ON 挡状态,按下后视镜除霜按键,如图 3-87 所示。观察后视镜附件的出风口是否有风吹出。

图 3-86 转动旋钮至外后视镜折叠按键

图 3-87 后视镜除霜功能检查

(5)**场地整理**

每项检查结束后均应该将按键开关复位到关闭状态,以免过度耗费车辆能源,全部检查结束后应按 7S 标准进行场地整理。

> **行业小知识**
>
> 一般来说,仪表指示灯、座椅及后视镜等的检查为汽车维护保养必做项目,用时 5 ~ 8 min,工时费都包含在保养工时内,不再单独收取。

任务工作单

考核项目:灯光与电气系统检查保养			
模块三:仪表室内灯光检查		考核时间: 分钟	
姓名:	班级:	学号:	教师签字:
初评:□合格□不合格	复评:□合格□不合格	师评:□合格□不合格	
日期:	日期:	日期:	
一、车辆信息记录			
品牌	整车型号	生产年月	
发动机型号	发动机排量	行驶里程	
车辆识别码			
二、仪表指示灯检查			
检查项目	仪表盘显示		
车辆刚上电的仪表显示			
车辆上电一段时间后的仪表显示			
车辆启动后的仪表显示			
结论			

安全警告灯	正常□ 异常□	ABS 警告灯检查	正常□ 异常□
发动机故障警告灯检查	正常□ 异常□	驻车指示灯检查	正常□ 异常□
安全带指示灯检查	正常□ 异常□	挡位指示灯检查	正常□ 异常□
其他(请注明)	正常□ 异常□	其他(请注明)	正常□ 异常□

三、座椅功能检查

前后调节	腰托调节	高低调节	正常□ 异常□
靠背调节	正常□ 异常□	腰托调节	正常□ 异常□
记忆功能	正常□ 异常□	通风功能	正常□ 异常□
加热功能	正常□ 异常□	其他	正常□ 异常□

四、后视镜检查

左后视镜	调节功能	正常□ 异常□	加热功能	正常□ 异常□
右后视镜	调节功能	正常□异常□	加热功能	正常□ 异常□
后视镜折叠功能	正常□异常□		后视镜加热功能	正常□ 异常□
后视镜记忆设置	正常□异常□		其他	正常□ 异常□

注:1. 在检查中如需要启动汽车,则应该确保车间废气排放系统的有效工作;

　　2. 为确保作业安全,检查时需要挂入 R 或 D 挡时,应注意确保车辆挡块安放到位,并且踩下制动踏板;

　　3. 全程注意 7S 作业管理,确保客户车辆防护品的安放到位。

作业任务总结

_____

_____

_____

_____

_____

_____

_____

_____

_____

_____

_____

仪表室内灯光检查【配分评分表】

序号	评分项	得分条件	评分标准	配分	扣分
1	安全/7S/态度	□1. 能进行工位7S操作 □2. 能进行设备和工具安全检查 □3. 能进行车辆安全防护操作 □4. 能进行工具清洁校准存放操作 □5. 能进行三不落地操作	未完成1项扣3分 扣分不得超15分	15	
2	专业技能	□1. 能正确检查安全带指示灯、驻车指示灯是否正常 □2. 能正确检查挡位指示灯、故障指示灯是否正常 □3. 能正确检查座椅调节功能及后视镜调节加热功能 □4. 能正确检查仪表及室内灯 □5. 能正确更换室内阅读灯、化妆灯 □6. 能正确对指定电路电压、电流及电阻进行测量 □7. 能正确绘制化妆灯的电路简图	未完成1项扣5分 扣分不得超50分	50	
3	工具及设备的使用能力	□1. 能正确使用维修工具拆装 □2. 能正确使用仿真软件 □3. 能正确使用多功能万用表	未完成1项扣5分 扣分不得超10分	10	
4	资料、信息查询能力	□1. 能正确使用维修手册查询资料 □2. 能正确使用用户手册查询资料 □3. 能在规定时间内查询所需资料 □4. 能正确记录所查询资料章节页码 □5. 能正确记录所需维修信息	未完成1项扣5分 扣分不得超10分	10	
5	数据、判读和分析能力	□1. 能判断室内灯光电路连接是否正确 □2. 能判断仪表指示灯是否正常 □3. 能判断座椅调节功能及后视镜调节加热功能是否正常	未完成1项扣5分 扣分不得超10分	10	
6	表单填写与报告撰写能力	□1. 字迹清晰 □2. 语句通顺 □3. 无错别字 □4. 无涂改 □5. 无抄袭	未完成1项扣1分 扣分不得超5分	5	
合计					

➤　**相关知识**

（1）汽车室内灯光认知

汽车室内灯光的作用主要是为车内乘坐人员提供阅读、信息读取、车内空间照明、指引等功能。汽车室内灯光主要有顶灯、仪表照明灯、车门迎宾灯（又称车门灯）、储物箱灯、梳妆镜照明灯、后室内灯、脚部照明灯等，如图 3-88 所示。

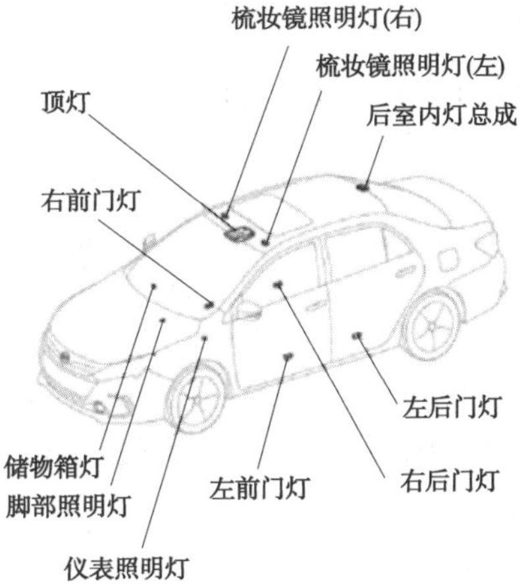

图 3-88　汽车室内灯分布示意图

1）顶灯

顶灯主要用于车内照明，顶光一般为白色，通常由顶灯开关和门灯开关共同控制。顶灯开关有三个位置：OFF 挡、DOOR 挡和 ON 挡，如图 3-89 所示为长安 CS75PHEV 车型顶灯开关。当开关处于"DOOR"位置时，如果打开车门或遥控开门，顶灯就会亮起；若车门关闭顶灯就会逐渐变暗直至熄灭；若车门（包括行李箱）一直打开，顶灯就会在大约 10 min 后自动关闭。当开关处于"ON"位置时，无论车门处于何种状态，顶灯都会一直点亮，并在 30 min 后自动关闭。当开关处于"OFF"位置时，顶灯就会熄灭。

2）仪表照明灯

仪表照明灯用于照明仪表板。灯光一般为白色，也有设置为黄色等。仪表照明灯有灯光总开关控制，总开关接通，仪表灯就点亮，如图 3-90 所示。有些车还增设有仪表照明灯亮度调节装置，可以根据驾驶人员的需要调节灯光亮度。

图 3-89　长安 CS75PHEV 车型顶灯开关与灯源位置图 　　图 3-90　长安 CS75PHEV 车型仪表照明灯点亮图

3)迎宾灯/车门灯

迎宾灯一般安装在成内侧的下方或者门槛位置处、后视镜下方和驾驶室脚部空间,一般打开车门或车辆遥控解锁后就会点亮。其作用是乘车人员照亮上门附近的道路;更多的是为了提升用车体验,让驾乘人员有宾至如归的感觉;也能用来提醒车辆和行人注意。

4)行李箱灯、储物箱灯

在打开行李箱、储物箱的同时,行李箱、储物箱内的灯光就睡自动点亮,以便于驾乘人员取放物品。

（2）**汽车仪表的作用与布置**

1)汽车仪表的作用

汽车仪表的作用是在汽车的使用、运行过程中,能够随时向驾驶、维修人员提供车辆各总成、各系统的丰台技术指标,以便驾驶、维修人员随时了解各系统的工作性能、技术状况和运行参数,保证汽车安全可靠运行。

2)汽车仪表的布置

现代汽车的仪表总成大体上由指针式仪表和指示灯、信号灯、报警灯式仪表组成,具体包括发动机转速表、车速里程表、燃油量和电池电量表、冷却液温度表、机油压力表、充电指示灯、驻车指示灯以及挡位指示灯等组成。

（3）**仪表盘指示灯识别与检查**

1)常见汽车仪表指示灯识别

汽车仪表盘指示灯是汽车使用与检测维修过程中重要的信息获取源。因此我们需要明确各个图表的样式和指示含义下面。就给大家介绍常见的汽车仪表指示灯,如图3-91所示。

图3-91

驻车辅助 指示灯	智能进入和 启动系统	超速挡关闭 指示灯	灯泡损坏 指示灯	自动变速箱 油温警告灯	钥匙在车外 警告灯
刹车片磨损 指示灯	转向助力系 统故障灯	水温报警指 示灯	动力转向 警告灯	安全指示灯	VSC（车辆 稳定控制系统）
发动机预热 指示灯	驻车制动与制 动油位提示灯	发动机防盗 锁止系统	低水温 指示灯	防滑指示灯	VDC（车身 动态稳定系统）
乘客侧气囊 指示灯	前排安全带 提示灯	电子转向系 统警告灯	乘客安全带 提示灯	制动系统 警告灯	ESP（车身 稳定控制系统）
转向系统警 告灯	乘客侧气囊 提示灯	VSA（车辆 稳定控制系统）	EPS（电子 转向助力系统）	转向锁止系 统故障灯	发动机启动 系统故障灯
VSA（车辆 稳定控制系统）	发动机电子 防盗指示灯	燃油液位低 警告灯	发动机故障灯	发动机功率 控制系统	发动机系统 故障指示灯
安全气囊 警告灯	安全气囊 警告灯	ABS（防抱 死系统）	车身太低 警告灯	车辆正被升 起指示灯	燃油滤清器 警告灯
点火警告灯（黄）	点火警告灯（红）	机油压力 警告灯	车钥匙 指示灯	车门未关闭 警告灯	无法检测到 钥匙指示灯

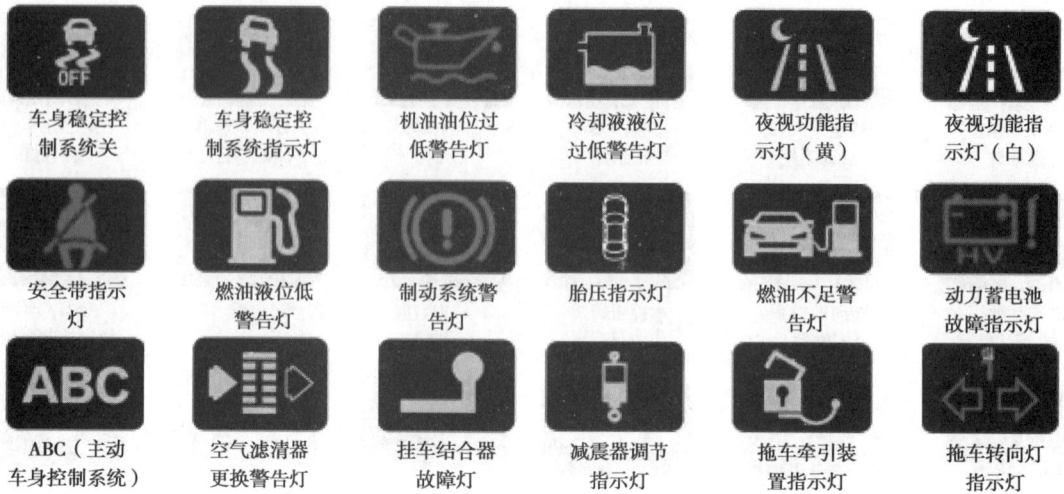

车身稳定控制系统关	车身稳定控制系统指示灯	机油油位过低警告灯	冷却液液位过低警告灯	夜视功能指示灯(黄)	夜视功能指示灯(白)
安全带指示灯	燃油液位低警告灯	制动系统警告灯	胎压指示灯	燃油不足警告灯	动力蓄电池故障指示灯
ABC(主动车身控制系统)	空气滤清器更换警告灯	挂车结合器故障灯	减震器调节指示灯	拖车牵引装置指示灯	拖车转向灯指示灯

图3-91　常见汽车仪表指示灯

值得注意的是现在汽车功能越来越丰富,因此仪表故障报警灯也越来越多,可以说越是智能化、科技化的车型仪表故障指示灯的种类越多。

2)新能源汽车仪表故障灯识别

新能源汽车仪表日常显示与传统燃油汽车的大体接近,例如里程、车速、挡位情况等。主要不同之处在于电量显示部分大多是新能源汽车会动态显示能量回收情况。另外就是在故障指示灯方面,两者在灯光、安全带、安全气囊等方面标识和显示都是一样的,并且都是通过采取不同的颜色来反映故障程度:红色代表危险、重要提醒;黄色代表警告、故障;绿色、蓝色、白色代表指示、确认。但新能源汽车在电力系统部分的标识区别较大。

①充电指示灯。在外接充电线连接成功后,组合仪表右上角会显示"充电枪"提示灯(红色箭头),表示完成了与充电桩的通信,可以开始充电,黄色标记部分表示正在充电中,如图3-92所示。

图3-92　充电显示

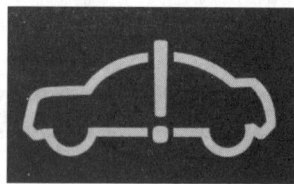

图3-93　动力系统警告故障灯

②动力系统警告故障灯。动力系统警告故障灯,如图3-93所示在新能源汽车上出现频率较高,有些车会在显示屏幕上除了显示以下图标外,还会同时指示"请检查动力系统"。

(4)**筑牢安全防线**

同学们,通过学习,我们明白了,对于汽车来说,仪表盘的灯光指示是驾驶员对车辆行驶信息的获取和操作的重要途径,也正是由于仪表盘,才能使驾驶员在驾驶过程中能够实时掌握车辆信息,对汽车突发情况进行及时的处理。今天,科技的进步非常快,可以说现在很多车辆的配置都是"高科技"和"智能化"的,车辆如果内部的一些零件出现了什么问题,都可以在车内看到。安全你我他,连着千万家,汽车的刹车故障灯、机油报警灯、水温指示灯、胎压指示灯、发动机故障灯等"一灯一领域""一灯一安全",我们形成汽车仪表室内灯光检查好习惯,及时排除风险,筑牢安全防线。

➢ 学习任务

一、写出下图中汽车内部灯光、仪表显示的名称

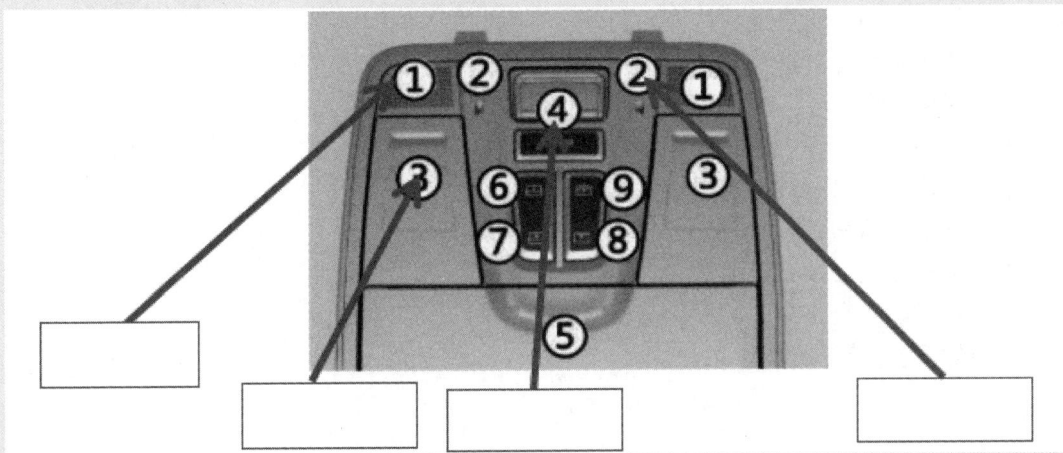

二、判断题

1.车辆更换悬架后,应检查前照灯光束方向自动调整系统和前照灯光束方向。(   )

2.长安 CS75PHEV 点火开关位于 ON 挡时,氛围灯会自动点亮,照射换挡手柄区域。
(   )

3.将点火开关置于 ON 位时,仪表盘上安全警示灯、ABS 警告灯等短暂亮几秒钟,说明车辆有故障。(   )

三、根据下面描述写出相应答案,或者在图表中画出相应图标。

   作用:_____;

   作用:_____。

➢ 职业模块目标自评

知识目标自评

①掌握汽车室内灯光组成。

②掌握汽车仪表的作用和布置。

③掌握仪表盘不同指示灯的含义。

④熟悉新能源汽车仪表盘故障灯的含义与故障原因。

技能目标自评

①能够熟练操作汽车室内灯光开关。

②能够对汽车室内灯光进行检查。

③能够识别和检查汽车仪表指示灯。

④会使用常用工具更换室内车灯灯泡。

⑤会使用常用工具进行室内车灯电路连接与检测。

素养目标自评

①能够在工作过程中与小组其他成员合作、交流,养成团队合作意识,锻炼沟通能力。

②养成7S的工作习惯,遵循企业文化。

③弘扬工匠精神,劳动精神。

④宣扬社会主义核心价值观,培养奋发图强的爱国主义精神。

⑤树立对国产自主品牌的民族自豪感。

⑥强化安全、节约与环保意识。

职业模块 **4**

新能源汽车空调与舒适系统检查保养

任务4.1　制冷暖风性能检查

本任务根据汽车运用与维修(含智能新能源汽车)"1+X"证书制度职业技能等级标准中新能源汽车电子电气空调舒适系统检查保养技术【初级】模块四所对应的制冷暖风性能检查内容进行设定。

任务定位

			【新能源汽车电子电气空调舒适技术】—初级强化项目表																			
	工作		一					二					三					四				
	职业功能		线路读图与电子元件检查					启动与充电系统检查保养					灯光与电器系统检查保养					空调与舒适系统检查保养				
	任务分解要项		1	2	3	4	5	6	7	8	9	10	11	12	13	14	15	16	17	18	19	20
实训项目	资料数据参数	仪器量具使用	拆装量具调试	汽车电路查询判读	模块控制电路查询	传感器电路的查询	执行元件电路查询	电子元件检查判断	串联启动充电检查	并联启动充电检查	混联启动充电检查	混联发电机的保养	混联发电机的保养	前照大灯光束调整	洗涤系统检查保养	全车灯光检查保养	灯光电路连接检查	仪表室内灯光检查	制冷暖风性能检查	制冷系统检查保养	过滤通风系统检查	舒适系统初始设定	车门车窗饰件保养
	技能知识			8					4					1					5				
	单组时间			3	3	3	3	3	3	3	3	3	3	3	3	3	3	3	3	3	3	3

设备与工具清单

任务	作业项目	设备与工具清单
制冷暖风性能检查	1.出风口制冷温度湿度检测 2.出风口暖风温度湿度检测 3.风速检测及风压计算 4.室外温度湿度检测 5.制冷管路压力检测 6.制冷剂纯度检测 7.制冷剂泄漏检测	1.整车(电动空调)、制冷性能曲线图 2.温度计、湿度仪、风速仪 3.荧光/泡沫/电子检漏仪及组件 4.制冷剂纯度分析仪、压力表 5.计算机、维修手册

➤ **作业项目 制冷暖风性能的检查操作**

制冷暖风性能检查

工作情境描述

一辆长安 CS75PHEV 汽车用户反映:空调暖风效果较差,需要对空调系统进行检查,确定故障部位并进行修理。

作业设备工具

长安 CS75PHEV、温度计、干湿计、风速计、歧管压力表、电子检漏仪、荧光检漏设备、制冷剂鉴别仪、常用维修工具和维修手册等。

作业准备

车辆在工位停放周正,铺好车内四件套和车外三件套。

作业步骤

(1)在实车或实训台架上认识空调系统各部件

1)认识制冷系统各部件

压缩机、冷凝器、储液干燥器、膨胀阀、蒸发器、高压管路、低压管路、高压检修阀、低压检修阀。

2)认识暖风系统各部件

进水管、出水管、暖风散热器。

3)认识通风系统各部件

鼓风机、空调滤清器、内外循环风门、仪表板出风口、脚部出风口、除霜出风口、后出风口。

4)认识控制系统各部件

空调操纵面板、压力开关或压力传感器、空调放大器等。

(2)汽车空调的操作与基本检查

1)鼓风机的操作与检查

①启动发动机,将出风模式旋钮转至脸部模式,如图 4-1 所示。

②旋转鼓风机开关到 1 挡位置,用手感觉中央出风口和两侧的出风口应有微风吹出,如图 4-2 所示。

③将鼓风机开关分别旋转到 2、3、4 挡位置,用手感觉中央出风口和两侧的出风口风量应递增,且无异常噪声。

图 4-1 脸部模式

图 4-2 1 挡位置

2）压缩机的操作与检查

①启动发动机,打开鼓风机开关到任意挡位。

②按下 A/C 开关,开关指示灯应点亮。

③到发动机舱查看压缩机电磁离合器应吸合或用手触摸高、低压管路应有明显的温差,如图 4-3 所示。

④查看冷却风扇应旋转,如图 4-4 所示。

图 4-3 触摸高、低压管路

图 4-4 查看冷却风

3）出风模式的操纵与检查

①启动发动机,打开鼓风机开关转到最大位置,如图 4-5 所示。

②将出风模式旋钮转至脸部模式,用手感觉中央出风口和两侧的出风口应有较大的风量吹出。

③将出风模式旋钮转至脚部模式,用手感觉前、后脚部出风口应有较大的风量吹出。

④将出风模式旋钮转至除霜模式,用手感觉除霜出风口应有较大的风量吹出。

图 4-5 打开鼓风机

（3）温度、湿度与风速的测量

1）测量温度

①启动发动机，打开鼓风机开关到最大位置，按下 A/C 开关，运行空调 3 ~ 5 min，如图 4-6、图 4-7 所示。

②发动机转速保持在 1 500 r/min 左右，将温度调节旋钮转到最冷位置。

③用电子温度计测量中央出风口温度。

④发动机转速保持在 1 500 r/min 左右，将温度调节旋钮转到最热位置。

⑤再用电子温度计测量中央出风口温度。

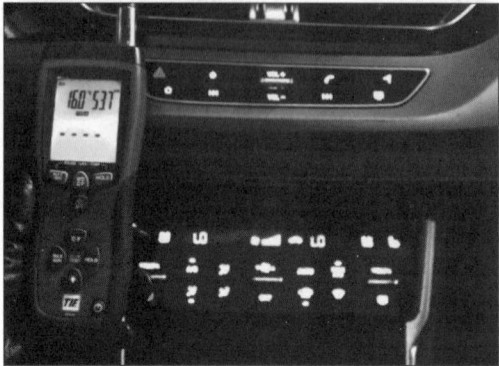

图 4-6　温度最低时

图 4-7　温度最高时

2）测量湿度

①启动发动机，打开鼓风机开关到最大位置，按下 A/C 开关，运行空调 3 ~ 5 min。

②发动机转速保持在 1 500 r/ min 左右，将温度调节旋钮转到最冷位置。

③用干湿计测量中央出风口湿度，如图 4-8 所示。

3）测量风速

①启动发动机，打开鼓风机开关到 1 挡位置。

②用风速计测量中央出风口 1 挡的风速。

③将鼓风机开关分别开到 2、3、4 挡位置，测量每个挡位中央出风口的风速，如图 4-9 所示。

图 4-8　鼓风机四挡转速在 1 500 转时

图 4-9　测量 1 挡时

（4）**空调制冷系统压力的测量**

1）测量静态压力

①检查歧管压力表高、低压表指针是否都在"零"位，关闭高、低压手阀，检查高、低压软管是否老化、裂纹或损坏，如图 4-10 所示。

②将高压软管快速接头连接到高压检修阀上。

③将低压软管快速接头连接到低压检修阀上。

④读取高、低压力表上的压力值，如图 4-11 所示。

图 4-10　检查歧管压力表

图 4-11　压力值

2）测量动态压力

①启动发动机，打开鼓风机开关到 4 挡位置，按下 A/C 开关，发动机转速保持在 1 500 r/min 左右。

②运行空调 3 ~ 5 min。

③读取高、低压力表上的压力值。

（5）**制冷系统的检漏**

1）外观检漏

①使用外部照明设备（手电筒或工作灯）查看压缩机表面与接头是否有油渍。

②检查连接压缩机的低压管和高压管是否有油渍，如图 4-12 所示。

③检查冷凝器表面和接头是否有油渍。

④检查储液罐接头和压力开关是否有油渍。

⑤检查膨胀阀接头是否有油渍。

2）压力检漏

①连接歧管压力表到高、低压检修阀，测量制冷系统是否还有制冷剂，如果还有制冷剂，需先回收制冷剂，再进行加压检漏。

②向制冷系统中充入氮气，充至压力约 1 000 kPa。

③拧紧歧管压力表高、低压手动阀，记录高、低压表数值，等待约 20 min，如果压力出现下降，说明系统存在泄漏。

④用水壶调制一定浓度的肥皂水，并摇晃，产生大量的泡沫，如图 4-13 所示。

⑤将泡沫涂抹在制冷系统各部件的接头处，一边涂抹，一边查看，如果泄漏轻微，在泄漏的地方就会产生一个大气泡；如果泄漏严重，就会产生很多气泡，很容易发现和鉴别。

图 4-12　检查冷凝器

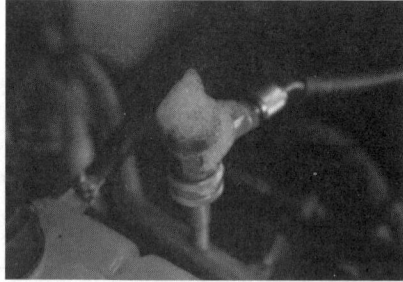

图 4-13　肥皂水检漏

小提示

压力检漏法是在制冷系统没有制冷剂的情况下,将一定压力的氮气加入系统中,一般不允许打入压缩空气,因为压缩空气中含有较大的湿气。此方法通常用于制冷系统的制冷剂完全漏光时的检漏。

3)电子检漏仪检漏

①关闭发动机。

②安装歧管压力表,测量制冷系统是否还有制冷剂,测量静态(空调不工作)压力,压力必须高于 350 kPa。如果压力不足,则需要添加制冷剂,否则无法进行电子检漏仪检漏。

③拆下歧管压力表。

小提示

由于制冷剂的密度大于空气,所以应在相关部件的下方进行泄漏检测。操作时,电子检漏仪探头距被测部件 3~5 mm,并缓慢地环绕管道进行检测。

④用抹布清洁即将要检查的部位。

⑤按下检漏仪电源键,此时检漏仪发出均匀的"嘀、嘀"声,再用检漏仪探头依次围绕压缩机前端(轴封)和接头,冷凝器表面、下方和接头,储液罐接头和压力开关,膨胀阀接头,连接管路的软管与硬管连接处和管接头,高、低压检修阀等。如果发现泄漏点,检漏仪的"嘀、嘀"声频率会加快,而且越接近泄漏部位,频率会越来越高,如图 4-14、图 4-15 所示。

图 4-14　电子检漏仪检漏

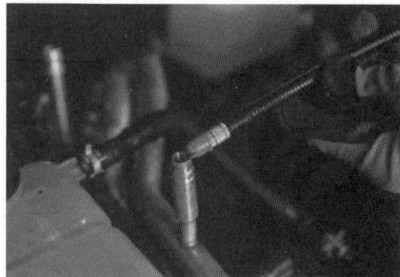

图 4-15　电子检漏仪检漏

⑥按照上述顺序,检查两次以上。

4)荧光剂检漏

①首先安装歧管压力表,测量制冷系统是否还有制冷剂,测量静态(空调不工作)压力,压力必须高于 350 kPa,然后拆下歧管压力表。

②将一瓶空调荧光剂倒入加注器中。

③将荧光剂加注器连接到低压检修阀上,如图4-16所示。

④启动发动机,打开空调A/C开关和鼓风机开关。

⑤在空调工作(压缩机运转)时,通过低压检修阀,注射一瓶荧光剂到制冷系统中。

⑥发动机保持运转,从低压检修阀上拆下荧光剂加注器,如图4-17所示。

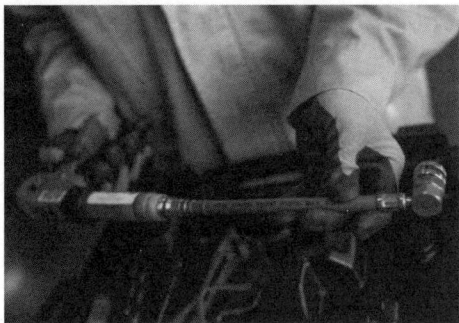

图4-16 加注

图4-17 拆下荧光剂加注器

⑦空调系统继续运转至少20 min,使荧光剂与系统制冷剂充分混合。由于泄漏量大小不同,荧光剂至少15 min或多达7天时间才能显现。

⑧戴上有色眼镜,将紫外线灯电源插头分别夹到蓄电池正、负极接柱上。

⑨按下紫外线灯开关,依次照射制冷系统部件、接头和管路,如有泄漏,将在泄漏点呈现明亮的绿色、黄色区。

⑩如果没有发现泄漏点,有可能泄漏量非常少,需要更长的运行时间才能出现。

5)真空检漏

真空检漏法通常只用来判断系统是否存在泄漏,而要检查具体泄漏部位还要辅以其他几种检漏方法。

①将歧管压力表的高、低压接头连接到制冷系统高、低压检修阀上。

②查看高、低压表指针,确保制冷系统没有制冷剂。

③将歧管压力表中间软管连接到真空泵吸气口上。

④打开歧管压力表的高、低压阀,连接真空泵电源插头,并打开开关。

⑤观察低压表上的真空表部分,如图4-18所示,直到指针偏摆到$-80\sim100$ kPa。

⑥关闭歧管压力表的高、低压阀,关闭真空泵。

⑦等待不少于60 min,如果表针没有变化,说明系统没有泄漏;如果表针回升,说明系统存在泄漏。

6)制冷剂纯度的检测

①检查鉴别仪的过滤器是否严重脏污,若是,则应更换鉴别仪过滤器。

②连接鉴别仪电源,鉴别仪自动开机并预热(约2 min),此时鉴别仪上亮红色的指示灯,如图4-19所示。

③检查鉴别仪连接软管是否裂纹或其他损坏。

图4-18 观察低压表

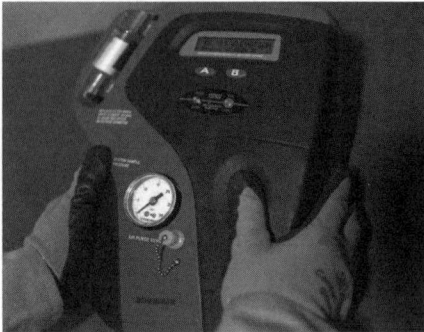
图 4-19　检查鉴别仪

④预热结束后,鉴别仪内部的吸气泵会发出"嗡嗡"的工作声,待工作声停止后且指示灯显示为绿色时,将鉴别仪连接软管一端先连接到鉴别仪吸气口,另一端再连接到高压侧检修阀上。

⑤查看鉴别仪上的压力表是否达到 103.4 kPa 以上的压力,如果未达到,可能是管路连接不到位或制冷系统中制冷剂严重不足。

⑥如压力表指示达到 103.4 kPa 以上,按下鉴别仪上的 B 键,进入鉴别分析。

⑦等待 4 ~ 10 s,鉴别仪显示屏上显示制冷剂的成分,显示的有 R134a、R12、R22、HC(碳氢)、AIR(空气)5 个成分的体积分数。

⑧分别记录制冷剂各成分值,确认是否能够回收。

⑨按下鉴别仪上的 B 键,退出检测,先取下鉴别仪软管在高压侧检修阀上的接头,再拧下鉴别仪上的接头。

⑩拔下鉴别仪电源插头,回收鉴别仪。

小提示

在制冷剂回收之前,先对制冷剂的成分进行鉴别,只有当 R134a 的体积分数大于 96% 时才能回收再利用,否则只能排空或回收到废气罐中。

行业小知识

一般来说,目前市面上维修厂更换汽车空调加氟需要 30 ~ 50min,维修工时费为 50 ~ 100 元。

任务工作单

考核项目:制冷暖风性能检查任务工单			
模块四:新能源汽车空调与舒适系统检查保养		考核时间:　　　　分钟	
姓名:	班级:	学号:	教师签字:
初评:□合格□不合格	复评:□合格□不合格	师评:□合格□不合格	
日期:	日期:	日期:	

一、记录车辆信息

品牌		整车型号		生产日期	
发动机型号		驱动电机型号		行驶里程	
车辆识别码					

二、汽车空调操作与基本检查

检查项目	检测数据	检查项目	记录
鼓风机 1 挡风速		压缩机工作情况	
鼓风机 2 挡风速		冷却风扇工作情况	

检查项目	检测数据	检查项目	记录
鼓风机 3 挡风速		出风模式情况	
鼓风机 4 挡风速		内外循环情况	

三、检查制冷系统性能（空调开至最冷状态）

检查项目	检测数据	检查项目	记录
室外环境温度		左出风口风速	
室外环境湿度		中间出风口风速	
室内中间出风口温度		右出风口风速	
室内中间出风口湿度		进气口风速	
静态空调管路压力		动态空调管路压力	

四、检查制冷剂的泄露

采用检漏的方法				
泄露位置	1	2	3	4

五、检测制冷剂纯度

检测制冷剂纯度	海拔设定：
	纯度检测结果：
	检测结果判断：

六、查询维修手册

序号	部件名称	章节及页码	规格（公制）
1		章　　页	
2		章　　页	
3		章　　页	

作业任务总结

制冷暖风性能检查【配分评分表】

序号	评分项	得分条件	评分标准	配分	扣分
1	安全/7S/态度	□1.能进行工位 7S 操作 □2.能进行设备和工具安全检查 □3.能进行车辆安全防护操作 □4.能进行工具清洁校准存放操作 □5.能进行三不落地操作	未完成 1 项扣 3 分 扣分不得超 15 分	15	
2	专业技能	□1.能正确地检查鼓风机挡位工作 □2.能正确地检查压缩机工作情况 □3.能正确地检查冷却风速工作情况 □4.能正确地检查出风模式功能 □5.能正确地检查内外循环功能 □6.能正确地检查室外温度、湿度 □7.能正确地检查出风口温度、湿度 □8.能正确地检测各出口风速 □9.能正确地检测静态管路压力 □10.能正确地检测动态管路压力 □11.能正确地检测制冷剂泄漏 □12.能正确地判定制冷剂泄漏位置 □13.能正确地检测制冷剂纯度 □14.能正确地判定纯度检测结果	未完成 1 项扣 5 分 扣分不得超 50 分	50	
3	工具及设备的使用能力	□1.能正确地选用维修工具 □2.能正确地使用维修工具 □3.能正确地使用纯度鉴别仪 □4.能正确地使用空调压力表 □5.能正确地使用检漏设备	未完成 1 项扣 5 分 扣分不得超 10 分	10	
4	资料、信息查询能力	□1.能正确使用维修手册查询资料 □2.能在规定时间内查询所需资料 □3.能正确记录所查询资料章节页码 □4.能正确记录所需维修信息	未完成 1 项扣 5 分 扣分不得超 10 分	10	
5	数据、判读和分析能力	□1.能判断面板功能是否正常 □2.能判断空调系统工作是否正常 □3.能判断空调管路是否泄漏 □4.能判断/分析制冷剂纯度	未完成 1 项扣 5 分 扣分不得超 10 分	10	
6	表单填写与报告撰写能力	□1.字迹清晰 □2.语句通顺 □3.无错别字 □4.无涂改 □5.无抄袭	未完成 1 项扣 1 分 扣分不得超 5 分	5	
合计					

▶ 相关知识

（1）汽车空调的认识

汽车空调系统用来调节车内的温度、湿度、气流速度和空气洁净度，从而创造清新舒适的车内乘员环境。汽车空调是衡量汽车功能的标志之一，在任何气候和行驶条件下，通过对车厢内的空气进行调节达到人体最适宜状态，改善驾驶人的驾驶环境，提高乘客乘坐的舒适性。

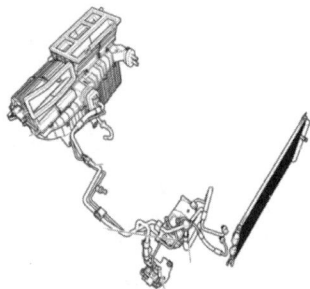

图4-20　空调组成

汽车空调一般主要由压缩机、电控离合器、冷凝器（condenser）、蒸发器（evaporator）、膨胀阀（expansionvalve）、储液干燥器（receiverdrier）、管道（hoses）、冷凝器风扇、真空电磁阀（vacuumsolenoid）、怠速器和控制系统等组成，如图4-20所示。

注意点：新能源汽车空调系统和传统汽车空调系统的区别。

1）压缩机驱动方式不同

新能源汽车空调制冷系统的制冷原理与传统汽车相同，其区别是压缩机驱动方发生了变化。新能源汽车空调压缩机采用电驱动的方式，而传统汽车绝大多数用发动机传动带驱动。

2）实现形式不同

新能源汽车在暖风实现的形式上，通常是利用电加热的方式来产生暖风。电加热的方式有两种：一种是通过加热冷却液，再经过循环为暖风水箱提供热量；另一种是直接加热经过蒸发箱的空气实现暖风。

（2）汽车空调的作用

汽车空调的作用是温度调节、湿度调节、气流调节。

（3）汽车空调的组成

汽车空调系统的基本结构在不同的车型上相差不大，通常由制冷系统、暖风系统、通风系统和控制系统四个子系统组成。这四个子系统共同作用就能实现对车内空气的调节，如图4-21、图4-22所示。

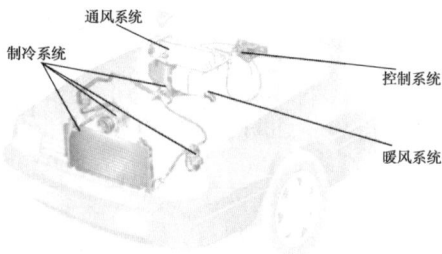

图4-21　基本结构（四个子系统）

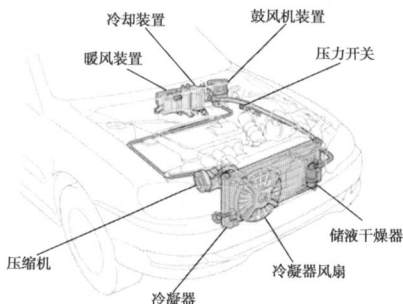

图4-22　基本结构（空调的结构）

1）制冷系统

①作用：制冷系统的作用就是在夏季对车内空气或由外部进入车内的新鲜空气进行冷却、除湿，为车内提供冷气，使车厢内变得凉爽舒适。

②组成：制冷系统主要由压缩机、冷凝器、储液干燥器、膨胀阀和蒸发器等组成，它们之间

由特制的橡胶软管和金属管路连接起来,形成一个封闭的制冷循环系统,如图 4-23 所示。

③工作原理:制冷剂在循环系统内的工作过程为:压缩—冷凝—膨胀—蒸发,如图 4-24 所示。

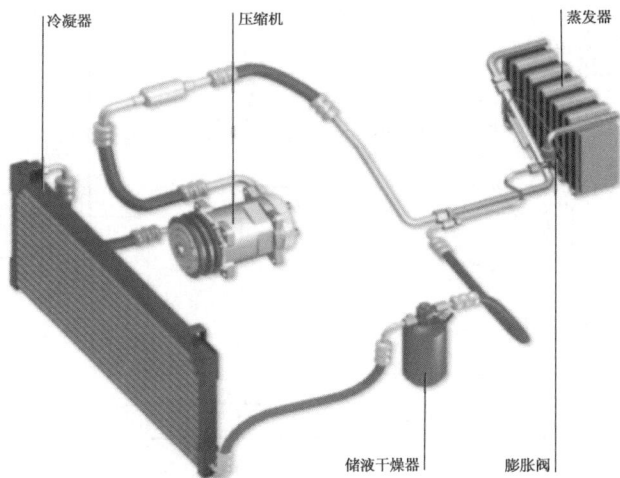

图 4-23　制冷组成

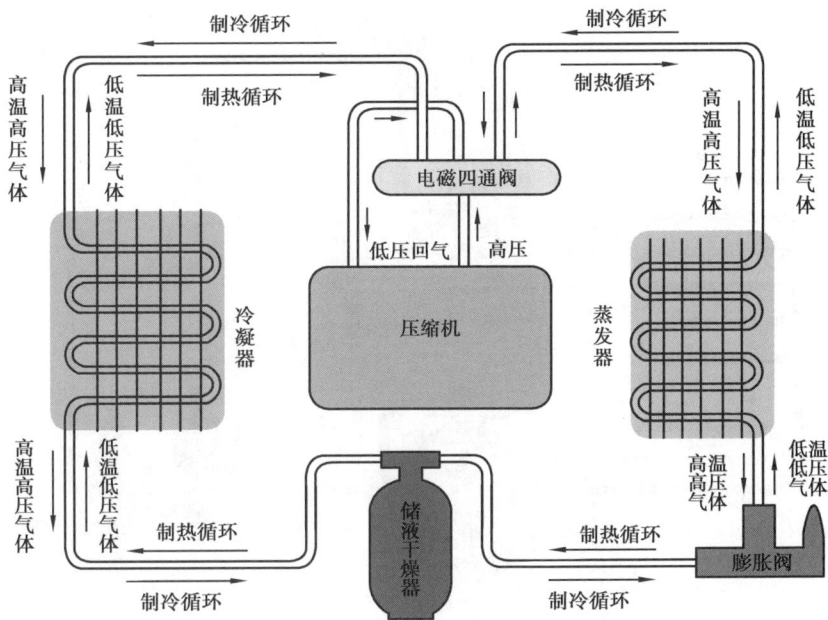

图 4-24　制冷系统工作原理

④压缩过程:压缩机工作时从蒸发器出口的低压回路吸入低温气态制冷剂,加压后经高压管送到冷凝器中进行冷却。被压缩后其温度可达约 80 ℃,压力约 1 500 kPa,此时制冷剂形态为高温高压的气态,如图 4-25 所示。

⑤冷凝过程:进入冷凝器中的气态制冷剂,在冷却风扇的作用下,经外部空气进行冷却,制冷剂由高温高压气体转变为中温(约 50 ℃)高压的液体。

⑥蒸发过程:经节流元件节流降压后,进入蒸发器的液态制冷剂实现汽化,通常称之为蒸

195

发过程。蒸发过程需要吸收热量,会使蒸发器表面温度下降,在鼓风机的作用下,空气不断流过低温的蒸发器表面,被冷却后再送进车厢内,达到制冷的目的,如图 4-26 所示。

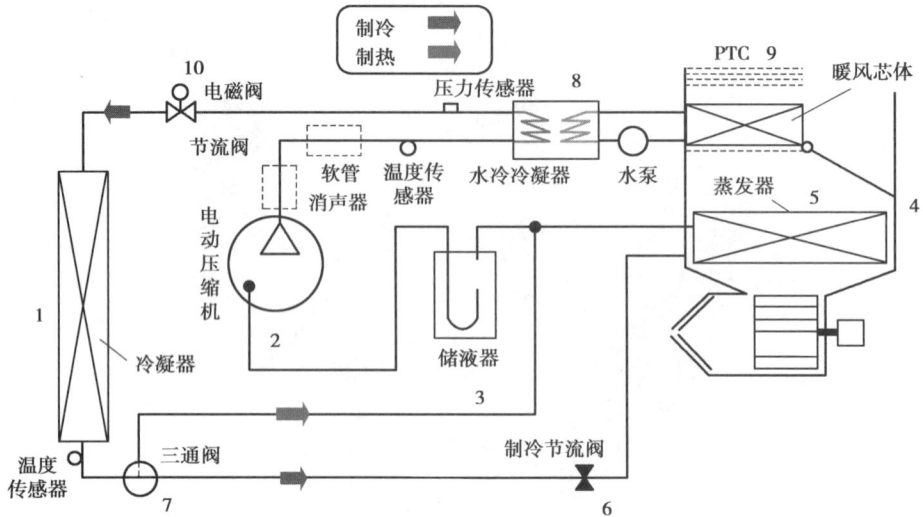

图 4-25 压缩过程工作原理

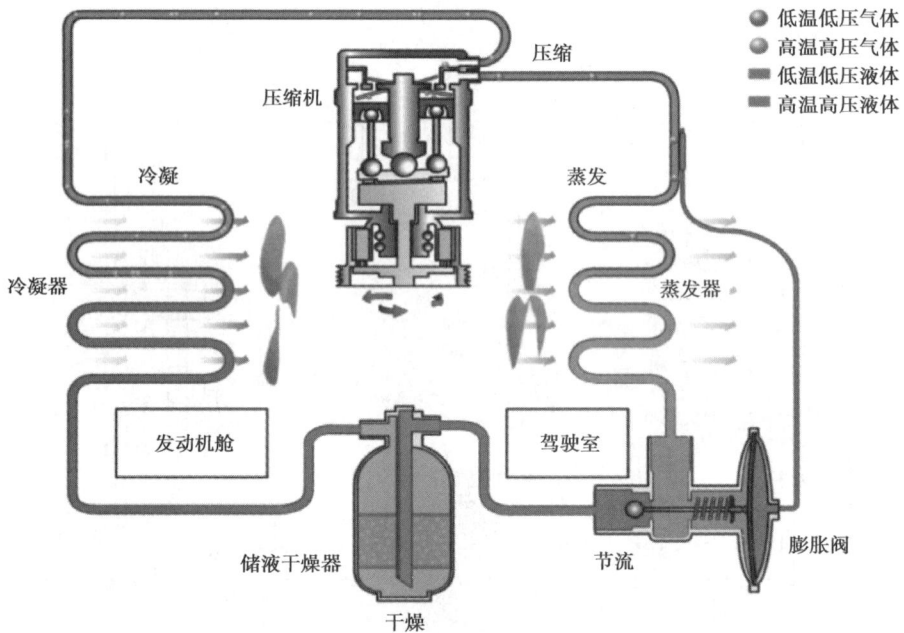

图 4-26 蒸发过程

⑦膨胀过程:冷凝后的中温高压液体制冷剂被送入节流元件(膨胀阀)。节流元件的进口空间小(即截面积小),出口空间大(即截面积大),具有节流降压作用。从节流元件出来的制冷剂所处的空间会迅速变大,压力和温度也随之降低。

2)暖风系统

暖风系统的作用就是对车内空气或进入车内的外部空气进行加热。现代汽车空调都是冷暖一体化的装置,用户可以通过操纵手柄设定热、冷风量的比例,将热、冷风混合成所需温度的风后再送入车内,并通过调节风速的高低选择合适的风量,满足人们对温度舒适性的要求。暖风系统如图4-27所示。

3)通风系统

如果长时间坐在密闭的车内,乘客会觉得胸闷,这是因为空气中缺氧造成的,此时应及时地打开车窗透透气。而当行驶在高速公路上或车外环境较差的路面,不便开窗换气时,通过操纵空调开关或旋钮,就能对车内进行换气。

通风系统的作用就是不断将新鲜空气引入乘客舱内,并通过净化装置对空气进行清洁,以提高车内空气的清新度,如图4-28所示。

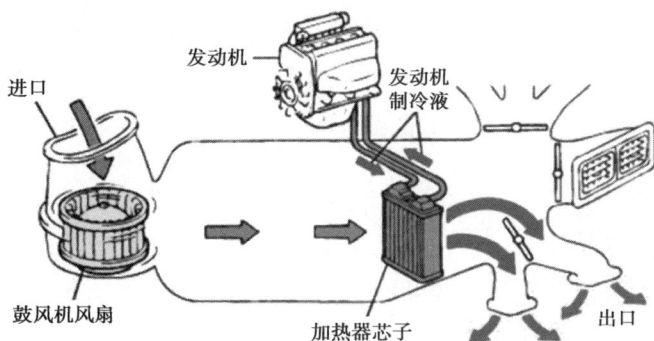

图4-27　暖风系统

图4-28　通风系统

(4)爱岗敬业

爱岗敬业,是社会主义核心价值观中的内容之一。筑就人生美丽梦想,践行核心价值观,既不是虚无缥缈的,也不是高不可攀的。"问渠那得清如许,为有源头活水来。"人的心灵深处一旦有了源源流淌的"活水",便有了创业创造、建功建树的不竭"源泉"。我把"爱岗精神、敬业自觉视为成功之源。"成功之源",就根植在你我他的职业道德里、情感良心中。表面上,爱岗敬业是利他的;实质上,爱岗敬业也是利己的。换言之,它是满足社会需求与实现个人价值的有机统一。

➤ 学习任务

1. 地球上所有的物质都是以固体、_____或_____三种形态存在。液态(水)若再对它加入足够的热量使其沸腾,它就会转变成_____。反之,水蒸气在密闭容器内,将其转移出足够的热量,则由气态转变为_____,再继续将其热量转移,液态即转变为固态。

2. 热量是变化的,当物质吸热或放热时,有时温度会发生变化,有时形态会发生变化,根据这些现象可将热量分为_____和_____两种形式。热的传递有三种方式:热辐射、_____和_____。

3. 表示物体冷热程度的物理量是_____,用符号_____表示;表示空气里含有水蒸气的量是_____;作用在物体单位面积上的力称为_____,单位为_____。

4. 1MPa=_____kPa=_____bar。

5. 目前汽车空调系统中的制冷剂有R12、R22、_____三种。其中对环境比较友善,被称为环保冰种的是_____。

6.冷冻润滑油在制冷系统中非常重要,作用有_____、_____、密封和降低压缩机噪声等。

7.空调的作用具体包括_____、_____、通风(净化)等功能。

8.汽车空调按控制方式可分为_____、半自动空调和_____;按压缩机的驱动方式不同汽车空调可以分为独立式空调和_____式空调。其中用专用空调发动机来驱动制冷压缩机的空调是_____式空调。

9.汽车空调系统的基本结构在不同的车型上相差不大,通常由_____系统、_____系统、通风系统和_____系统四个子系统组成,这四个子系统共同作用就能实现对车内空气的调节。

➤ **职业模块目标自评**

知识目标自评
①掌握空调技术基本术语。
②掌握汽车空调系统的作用、分类与组成。
③掌握制冷系统的作用、组成与工作过程。

技能目标自评
①能在实车或空调系统实训台架上认知空调系统各部件。
②会操纵和检查空调系统工作是否正常。
③会检测制冷剂的成分。
④会检查制冷系统的泄漏。
⑤会检测制冷与暖风系统性能。

素养目标自评
①能够在工作过程中与小组其他成员合作、交流,养成团队合作意识,锻炼沟通能力。
②养成7S的工作习惯,遵循企业文化。
③弘养成服从管理,规范作业的良好工作习惯。

任务4.2 制冷系统检查保养

本任务根据汽车运用与维修(含智能新能源汽车)"1+X"证书制度职业技能等级标准中新能源汽车电子电气空调舒适系统检查保养技术【初级】模块四所对应的制冷系统检查保养内容进行设定。

任务定位

	【新能源汽车电子电气空调舒适技术】—初级强化项目表																			
工作	一					二					三					四				
职业功能	线路读图与电子元件检查					启动与充电系统检查保养					灯光与电器系统检查保养					空调与舒适系统检查保养				
任务分解要项	1	2	3	4	5	6	7	8	9	10	11	12	13	14	15	16	17	18	19	20
实训项目	资料数据参数	仪器量具使用	拆装量具调试	汽车电路查询判读	模块控制电路查询	传感器电路的查询	执行元件电路查询	电子元件检查判读	串联启动充电检查	并联启动充电检查	混联启动充电检查	混联发电机的保养	混联发电机的保养	前照大灯光束调整	洗涤系统检查保养	全车灯光检查保养	灯光电路连接检查	仪表室内灯光检查	制冷暖风性能检查	制冷系统检查保养	过滤通风系统检查	舒适系统初始设定	车门车窗饰件保养
技能知识	8					4					1					5				
单组时间	3	3	3	3	3	3	3	3	3	3	3	3	3	3	3	3	3	3	3	3

设备与工具清单

任务	作业项目	设备与工具清单
制冷系统检查保养	1.制冷剂的回收与加注 2.冷凝器的清洗 3.电动压缩机油更换 4.空调系统部件密封性检查	1.电动空调实验台架、空调系统部件、电动压缩机 2.制冷剂回收与加注机、真空泵与压力表 3.制冷剂罐、压缩机油、量杯、空调检漏堵头工具 4.维修工具、工具箱、零件盒 5.计算机、维修手册

➢ **作业项目　制冷系统的检查保养操作**

工作情境描述

一辆长安 CS75PHEV 汽车用户反映:空调制冷效果不佳,需要你对该系统进行检查,确定故障部位并进行修理。

制冷系统检查保养

作业设备工具

长安 CS75PHEV 汽车、歧管压力表、电子检漏仪、荧光检漏设备、真空泵、回收加注机、制冷剂、冷冻油、常用维修工具和维修手册等。

作业准备

车辆在工位停放周正,铺好车内四件套和车外三件套。

作业步骤

(1)制冷剂回收与加注(用歧管压力表作业)

1)制冷剂的排放

①首先将歧管压力表的高、低手动阀关闭,并挂到发动机舱盖上,如图 4-29 所示。

②连接歧管压力表的低压管接头到低压检修阀上。

③用抹布简单包住歧管压力表中间接管的出口。

④缓慢打开低压手动阀,让制冷剂缓慢从中间接管流出。

⑤直到压力表低压的读数为零时,再关闭手动阀。

小提示

制冷剂要尽可能地回收,而不能轻易排放到大气中而污染环境。若确需排空制冷剂时,周围环境一定要通风良好,不要接近明火,否则会产生有毒气体。

2)制冷系统抽真空

①将歧管压力表的高、低压软管接头分别连接到高低压检修阀上。

②将歧管压力表中间软管连接到真空泵的吸气口。

③打开歧管压力表上的高、低压手动阀。

④连接真空泵电源插座,并打开真空泵电源开关。

⑤观察低压表的指针是否向真空侧偏摆,连续抽 5 min 后,低压表应达到 -30 kPa,高压表略低于零,如图 4-30 所示。

图 4-29　歧管压力表

图 4-30　真空侧偏摆

⑥在低压表指针到位最低位时,关闭高、低压手动阀,关闭真空泵电源开关,再观察低压表的指针是否上升(等待约 5 min),如果上升说明真空有损失,系统还有漏点,要修复后才能继续抽真空,如图 4-31 所示。

图 4-31　观察低压表

⑦继续抽真空,抽真空的时间不得少于 30 min,如时间允许可再长些。

⑧抽真空结束时,先关闭高、低压手动阀,再关闭真空泵。

小提示

在汽车空调制冷系统维修过程中，一旦制冷系统暴露于空气中或更换某一个制冷系统部件时，都必须进行抽真空。抽真空的目的是排除制冷系统内的空气和湿气，实际上抽真空并不能直接把水分抽出制冷系统，而是产生真空后降低水的沸点，水汽化成水蒸气抽出系统外。

3）冷冻油的加注

①倒入适量的冷冻油到量杯中。

②将歧管压力表中间软管头浸入冷冻油中。

③缓慢打开歧管压力表高压手动阀，利用制冷系统内的真空将冷冻油吸入制冷系统中，要注意观察，防止吸入空气。

④将量杯内的冷冻油吸尽后再关闭高压手动阀。

4）制冷剂的加注

①当制冷系统已经抽真空并注入适量的冷冻油后，关闭歧管压力表上的高、低压手动阀，再将中间软管接头连接到制冷剂罐注入阀上。

②观察高、低压力表指针，如果高、低表指针不再上升，而罐内仍然有较多的制冷剂时，说明从高压端充注完成。

③将制冷剂罐拧装到注入阀上，旋入注入阀的手柄，使注入阀刺穿制冷剂罐，然后再旋出注入阀手柄，使罐内的制冷剂流出。

④稍许拧松歧管压力表中间软管的上方接头，让原来管路中的空气溢出 1～2 s，然后再拧紧软管接头。

⑤拧开高压手动阀至全开位置，此时，可以将制冷剂罐倒立，液态的制冷剂从高压端注入制冷系统。

⑥密切注意制冷剂视液窗和高、低压力表，如图 4-32 所示，确认制冷剂加注量是否足够，如不足，可以再加注第二罐制冷剂，直到视液窗只有少量气泡为止。

⑦拧入制冷剂罐注入阀手柄，关闭压力表低压手动阀，关闭空调和发动机。

⑧将制冷剂罐直立，关闭歧管压力表高压手动阀。

⑨启动发动机，打开空调鼓风机开关到最高挡，如图 4-33 所示、打开 A/C 开关、温度风门旋到最冷位置，发动机转速保持在 1 500 r/min 左右。

图 4-32　歧管压力表　　　　　图 4-33　控制面板

⑩直立制冷剂罐,打开歧管压力表低压手动阀,使制冷剂从低压检修阀注入制冷系统。

(2)制冷剂回收与加注

1)制冷剂的回收

①连接回收加注机电源插头,并打开电源开关,此时显示屏会显示制冷剂净重(制冷剂罐在回收加注机的内部),如图4-34所示。

②先关闭回收加注机上的高、低手阀,再将回收加注机的高、低压软管接头连接到制冷系统高、压检修阀上。

③启动发动机,并打开空调运转3~5 min,让制冷剂与冷冻油充分混合。

④发动机熄火。

⑤记录此时回收加注机显示屏上显示的制冷剂净重;记录此时回收加注机废油瓶的油量,如图4-35所示。

剩余容量	**7.97**	Kg
制冷剂净重	**2.02**	Kg

图4-34 制冷剂净重

图4-35 加注机废油瓶的油量

⑥打开回收加注机上的高、低压手阀,并按下"回收"键,即开始回收制冷系统的制冷剂。

⑦察看高、低压表指针应缓慢下降,待低压表指针指向负数后,再回收约1 min,再按下"确认"键,系统停止回收,如图4-36所示。

⑧显示屏显示"正在排油",待回油结束后,再记录废油瓶内的油量,与回收前的数值相减,即为本次回收冷冻油的油量。

⑨按下"取消"键,显示屏显示回收后的罐重,与回收前的数值相减,即为本次回收制冷剂的重量,如图4-37所示。

图4-36 系统回收

图4-37 回收制冷剂的重量

2)抽真空

①检查高、低压表指针是否在零位(如果制冷系统还有压力,将不能抽真空)。

②按下回收加注机上的"抽真空"功能键,并打开高、低手阀,此时从高、低压侧同时抽真空。

③观察低压表的指针是否向真空侧偏摆。连续抽3 min后,低压表应达到-30 kPa或更

低,高压表略低于零,如图 4-38 所示。

④抽真空时间 30 min 以上。

⑤按下"取消"键。

3)保压检漏

①当抽真空时间足够后,按下"取消"键,系统会自动跳到保压阶段,此时,关闭高、低压手阀。

②记录低压表指示值,等待 5 min 以上,看指针是否回摆。如回摆,说明制冷系统还存在泄漏,需要继续查找泄漏部位。

图 4-38　观察低压表指针

③指针没有回摆,则可进入下一个流程。

4)注冷冻油

①记录注油瓶的油量,计算本次应注的冷冻油油量(回油量+20 mL)。

②保压完成后,按下"取消"键自动进入注油流程,显示屏显示"是否注油"。

③打开高压手动阀(从高压侧注油),此时应密切观看注油瓶,再按"确认"键,此时注油瓶的冷冻油在真空吸力下快速下降,当达到注油量时,立即按下"确认"键,防止吸入过量的冷冻油。

④察看注油瓶的油量,计算注油是否足够,如不足,可以按下"确认"键继续注油,如图 4-39 所示。

⑤按下"取消"键,注油完成。

5)再次抽真空

①关闭高压手阀,打开低压手阀。

②按下"抽真空"键,设定抽真空时间,进行第二次抽真空,如图 4-40 所示。

③再次抽真空约 5 min 即可,按下"取消"键。

④关闭低压手阀。

图 4-39　察看注油瓶的油量

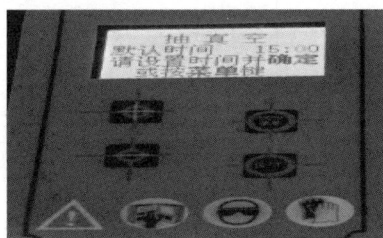

图 4-40　抽真空

6)加注制冷剂

①查询维修手册,查找制冷剂加注量或按下回收加注机的"数据查询"键,查找该车型制冷剂加注量。

②关闭低压手阀,打开高压手阀。

③按下"加注"键,显示屏显示设定的加注量,按下数字键输入需要的加注量,再按下"确认"键,回收加注机内的制冷剂快速注入到制冷系统中,如图 4-41 所示。

④此时显示屏显示充注量,当充注到设定量后,回收加注机会自动停止加注。

⑤显示屏显示"下一步,管路清理"。

7)管路清理

①待回收加注机自动停止加注后,从高、低压检修阀接口上取下回收加注机的高低压接头。

②打开高、低手阀,按下"确认"键,回收加注机进行管路清理,将残废在管路中的制冷剂回收到制冷剂罐中。

③清理管理约需要 2 min,待清理完后低压表指针指示到零处,即可按下"取消"键,完成管路清理,如图 4-42 所示。

④关闭回收加注机电源开关。

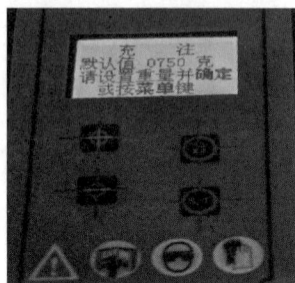

图 4-41　充注

图 4-42　清理管路

行业小知识

一般来说,目前市面上空调抽真空需要 40 ~ 50 min,维修工时费大约为 100 元。

任务工作单

考核项目:制冷系统检查保养任务工单				
模块四:新能源汽车空调与舒适系统检查保养		考核时间:　　　　分钟		
姓名:	班级:	学号:		
初评:□合格□不合格	复评:□合格□不合格	师评:□合格□不合格	教师签字:	
日期:	日期:	日期:		
1. 车辆信息记录				
品牌		整车型号		生产年月
发动机型号		电机型号		行驶里程
车辆识别码				
2. 制冷剂回收与加注				
序号	项目	作业记录		
1	回收管路连接	管路连接结果:		
2	制冷剂回收	制冷剂回收结果:		
3	制冷剂净化	制冷剂净化结果:		

4	初抽真空	抽真空时间设定：
		抽真空结果：
5	保压	保压后真空度：
		结果判断：
6	注油	排出油量：
		注油瓶的油量：
		设定注油量：
		实际注油量：
7	抽真空	抽空时间设定：
		抽真空结果：
8	定量加注制冷剂	加注量设定：
		加注结果：
9	管路回收	管路回收结果：

3. 查询维修手册

序号	部件名称	章节及页码	规格（公制）
1		章　　　页	

作业任务总结

_____

_____

_____

_____

_____

_____

_____

制冷系统检查保养【配分评分表】

序号	评分项	得分条件	评分标准	配分	扣分
1	安全/7S/态度	□1. 能进行工位7S操作 □2. 能确认设备工具是否正常 □3. 能进行高压电安全防护操作 □4. 能进行工具清洁校准存放操作 □5. 能进行三不落地操作	未完成1项扣3分 扣分不得超15分	15	
2	专业技能	□1. 能正确回收制冷剂 □2. 能正确回收冷冻油 □3. 能正确抽真空及气密性检查 □4. 能正确加注电动空调冷冻油 □5. 能正确加注制冷剂 □6. 能正确检查制冷系统泄漏情况 □7. 能正确开启空调检查制冷情况 □8. 能正确清洗冷凝器外表面 □9. 能正确排空及读取压缩机油油量 □10. 能正确加注电动压缩机油 □11. 能正确测量空调管路密封性	未完成1项扣5分 扣分不得超50分	50	
3	工具及设备的使用能力	□1. 能正确使用制冷剂回收与加注机 □2. 能正确使用真空泵 □3. 能正确使用空调压力表 □4. 能正确使用量杯	未完成1项扣5分 扣分不得超10分	10	
4	资料、信息查询能力	□1. 能正确使用维修手册查询资料 □2. 能在规定时间内查询所需资料 □3. 能正确记录所查询资料章节页码 □4. 能正确记录所需维修信息	未完成1项扣5分 扣分不得超10分	10	
5	数据、判读和分析能力	□1. 能判断空调管路密封性是否良好 □2. 能判断电动压缩机机油加注量	未完成1项扣5分 扣分不得超10分	10	
6	表单填写与报告撰写能力	□1. 字迹清晰 □2. 语句通顺 □3. 无错别字 □4. 无涂改 □5. 无抄袭	未完成1项扣1分 扣分不得超5分	5	
合计					

➤ 相关知识

制冷系统是汽车空调的核心部分，工作效率决定空调的性能。它主要由压缩机、冷凝器、储液干燥器、膨胀阀、蒸发器和连接管路等组成，如图4-43所示。

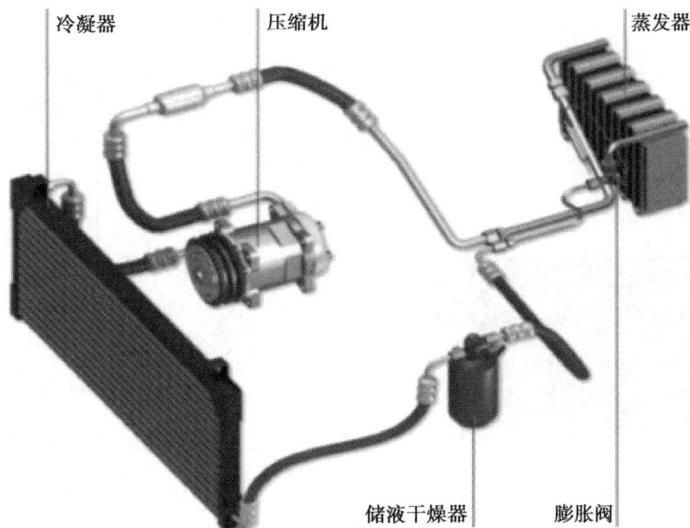

图 4-43　制冷系统

（1）压缩机

压缩机是一种将低压气体提升为高压气体的从动的流体机械，是制冷系统的心脏。它从吸气管吸入低温低压的制冷剂气体，通过电机运转带动活塞对其进行压缩后，向排气管排出高温高压的制冷剂气体，为制冷循环提供动力。汽车空调系统中的压缩机通常使用铝合金材料制造，不但可以减轻重量，而且散热良好。

电动汽车中的空调压缩机是电动机转动（传统汽车的空调压缩机多用由发动机）传动，传统的固定排量压缩机由电磁离合器控制其工作，但近几年广泛使用的可变排量压缩机则可以自动调节其排量以适应系统的不同需求，如图 4-44 所示。

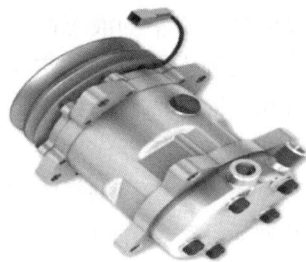

图 4-44　压缩机

> **小提示**
>
> 压缩机的主要性能：输入/输出功率、性能系数、制冷量、启动电流、运转电流、额定电压、频率、气缸容积、噪声等。衡量一种压缩机的性能，主要从质量、效率和噪声三个方面的比较。

（2）冷凝器

冷凝器集成于整车的前端模块，放置于汽车前端，冷凝器（Condenser）外形如图 4-45 所示，为制冷系统的机件。冷凝器属于换热器的一种，能把气体或蒸气转变成液体，将管子中的热量，以很快的方式，传到管子附近的空气中。冷凝器工作过程是个放热的过程，所以冷凝器温度都是较高的，其放热过程如图 4-46 所示。

图 4-45 冷凝器

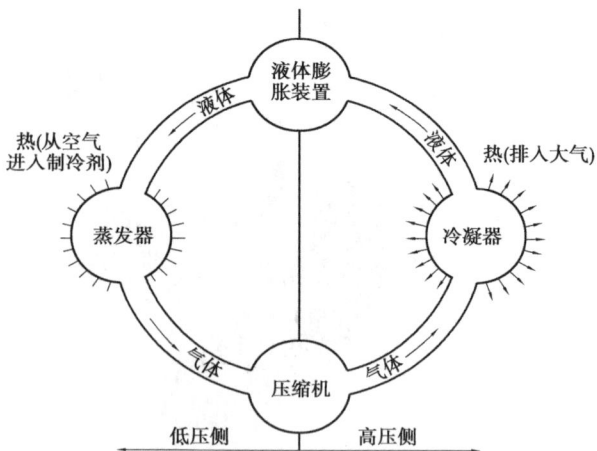

图 4-46 冷凝器放热过程

（3）干燥滤清器

干燥滤清器的作用是过速制冷剂中的杂质,同时用干燥剂去除系统中的湿气。另外,干燥滤清器还可以临时储存循环系统中的液态制冷剂和冷冻机油。对应膨胀阀和节流管两种不同类型的空调系统,干燥滤清器分为储液干燥器和气液分离器两种类型,储液干燥器如图 4-47 所示。

干燥滤清器作用:

①为车内提供新鲜空气。汽车空调滤清器可以让车内提供新鲜空气,防止驾驶员以及乘客过多吸入有害气体,从而保障驾驶安全。

②确保车内安全卫生。汽车空调滤清器可以确保车内空气清洁而不繁殖细菌,创造健康环境,还能有效分隔空气中的尘埃、芯粉、研磨颗粒等固体杂质,保障行车安全。

③有效吸附有害物质。汽车空调滤清器可以有效吸附空气中的水分、煤烟、臭氧、异味等,并且拥有强力和耐久的吸附水分。

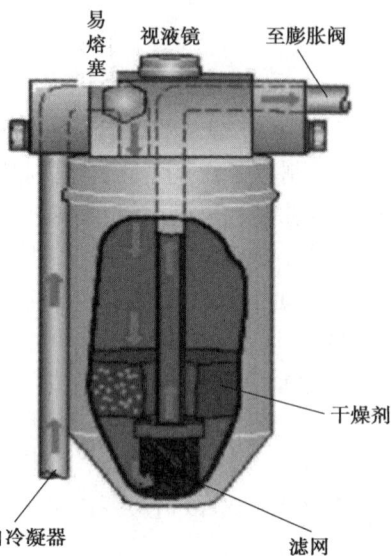

图 4-47 储液干燥器

（4）节流元件

节流元件也称为节流降压装置,它是制冷系统高压侧与低压侧的分界点,通常安装在冷凝器和蒸发器之间的液体管路上或蒸发器的入口处。其作用是在制冷剂进入蒸发器前,强迫其通过一个小的节流孔,把高压液态的制冷剂转变为低压液态的制冷剂。低压的制冷剂能在较低的温度时沸腾而吸收大量的热,从而起到最大制冷效果。常见的节流元件有膨胀阀和节流管两种,其中膨胀阀在汽车空调系统中应用最广泛。

（5）蒸发器

蒸发器的作用是将经过节流降压后的液态制冷剂在蒸发器内沸腾汽化,吸收蒸发器表面周围空气的热量而使之降温,鼓风机再将冷风吹到乘客舱内,让乘客舱内的空气冷却并去除水蒸气。

蒸发器通常位于仪表台下方的空调箱壳体总成内。它由螺旋管、散热片、入口管路和出口管路等组成。散热片多数为铝合金制成,它是一种有效的热交换材料。蒸发器的工作过程与冷凝器正好相反,从膨胀阀或节流孔管进入蒸发器的制冷剂,由于体积突然膨胀会变成低温低压雾状物,这种状态的制冷剂很容易沸腾后汽化,汽化过程中的制冷剂吸收从鼓风机过来的空气的热量,使制冷剂由液态逐渐变成气态,同时,空气中的水蒸气被冷凝在蒸发器上形成小的水滴,水滴聚集在蒸发器底部,并排出车外,这就是空调制冷系统除湿的原理。在湿度较大的天气或冬天时,风窗玻璃上会形成一层雾气,妨碍驾驶人的视线,从而导致危险出现。此时,蒸发器的除湿(除雾)功能就能发挥较大的作用。

(6)制冷系统管路

1)制冷管路

制冷管路用来输送制冷剂,从制冷系统的一个部件到另一个部件(如从压缩机到冷凝器)。空调系统的连接管有硬管和软管,硬管一般用铜或铝合金制成,软管通常用人造橡胶制造,其外侧包有尼龙编织网。为了减小发动机和压缩机对空调系统的振动,压缩机的吸入侧和压出侧都用软管。其他部件为了防止制冷剂泄漏,提高制冷系统的可靠性,一般都用硬管连接。

根据压力不同,制冷管路可分为高压管路和低压管路。低压管路是位于节流元件出口与压缩机入口之间的管路,这段管路输送的是低压和低温的制冷剂,触摸这段管路会感觉它很凉,且管径较粗;高压管路是位于压缩机出口和节流元件入口之间的管路,它将高压制冷剂从压缩机输送到节流元件,触摸这段管路通常会感觉很热,且管径相对较细。

2)管路连接处的密封

各管路或零件之间的连接处使用O形密封圈进行密封,O形密封圈材料多采用氢化丁腈橡胶,不但具有良好的耐油性、耐热性,同时还具有较高的抗压缩性能。另外,氢化丁腈橡胶还具有高强度、高抗撕裂性、耐磨性优异等特点。

(7)工匠精神

20世纪初,德国的泰来洋行承建了甘肃兰州的一座桥梁,工程施工期间,恪守西方商业道德的泰来洋行经理喀佑斯,聘请了美国桥梁工程师和有"华夏小鲁班"之称的天津工匠刘永起担任技术负责人,"工程队队长"刘永起亲自上阵,带领69名中外工匠昼夜施工,铁桥于1909年8月19日正式竣工通行。按照当时的合同规定,该桥自完工之日起保证坚固80年。一百多年以来,铁桥经历了无数次天灾人祸,以及两次大规模战争,至今仍巍然屹立、正常使用,担负着通达黄河两岸的重任。1949年8月解放兰州战役中,铁桥经历了严峻的考验。大桥的钢梁铁架被流矢弹雨打得通红,桥面上的木板被烈火焚烧,但大桥结构安稳,没有倒塌。1989年,一艘自重260吨的供水船失控撞到了桥墩上,整个兰州城都感受到了震动,而中山桥的260余万颗螺钉竟无一松动。质量源于设计者和建造者们对质量的严格把关、对工艺的严格要求,源于中外工匠联手,才在黄河铁桥建设中创造了质量奇迹,这就是值得我们传承的工匠精神。

➤ **学习任务**

1. 制冷系统是汽车空调的核心部分，它主要由压缩机、_____、储液干燥器、_____、_____和连接管路等组成。

2. 压缩机是制冷系统的心脏，其作用是吸入来自蒸发器的_____气态制冷剂压缩成_____状态后送往冷凝器，保证制冷剂在系统中循环流动。

3. 压缩机按照其结构区分可分为_____式和旋转式两种类型；按照排量是否可变区分，压缩机可分为定排量式和_____式。

4. 写出图中数字所指零件的名称：

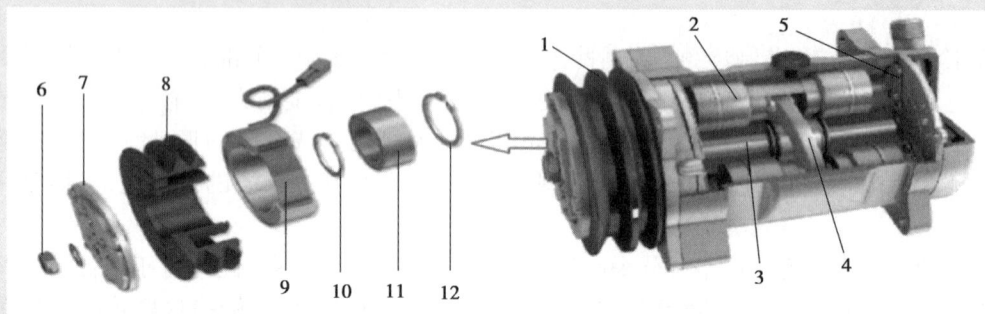

1. _____	2. _____	3. _____	4. _____
5. _____	6. _____	7. _____	8. _____
9. _____	10. _____	11. _____	12. _____

5. 冷凝器的作用是将压缩机排出的_____制冷剂进行冷却使之凝结为_____。

6. _____的作用是过滤制冷剂中的杂质，同时用干燥剂去除系统中的湿气。

7. 节流装置的作用是把_____制冷剂转变为低压液态的制冷剂。低压的制冷剂能在较低的温度时沸腾而吸收大量的热，从而起到最大制冷效果。常见的节流元件有_____和节流管两种。

8. 蒸发器的作用是将经过节流降压后的_____制冷剂在蒸发器内沸腾汽化，吸收蒸发器表面周围空气的热量而使之降温。

9. 制冷管路根据压力不同，可以分为高压_____路和_____管路。_____管路是位于节流元件出口与压缩机入口之间的管路，这段管路输送的是低压和低温的制冷剂。触摸这段管路会感觉它很凉，且管径较粗。

➤ **职业模块目标自评**

知识目标自评
①掌握空调制冷系统各部件的作用、组成及工作过程。
②掌握变排量压缩机的工作原理。

技能目标自评
①会实车拆装空调制冷系统各部件。
②会使用歧管压力表对空调制冷系统进行抽真空与加注冰种。

③会使用回收加注机对空调制冷系统进行回收与加注作业。

素养目标自评

①能够在工作过程中与小组其他成员合作、交流,养成团队合作意识,锻炼沟通能力。

②养成 7S 的工作习惯。

③养成服从管理,规范作业的良好工作习惯。

任务 4.3　过滤通风系统检查

本任务根据汽车运用与维修(含智能新能源汽车)"1+X"证书制度职业技能等级标准中新能源汽车电子电气空调舒适系统检查保养技术【初级】模块四所对应的过滤通风系统检查内容进行设定。

任务定位

【新能源汽车电子电气空调舒适技术】—初级强化项目表																					
工作			一				二					三					四					
职业功能			线路读图与电子元件检查				启动与充电系统检查保养					灯光与电器系统检查保养					空调与舒适系统检查保养					
任务分解要项			1	2	3	4	5	6	7	8	9	10	11	12	13	14	15	16	17	18	19	20
实训项目	资料数据参数	仪器量具使用	拆装量具调试	汽车电路查询判读	模块控制电路查询	传感器电路的查询	执行元件电路查询	电子元件检查判读	串联启动充电检查	并联启动充电检查	混联启动充电检查	混联发电机的保养	混联发电机的保养	前照大灯光束调整	洗涤系统检查保养	全车灯光电路检查	灯光电路连接保养	仪表灯光检查	制冷暖风性能检查	制冷系统检查保养	过滤通风系统检查	舒适系统初始设定	车门车窗饰件保养
技能知识			8					4					1					5				
单组时间	3	3	3	3	3	3	3	3	3	3	3	3	3	3	3	3	3	3	3	3	3

设备与工具清单

任务	作业项目	设备与工具清单
过滤通风系统检查	1. 空调滤芯器的更换 2. 通风管路的清洁 3. 蒸发箱、鼓风机拆装清洗 4. 通风系统风门功能检查 5. 鼓风机的测量检查 6. 风门电路实物连接及电压电流电阻测量	1. 空调试验台架(配备自动空调) 2. 维修工具、工具箱、零件盒、气枪 3. 蒸发箱清洗套装 4. 鼓风机总成、风门电路教具 5. 多功能万用表 6. 计算机、维修手册

➤ **作业项目　过滤通风系统的检查操作**

工作情境描述

一辆长安 CS75PHEV 用户反映:空调出风有异味,需要你对空调系统进行检查,确定故障原因并进行修理。

作业设备工具

长安 CS75PHEV、万用表、空调歧管压力表、常用维修工具和维修手册等。

作业准备

车辆在工位停放周正,铺好车内四件套和车外三件套。

作业步骤

(1)通风系统风门功能检查

1)内外循环风门功能检查

①启动发动机,将鼓风机开关旋到最高挡,按下内外循环开关到外循环位置(此时开关指示灯不良),如图 4-48 所示。

②用手感觉(或用风速计测量)车外风窗玻璃下外循环进风口应有气流吸入,如图 4-49所示。

③再次按下内外循环开关,此时应位于内循环位置(开关指示灯亮)。

④再用手感觉车外风窗玻璃下外循环进风口应没有气流吸入。否则说明内外循环风门工作不正常,需要进一步检测风门与电机是否损坏。

图 4-48　将鼓风机旋到最高挡

图 4-49　用风速计测量进风口气流

2)空气混合风门功能检查

①启动发动机,将鼓风机开关旋到最高挡,打开 A/C 开关,将温度选择旋钮转到最冷位置,并运转发动机 3 ~ 5 min,使发动机水温升到正常。

②用手感觉(或用温度计测量)中央出风口和侧通风口应有较凉爽的风吹出。

③将温度选择旋钮转到中间位置,用手感觉中央出风口和侧通风口应有较暖和的风吹出。

④再将温度选择旋钮转到最热位置,用手感觉中央出风口和侧通风口应有较热的风吹出。否则说明空气混合风门工作不正常,需要进一步检测风门是否卡住或损坏,如图 4- 50所示。

3)出风模式风门功能检查

①启动发动机,将鼓风机开关旋到最高挡,将出风模式风门旋转到脸部模式。

②用手感觉仪表板中央出风口和侧出风口应有较大的气流吹出,用手感觉足部出风口和除霜出风口应没有气流吹出。

③将出风模式风门旋转到脸部加足部模式。

④用手感觉仪表板中央出风口应有气流吹出,用手感觉足部出风口也应有气流吹出,除霜出风口应没有气流吹出。

⑤将出风模式风门旋转到足部模式。

⑥用手感觉仪表板中央出风口应没有气流吹出,用手感觉足部出风口应有较大气流吹出,除霜出风口应没有气流吹出,如图 4-51 所示。

图 4-50　用手感觉中央出风口和侧通风口

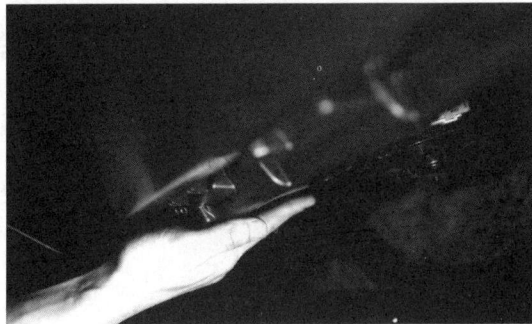

图 4-51　用手感觉足部出风口的气流

⑦将出风模式风门旋转到足部加除霜模式。

⑧用手感觉仪表板中央出风口应没有气流吹出,用手感觉足部出风口应有气流吹出,除霜出风口也有气流吹出。

⑨将出风模式风门旋转到除霜模式。

⑩用手感觉仪表板中央出风口应没有气流吹出,用手感觉足部出风口应没有气流吹出,除霜出风口应有较大气流吹出,如图 4-52 所示。

图 4-52　用手感觉除霜出风口的气流

（2）空调滤清器检查与更换

①拆下手套箱的固定螺丝。

②取下手套箱阻尼器。

③拿出手套箱。

④按下空调滤清器盖板卡扣,并取下盖板,如图 4-53 所示。

空调滤清检查与更换

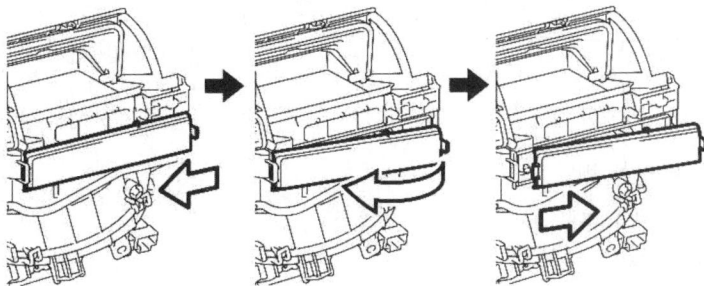

图 4-53　拆卸卡扣流程图

⑤取出空调滤清器,如果较脏应更换滤清器。

⑥用压缩空气与吹尘枪按与气流相反的方向吹净空调滤清器上的灰尘。

⑦安装空调滤清器,注意箭头方向与气流方向一致。

⑧安装与拆卸相反的顺序安装好空调滤清器盖板和手套箱,如图4-54所示。

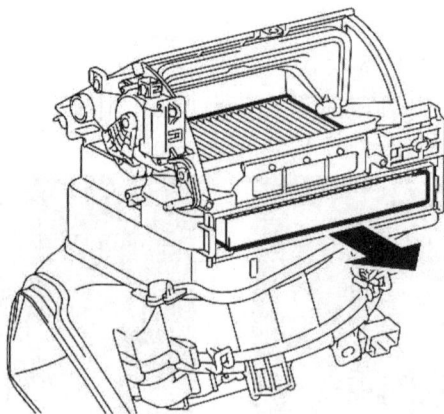

图4-54　安装卡扣

（3）压力传感器检测

①将空调歧管压力表连接到制冷系统中,并读出高压侧压力值。

②拔下空调压力传感器连接器插头。

③打开点火开关,将万用表量程旋转到直流电压测量。

④测量压力开关连接器3与1号端子,电压应为5 V,如图4-55所示。

⑤将3节1.5 V干电池串联,并将串联后的正极(+)引线连接到空调压力传感器端子3,将负极(−)引线连接到端子1。

⑥将万用表正极(+)引线连接到端子2上,负极(−)引线连接到端子1上,测量电压值。

⑦查找维修手册,再根据歧管压力表测量的压力对应的标准电压值,与万用表测量的电压值对比,判断压力传感器是否正常。

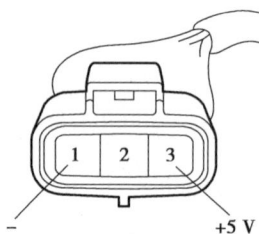

图4-55　压力开关连接器

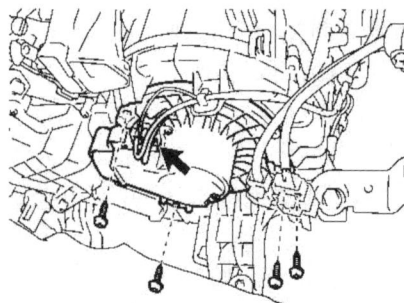

图4-56　鼓风机的拆卸

（4）鼓风机拆装与检测

1）鼓风机拆卸(图4-56)

①拆下手套箱总成。

②拔下鼓风机的线束连接器。

③选用十字螺丝刀拆下鼓风机的4个固定螺丝。

鼓风机拆装与检测

④取下鼓风机总成。

2）鼓风机检测

①检查鼓风机的笼型风扇应无裂纹和扇叶脱落。

②用万用表测量鼓风机马达两个端子的阻值为 1~2 Ω。

③用万用表测量鼓风机马达某一端子与马达外壳阻值应为无穷大,如图 4-57 所示。

（5）鼓风机电阻器拆装与检测

①选用十字螺丝刀从鼓风机壳体上拆下鼓风机电阻器的两个固定螺丝。

②取下鼓风机电阻器,如图 4-58 所示。

图 4-57　用万用表测量鼓风机马达

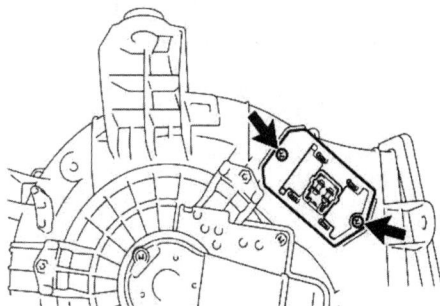

图 4-58　取下鼓风机电阻

③用万用表电阻挡测量鼓风机电阻器端子,如图 4-59 所示的阻值,测量端子 1-4,阻值 3.12~3.60 Ω,测量端子 2-4,阻值 1.67~1.93 Ω,测量端子 3-4,阻值 2.60~3.00 Ω,如测量阻值与标准值不相符,则更换鼓风机电阻器。

④按与拆卸相反的顺序安装鼓风机电阻器。

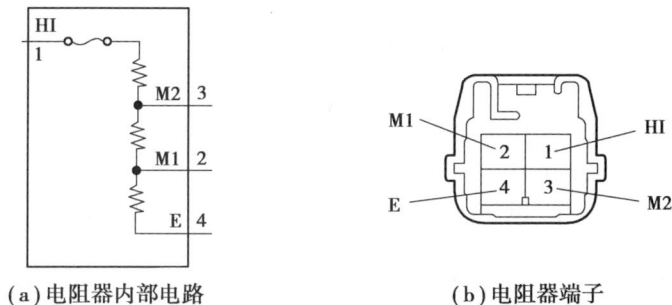

（a）电阻器内部电路　　　　　　（b）电阻器端子

图 4-59　电阻器

（6）蒸发器拆装

①用制冷剂鉴别仪鉴别制冷剂的成分,确认是否能够回收,如果能回收,用回收加注机回收制冷剂。

②转动转向盘,使两前轮位于正前方,再拆下蓄电池负极端子接头。

③拆卸雨刮片与臂,拆下风窗玻璃下方的通风栅板,拆下雨刮电机与连杆。

④拆下制冷管路与膨胀阀的固定螺栓,分离制冷管路与膨胀阀,如图 4-60 所示。

⑤用锂鱼钳夹住暖风水管夹并移出,分离暖风进、出水管与散热器芯,如图 4-61 所示。

⑥拆下仪表板各部位的装饰板,拆下中央通风口,拆下组合仪表装饰板,再拆下组合仪表。

⑦拆下手套箱总成，拆下空调控制面板。

⑧拆下前排乘客侧气囊总成。

⑨断开与仪表板连接的所有线束连接器。

⑩拆下仪表板固定螺栓并取下仪表板。

⑪拆下驾驶侧气囊组件，拆下转向盘。

⑫拆下组合开关与螺旋电缆。

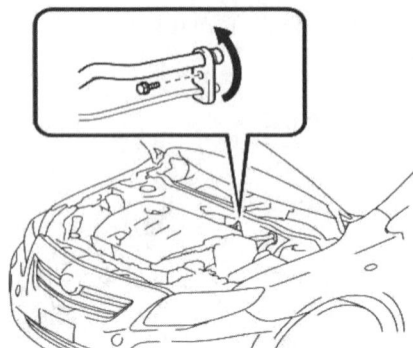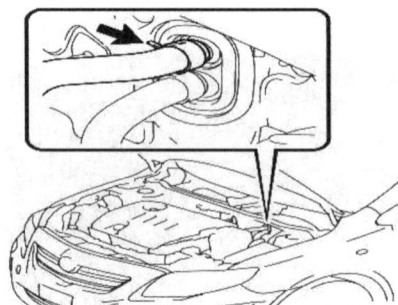

图 4-60　蒸发器　　　　　　　　　　图 4-61　蒸发器连接处

⑬在转向主轴与转向器连接处做好装配标记，松开转向主轴与转向器的连接螺栓，并断开转向主轴与转向器。

⑭拆下转向柱的固定螺栓，并取下转向柱。

⑮断开仪表板加强件上的所有线束连接器与连接管路，并拆下所有固定螺栓，取下仪表板加强件，如图 4-62 所示。

⑯拆下所有出风口的通风连接管道。

⑰拆下鼓风机线束连接器，分离线束与空调通风箱，拆下空调通风箱的所有固定螺栓，如图 4-63。

⑱取下空调通风箱总成，分离暖风箱与鼓风机壳体。

⑲拆下所有风门电机或拉索。

⑳拆下膨胀阀，分解空调暖风箱，取出蒸发器总成，拆下蒸发器温度传感器，如图 4-64 所示。

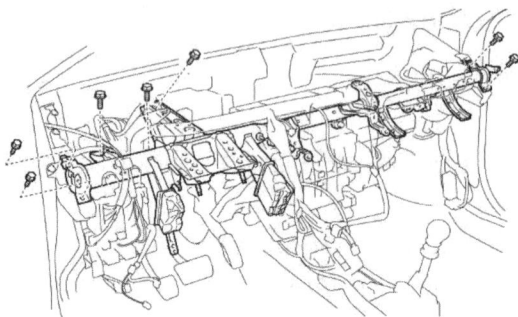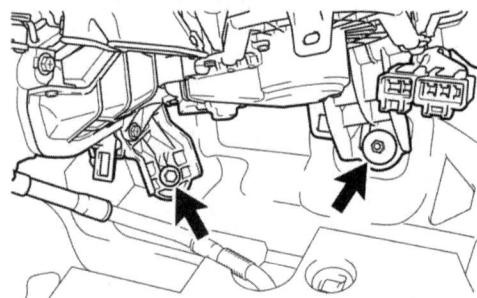

图 4-62　蒸发器的拆卸　　　　　　　图 4-63　拆下蒸发器温度传感

㉑按与拆卸相反的顺序安装新的蒸发器，按标记装好转向主轴，并按维修手册标准要求

拧紧固定螺栓。

㉒安装完毕后检查仪表各指示灯工作是否正常,各系统功能是否正常等。

㉓对制冷系统进行抽真空检漏,确保制冷系统没有泄漏。

㉔按维修手册标准加注定量的冷冻油与制冷剂。

㉕检测空调制冷系统工作是否正常,如图4-64所示。

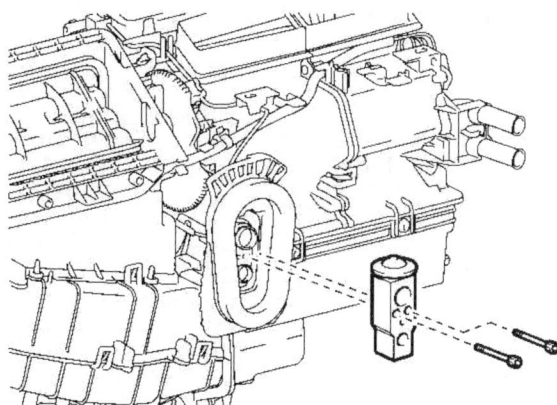

图4-64 拆下膨胀阀

行业小知识

一般来说,目前市面上维修产更换空调鼓风机需要10～20 min,维修工时费为50～100元。

任务工作单

考核项目:过滤通风系统检查任务工单			
模块四:新能源汽车空调与舒适系统检查保养		考核时间:　　　　　分钟	
姓名:	班级:	学号:	教师签字:
初评:□合格□不合格	复评:□合格□不合格	师评:□合格□不合格	
日期:	日期:	日期:	

1. 车辆信息记录

品牌		整车型号		生产年月	
发动机型号		发动机排量		行驶里程	
车辆识别码					

2. 通风系统风门功能检查

检查项目	记录	检查项目	记录
内循环	□正常　□异常	外循环	□正常　□异常

3. 空气混合风门功能检查

检查项目	记录	检查项目	记录
最冷	□正常　□异常	最热	□正常　□异常

4. 出风模式风门功能检查			
检查项目	记录	检查项目	记录
脸部模式	□正常　□异常	足部模式	□正常　□异常
脸部+足部模式	□正常　□异常	足部+除霜模式	□正常　□异常
除霜模式	□正常　□异常		

5. 空调滤清器检查更换	
空调滤清器	□清洁　□更换

6. 压力传感器、鼓风机及鼓风机电阻拆装与检测			
检查项目	检测数据	判定	维修措施
压力传感器		□正常　□异常	□维修　□更换
鼓风机		□正常　□异常	□维修　□更换
鼓风机电阻器		□正常　□异常	□维修　□更换

7. 蒸发器拆装			
作业项目	记录	作业项目	记录
蒸发器拆装	□执行　□否	制冷剂回收量	
冷冻油回收量		冷冻油加注量	
泄漏检测	□正常　□异常	制冷剂加注量	

作业任务总结

_____

_____

_____

_____

_____

_____

过滤通风系统检查【配分评分表】

序号	评分项	得分条件	评分标准	配分	扣分
1	安全/7S/态度	□1. 能进行工位 7S 操作 □2. 能确认设备工具是否正常 □3. 能进行高压电安全防护操作 □4. 能进行工具清洁校准存放操作 □5. 能进行三不落地操作	未完成 1 项扣 3 分 扣分不得超 15 分	15	
2	专业技能	□1. 能正确测量静态制冷管路压力 □2. 能正确测量制冷剂纯度 □3. 能正确检测进气口风速 □4. 能正确完成风压计算 □5. 能正确检测室外温度湿度 □6. 能正确测量动态制冷管路压力 □7. 能正确检测制冷剂泄漏 □8. 能正确协助开启空调系统功能 □9. 能正确检查出风口制冷温度湿度 □10. 能正确检查出风口暖风温度湿度 □11. 能正确检测出风口风速	未完成 1 项扣 5 分 扣分不得超 50 分	50	
3	工具及设备的使用能力	□1. 能正确使用温度计 □2. 能正确使用湿度仪 □3. 能正确使用风速仪 □4. 能正确使用电子检漏仪 □5. 能正确使用制冷剂纯度分析仪 □6. 能正确使用空调压力表	未完成 1 项扣 5 分 扣分不得超 10 分	10	
4	资料、信息查询能力	□1. 能正确使用维修手册查询资料 □2. 能正确使用用户手册查询资料 □3. 能在规定时间内查询所需资料 □4. 能正确记录所查询资料章节页码 □5. 能正确记录所需维修信息	未完成 1 项扣 5 分 扣分不得超 10 分	10	
5	数据、判读和分析能力	□1. 能判断制冷管路压力是否正常 □2. 能判断出风口温度湿度是否正常 □3. 能判断空调系统是否泄漏	未完成 1 项扣 5 分 扣分不得超 10 分	10	
6	表单填写与报告撰写能力	□1. 字迹清晰 □2. 语句通顺 □3. 无错别字 □4. 无涂改 □5. 无抄袭	未完成 1 项扣 1 分 扣分不得超 5 分	5	
合计					

➤ 相关知识

汽车空调过滤通风系统主要由空气过滤装置与通风装置等组成，其中通风装置主要由内外循环风门、空气混合风门、出风模式风门、空气分配管道及风门控制机构等组成。内外循环风门用于控制空气内循环进风或外循环进风；空气混合风门又叫作温度控制风门，用于调节出风温度；出风模式风门将混合气分配至相应空气管道。无论空调系统需要输送的是冷气还是暖气，都要经过配气系统进行输送分配，如图4-65所示。目前轿车的空调，大多采用冷暖一体化空调。

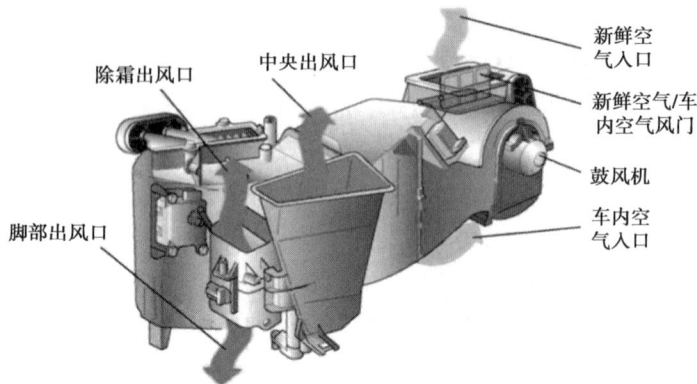

图4-65　空调组成

（1）空气净化装置

汽车车外空气受到粉尘、烟尘以及汽车尾气中一氧化碳、二氧化硫等有害气体污染；车内空气受乘客呼出的二氧化碳、人体汗味以及漏入车内的废气污染。这些因素降低了车内空气的洁净度，因此，现代汽车空调安装了空气净化装置，能够清除车内空气中的异味，去除车外空气中的花粉和灰尘，使空气净化。

一般的汽车空调系统净化装置是空调过滤器，主要是除去空气中的悬浮尘埃。而在一些中高档汽车的空调单元中，还设有除臭和空气负离子发生装置，使空气保持清洁自然。

空调过滤器一般安装在鼓风机的上方（进风口），如图4-66所示，使车内、车外循环的空气都经由过滤器过滤。

另外，某些车型安装烟雾传感器，它检测香烟烟雾并自动地使送风机马达以"HI"转速（最高转速）运行，如图4-67所示。

（2）空调通风控制

汽车空调通风的控制主要包括内外循环风门控制、空气混合风门控制和出风模式风门控制三个部分。

1）内外循环风门控制

内外循环风门安装在新鲜空气入口和再循环空气入口的交汇处，通过操纵空调控制面板上的内外循环模式旋钮或开关，再通过拉索或电动机就可以改变内外循环风门的位置，可以是全部外循环，也可以是全部内循环，部分车还可以使车内外空气按一定比例进入

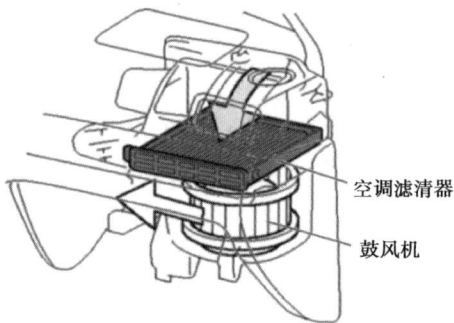

图4-66　过滤器

车内进行循环。

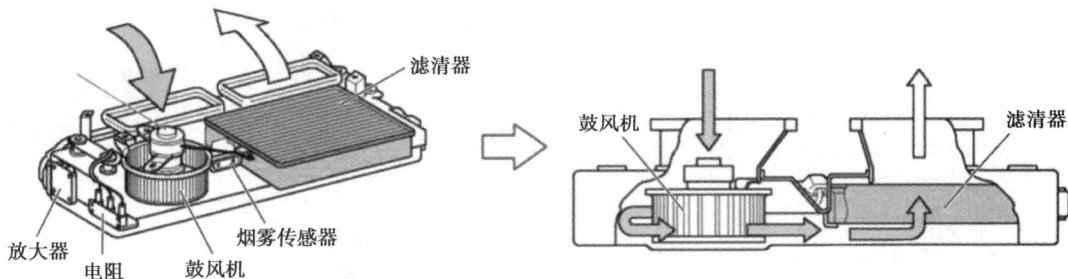

图 4-67　烟雾传感器安装

①外循环。外循环是利用鼓风机将车外的空气抽吸到车内,也就是说车外与车内的气道是流通的,空调系统吹出的风来自车外。

②内循环。内循环是关闭了车外的气流通道,不开鼓风机就没有气流循环。开鼓风机时吸入的气流也仅来自车内,形成车辆内部的气流循环,如图 4-68 所示。

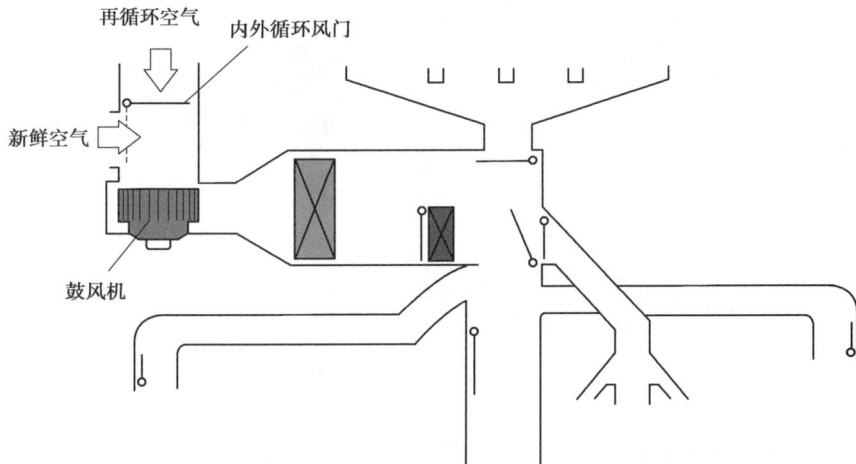

图 4-68　车内循环(流经图)

2)空气混合风门控制

空调系统既可以吹冷气,又可以送出暖风。冷气和暖风的比例是由空气混合风门(也称温度调节风门)来控制的。出风温度的高低完全取决于空气混合风门的位置。

空气混合风门是由旋钮或杠杆通过拉索来控制的,这种结构属于手动控制的纯机械结构,具有结构简单紧凑、制造成本低廉等优点,如图4-69 所示。

①最低温度位置。当驾驶员将温度选择开关逆时针转动到极限位置时,鼓风机输送的气流通过制冷系统的蒸发器后冷却变成冷气通往出气口。

②中间位置。当驾驶员将温度选择开关转到中间位置时,如图 4-70 所示,空气混合风门允许部分气体通过暖风散热器芯,气流被加热到合适的温度。

图 4-69　拉索控制风门

221

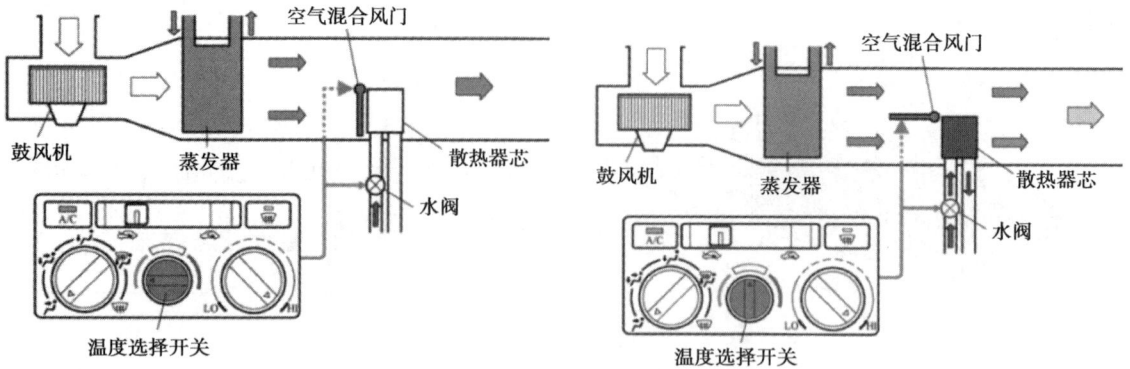

图 4-70　空气混合风门在中间位置

③最高温度位置。当驾驶员将温度选择开关顺时针转动到极限位置时,如图 4-71 所示,空气混合风门将关闭气流的直接流出通道,这时气流最大限度流经暖风散热器芯。

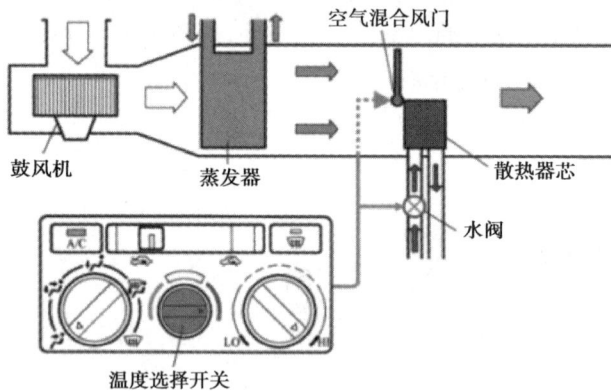

图 4-71　空气混合风在最高温度位置

3)出风模式风门控制

出风模式风门的机械操作装置由模式选择旋钮、拉索、传动机构和模式风门等组成;出风模式风门由中央与侧通风风门、足部风门、除霜风门等多个风门通过传动机构连接而成,如图 4-72 所示;出风模式的选择通过旋钮的转动,使拉索拉动风门传动机构,再带动出风模式风门转到相应的位置。

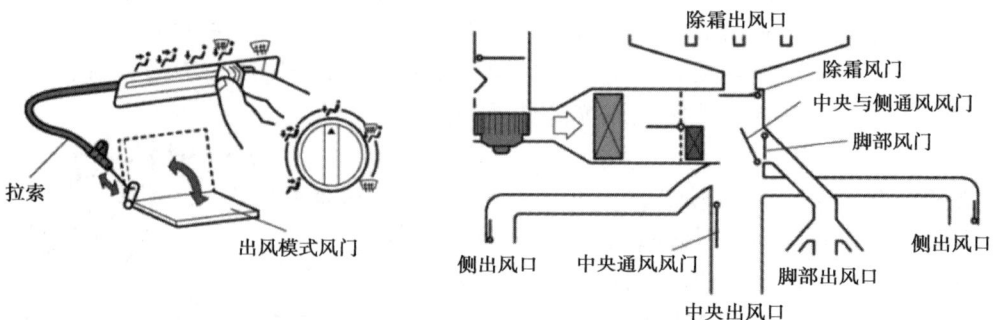

图 4-72　出风模式风门的结构

出风模式有脸部、脸部与脚部、脚部、脚部与除霜、除霜 5 种模式。

（3）**空调控制系统**

汽车空调的控制主要包括鼓风机控制、压缩机控制、冷却风扇控制和怠速提升控制等几个方面。

1）鼓风机控制

鼓风机（图 4-73）由直流电动机和笼型风扇组成。在工作时，电动机驱动笼型风扇，推动空气通过蒸发器和加热器，目前汽车空调中均是通过外接鼓风机电阻或功率晶体管的方式来控制直流电动机的转速。

2）压缩机控制

①空调压力开关。空调压力开关安装在制冷系统的高压侧，有的安装在储液干燥器上，有的安装在高压管路上，如图 4-74 所示。作用是检测到制冷循环系统中的压力异常时，它停止压缩机工作，防止故障扩大，保护制冷循环系统中的部件。压力开关可以分成低压开关和高压开关，部分车型空调制冷系统只安装一个低压开关，部分车型安装一个低压与高压组合开关。

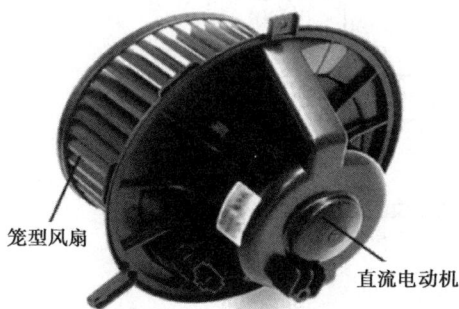

图 4-73　鼓风机

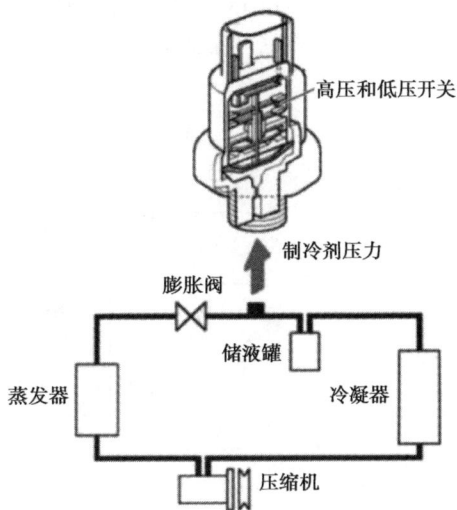

图 4-74　空调开关的安装位置

②空调压力传感器。压力传感器可以一直监测制冷系统压力并向空调 ECU 发送信号，它由空调 ECU 提供 5 V 标准电源，如图 4-75 所示。其内部有一个压敏电阻，当空调制冷系统的压力发生变化时，压敏电阻的阻值发生变化，再通过内部放大电路放大后输出一个与制冷剂压力成正比的电压信号给空调 ECU。当空调 ECU 检测到高压侧的压力低于 200 kPa 或高于 3 000 kPa 时，会使压缩机停止工作；当检测制冷剂压力高于 1 700 kPa 时，使冷凝器风扇高速运转。

③蒸发器温度传感器。它的作用是通过感测蒸发器的表面温度，将温度变化信号转化成电信号，并输送给空调 ECU，以实现压缩机的通断控制，防止蒸发器结冰。

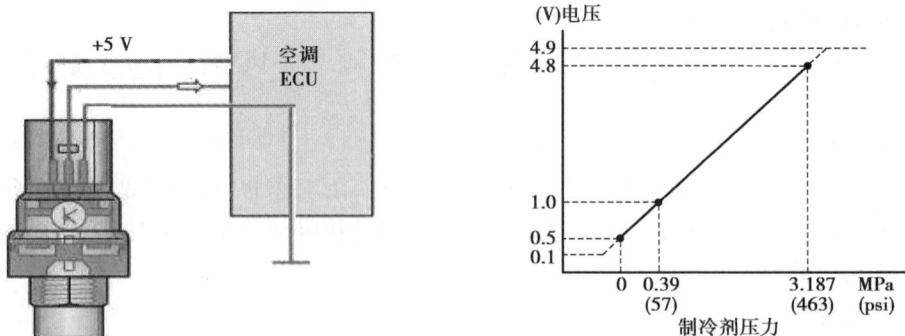

图 4-75　温度传感器信号

3）怠速提升控制

发动机在怠速时输出功率较小，如果在此状态下再驱动压缩机时发动机增加了过量的负载会导致发动机抖动甚至熄火。因此，空调工作时，发动机 ECU 接到空调 ECU 发出的工作信号，如果发动机在怠速时，会将怠速控制阀打开少许，增加进气量，使得发动机转速提升约 100 r/min，该转速也称为空调怠速，约 900 r/min。控制过程如图 4-76 所示。

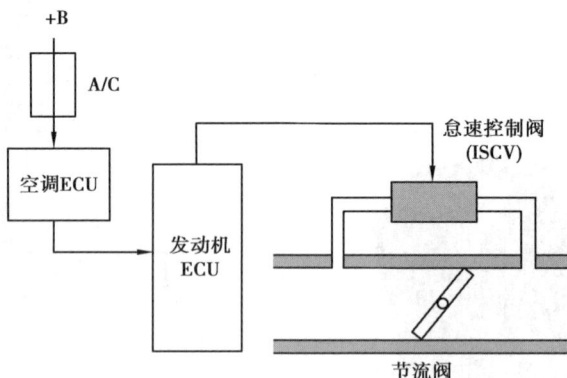

图 4-76　空调怠速提升控制

4）冷却风扇控制

当空调制冷系统工作时，冷却风扇必须运转，加强对冷凝器的散热。部分车型在散热器后方安装一个风扇，另一部分车型安装两个风扇，即冷凝器风扇和散热器风扇。风扇都是由直流电动机和扇叶两部分组成。

5）空调系统电路

图 4-77 为长安 CS75PHEV 空调系统电路图。

（4）精益求精

通风空调系统作为地铁站的重要设备系统之一，担负着对地铁站的空气温度、湿度、空气流速、空气压力和空气品质进行调节和控制的任务，为车站提供一个适宜的环境。

为了保证空调效果与舒适度，开工前要求技术人员熟知每道工艺的安装步骤与标准，严格规范施工流程，执行材料检验标准，坚持贯彻施工巡检制，确保每个系统都是精工标准，每一项工程都是精品。而每个细节的施工，都离不开技术人员精益求精的工匠精神，他们以严谨的态度，规范地完成好每一道工艺。安装项目经理为了保证工程质量工期要求，要翻看施工图纸、记录每天完成的施工任务、不断调整施工进度计划，行走于各施工工位。通过技术负

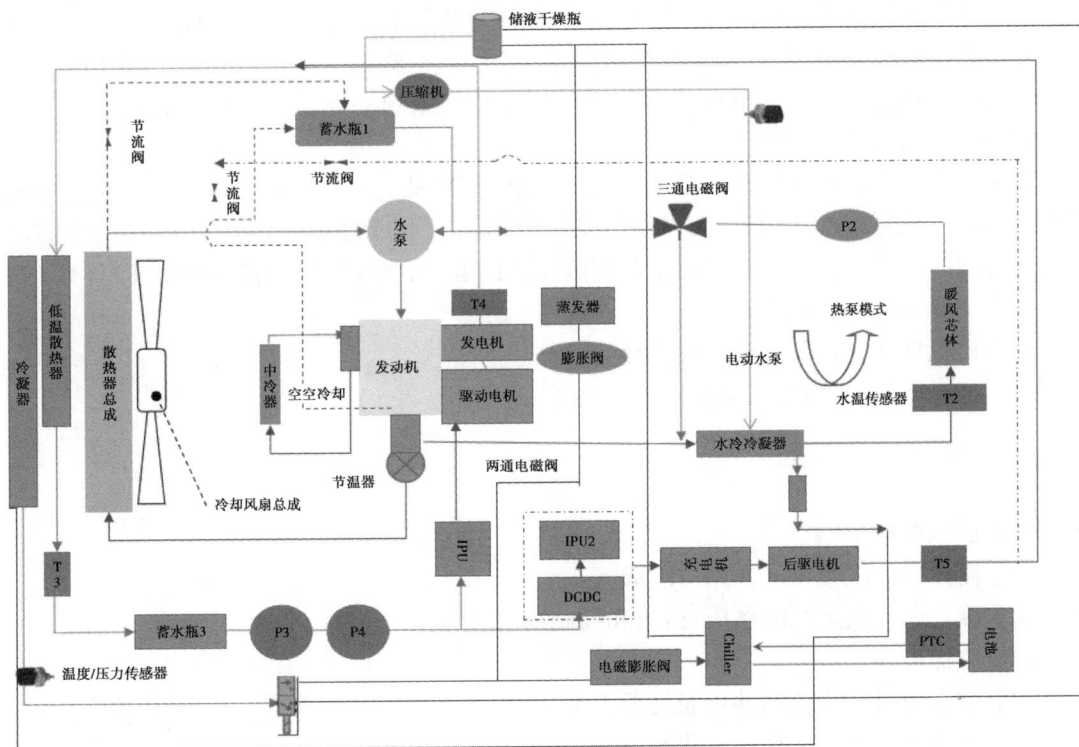

图 4-77　长安 CS75PHEV 空调系统电路图

责人的介绍,学生们了解到,在平凡的岗位上每一位平凡的人完成了一件件不平凡的工作,正是由于他们的负重前行,才保证了地铁的顺利开通。

➤ **学习任务**

1. 汽车空调系统中能除去空气中悬浮尘埃的装置是_____,它一般安装在鼓风机的_____。

2. 外循环模式是利用鼓风机将_____的空气抽吸到车内;内循环模式鼓风机抽吸的是_____的空气。

3. 写出图中数字所指零件的名称:

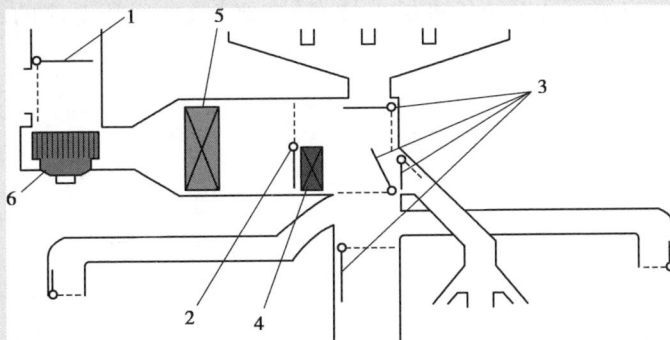

1._____　2._____　3._____　4._____　5._____　6._____

4. 当空调系统工作正常时,需要改变出风温度可以调整_____的位置。

5. 空调出风模式有_____、脸部与脚部、_____、脚部与除霜、_____ 5 种模式。

6. 鼓风机由_____和笼型风扇组成。汽车空调通风系统是通过鼓风机的_____来控制出风量的。

7. 手动空调控制系统的传感器有_____传感器和_____传感器。_____传感器用于检测空调制冷系统的压力,当制冷系统的压力过低或过高时,会_____防止制冷系统部件损坏。_____传感器用于检测蒸发器的温度,当蒸发器的温度低于 $1 \sim 2$ ℃时,会_____,防止蒸发器结冰。

8. 发动机怠速时打开空调,发动机转速会_____。

9. 当打开空调后,冷却风扇应该_____。

➤ **职业模块目标自评**

知识目标自评

①掌握过滤通风系统的作用与组成。

②掌握空调控制系统的作用、组成和控制内容及方式。

技能目标自评

①会检查通风系统各部件功能是否正常。

②会熟练更换和清洁空调滤清器。

③会熟练拆装与检测鼓风机和鼓风机电阻器。

素养目标自评

①能够在工作过程中与小组其他成员合作、交流,养成团队合作意识,锻炼沟通能力。

②养成 7S 的工作习惯。

③养成服从管理,规范作业的良好工作习惯。

任务 4.4 舒适系统初始设定

本任务根据汽车运用与维修(含智能新能源汽车)"1+X"证书制度职业技能等级标准中新能源汽车电子电气空调舒适系统检查保养技术【初级】模块四所对应的舒适系统初始设定内容进行设定。

任务定位

	【新能源汽车电子电气空调舒适技术】—初级强化项目表																			
工作	一					二					三					四				
职业功能	线路读图与电子元件检查					启动与充电系统检查保养					灯光与电器系统检查保养					空调与舒适系统检查保养				
任务分解要项	1	2	3	4	5	6	7	8	9	10	11	12	13	14	15	16	17	18	19	20
实训项目	资料数据参数	仪器量具使用	拆装量具调试	汽车电路查询判读	模块控制电路查询	传感器电路的查询	执行元件电路查询	电子元件检查判读	串联启动充电检查	并联启动充电检查	混联启动充电检查	混联发电机的保养	混联发电机的光的保养	前照大灯调整	洗涤系统保养	全车灯光束保养	灯光电路连接检查	室内灯光检查	仪表灯光性能检查	制冷暖风系统检查	制冷系统保养	过滤通风系统检查	舒适系统初始设定	车门车窗饰件保养
技能知识	8					4					1					5				
单组时间	3	3	3	3	3	3	3	3	3	3	3	3	3	3	3	3	3	3	3	3

设备与工具清单

任务	作业项目	设备与工具清单
舒适系统初始设定	1. 电动车窗数据流的读取及初始化设定 2. 电动天窗数据流的读取及初始化设定 3. 电动座椅数据流的读取及初始化设定 4. 电动转向柱、电动后视镜的记忆模式设定 5. 中控门锁数据流的读取及初始化设定	1. 整车 2. 解码器 3. 计算机、维修手册

➤　**作业项目　舒适系统的初始设定操作**

工作情境描述

一辆长安CS75PHEV轿车用户反映:左前车窗玻璃无法升降,维修技师检查后发现需要对电动车窗系统进行重新设定调整,确定故障部位并进行修理。

作业设备工具

长安CS75PHEV轿车、故障诊断仪、润滑剂、清洁剂、抹布等、常用维修工具和维修手册等。

作业准备

车辆在工位停放周正,铺好车内四件套和车外三件套。

作业步骤

(1)**数据流读取与动作测试**

1)电动车窗数据流读取

①将点火开关置于OFF位置,将故障诊断仪连接到故障诊断座。

②将点火开关置于ON(IG)位置,并按下诊断仪电源键。

③选择要检测的车型,进入车身系统,再进入电动车窗系统。

④选择读取故障码,并记录故障码。

数据流读取与
动作测试

227

⑤选择读取数据流,分别操作车窗总开关和乘客侧开关,读取各开关的数据活动。

⑥根据故障码和异常数据流信息查找维修手册,再根据维修手册流程查找故障原因。

2)电动车窗动作测试

①将故障诊断仪从数据流页面退出,进入执行元件测试菜单。

②点击车窗测试,该车窗电动机应动作。

3)天窗数据流读取

①将点火开关置于 OFF 位置,将故障诊断仪连接到故障诊断座。

②将点火开关置于 ON(IG)位置,并按下诊断仪电源键。

③选择要检测的车型,进入车身系统,再进入天窗系统。

④选择读取故障码,并记录故障码。

⑤选择读取数据流,分别操纵滑动开关和倾斜开关,各开关数据流作相应变化。

⑥根据故障码和异常数据流信息查找维修手册,再根据维修手册流程查找故障原因。

(2)车门车窗饰件保养

1)天窗排水孔清洁

①打开天窗到全开位置。

②将车窗导轨内的异物清理干净,如果导轨较脏,可以喷清洁润滑剂,如图 4-78 所示。

车门车窗饰件保养

③将天窗排水孔周围的异物清理干净。

④用压缩空气和气枪疏通各条排水管。

⑤在天窗导轨涂抹专用润滑脂,如图 4-79 所示。

⑥多次开关天窗,检查运行应匀速且无异常声音。

图 4-78　清理导轨

图 4-79　涂抹专用润滑脂

2)车门铰链清洁润滑

①用清洁润滑剂喷到各车门铰链处,将铰链原来的铁锈和油泥清理干净,如图 4-80 所示。

②用干净的抹布将各车门铰链擦干净。

③将专用润滑脂均匀涂抹在各车门铰链上,如图 4-81 所示。

④开关车门多次,检查开关车门时是否有异常声音,如果还有异常声响,检查润滑脂涂抹是否到位,如不能到位说明车门铰链可能损坏。

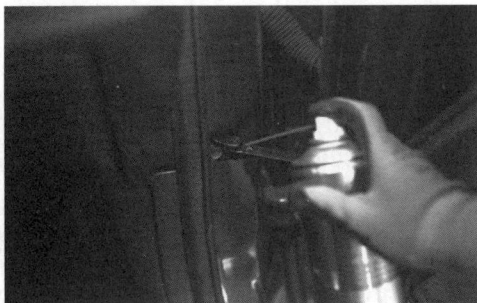

图 4-80　用清洁润滑剂喷到各车门铰链处

图 4-81　将专用润滑脂均匀涂抹在各车门铰链上

3）车窗升降清洁润滑

①检查各车门车窗玻璃应匀速上升和下降，且没有异常声音，否则应清洁并润滑车窗玻璃导轨。

②在玻璃导轨胶条上喷上车窗润滑剂，如图 4-82 所示。

③多次操纵车窗玻璃上升和下降，如还无法匀速升降或有异常声音，说明玻璃升降器或电动机可能损坏。

图 4-82　胶条上喷上润滑剂

（3）车窗玻璃升降器拆装

①用内饰撬板撬下车窗玻璃开关盖板，如图 4-83 所示。

②断开车窗玻璃开关线束插头，如图 4-84 所示。

③拧下车门饰板的固定螺钉，如图 4-85 所示。

④用内饰撬板撬下车门内拉手固定螺钉的装饰盖板，如图 4-86 所示。

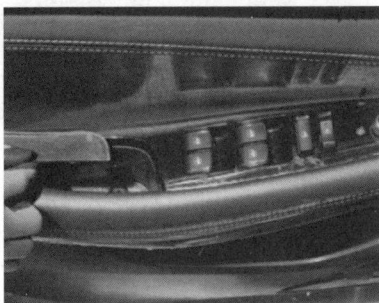

图 4-83　撬下车窗玻璃开关盖板

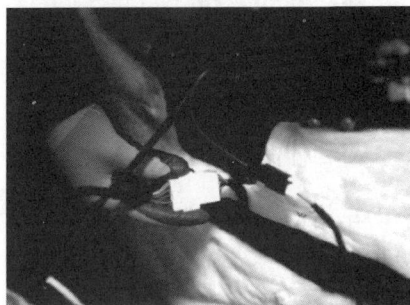

图 4-84　断开车窗玻璃开关线束插头

图 4-85　拧下车门饰板的固定螺钉

图 4-86　撬下车门内拉手固定螺钉的装饰盖板

⑤拧下车门内拉手固定螺钉，如图 4-87 所示。

⑥用内饰撬板撬开车门饰板，如图 4-88 所示。

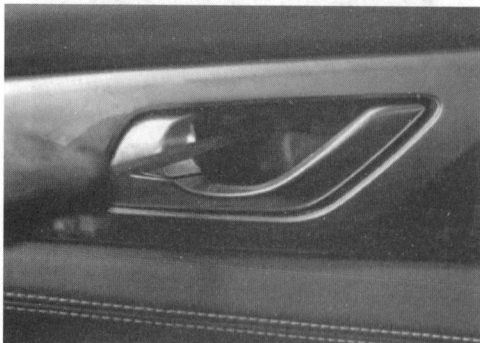

图 4-87　拧下车门内拉手固定螺钉

图 4-88　撬开车门饰板

⑦取下车门饰板，并断开车内拉手拉索，如图 4-89 所示。

⑧用合适工具拆下玻璃托架固定螺栓，并取下车窗玻璃，如图 4-90 所示。

⑨用合适工具拧下玻璃升降器马达的 4 个固定螺钉，并取下玻璃升降器。

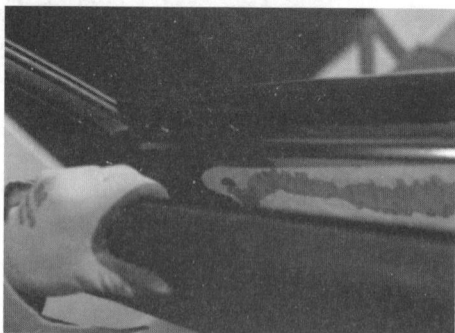

图 4-89　取下车门饰板，并断开车内拉手拉索

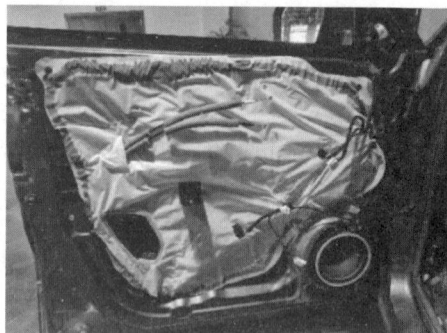

图 4-90　取下车窗玻璃

（4）电动车窗故障的检修

电动车窗常见故障有：所有车窗均不能升降，单个车窗不能升降或只能向一个方向运动，电动车窗有异响等。

1）所有车窗均不能升降

①故障现象：所有车窗均不能升降。

②故障原因：保险丝断路；电动车窗继电器损坏；相关电路断路或接触不良；电动机损坏；总开关损坏。

③检修思路：

a. 检查保险丝是否断路；如断路，重新更换新的保险丝；如正常，进入下一步。

b. 用万用表或试灯检查总开关上的电源线电压是否正常，如电压为零或试灯不亮，则应检查电动车窗继电器是否正常和电源电路是否正常；如正常，则应检查搭铁电路是否正常。如正常，进入下一步。

c. 对应开关位置图用万用表检查总开关是否正常，如不正常，更换总开关如图 4-91 所示。

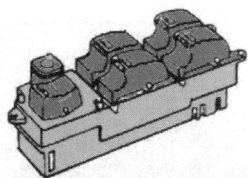

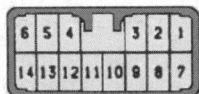

车窗运作					前							后				
					驾驶员侧				乘客侧				左			右
端子　　开关位置		6	2和1	13	8和7	5	2	12	8和7	2	14	11	8和7	2和1	10	9	8和7
车窗未锁	UP(升)																
	OFF(断)																
	DOWN(降)																
车窗锁上	UP(升)																
	OFF(断)																
	DOWN(降)																

图 4-91　对应开关位置图

2) 单个车窗不能升降

①故障现象:单个车窗不能升降或只能向一个方向运动。

②故障原因:故障侧车窗开关损坏;故障侧车窗开关电机损坏;相关连接电路故障;总开关损坏。

③检修思路:

a. 拆下故障侧的车窗开关,并拔下线束连接器。

b. 用万用表或试灯检查车窗开关的电源线电压是否正常;如不正常,检查电源线的故障;如正常,进入下一步。

c. 对应开关位置图用万用表测量车窗开关是否正常,如不正常,更换车窗开关;如正常,进入下一步。

d. 拆下故障侧车门装饰板。

e. 通电测试车窗电机是否能够正转和反转;如不正常,更换车窗电机,如图 4-92 所示。

f. 对应开关位置图用万用表检查总开关是否正常,如不正常,更换总开关。

g. 用万用表测量相关电路是否断路或短路。

231

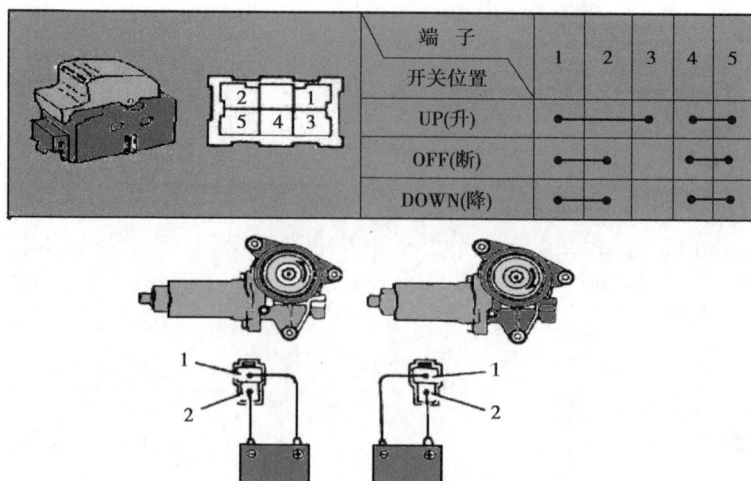

图 4-92　对应开关位置图

行业小知识

一般来说,目前市面上维修厂更换汽车门窗开关需要 20～30 min,维修工时费为 50～100 元。

任务工作单

考核项目:舒适系统初始设定任务工单			
模块四:新能源汽车空调与舒适系统检查保养		考核时间:　　　　分钟	
姓名:	班级:	学号:	教师签字:
初评:□合格□不合格	复评:□合格□不合格	师评:□合格□不合格	
日期:	日期:	日期:	
1. 车辆信息记录			

品牌		整车型号		生产年月	
发动机型号		发动机排量		行驶里程	
车辆识别码					

2. 舒适系统功能检查

检查项目	检查情况	检查项目	检查情况
左前电动车窗升降检查	□正常　□异常	右后电动车窗升降检查	□正常　□异常
左后电动车窗升降检查	□正常　□异常	天窗滑动功能检查	□正常　□异常
右前电动车窗升降检查	□正常　□异常	天窗倾斜功能检查	□正常　□异常

3. 使用诊断仪读取舒适系统故障码及数据流			
故障码		清除后故障码	
项目名称	数据	项目名称	数据
左前电动车窗升降	□活动　□不活动	右后电动车窗升降	□活动　□不活动
左后电动车窗升降	□活动　□不活动	天窗滑动功能	□活动　□不活动
右前电动车窗升降	□活动　□不活动	天窗倾斜功能	□活动　□不活动

4. 故障检修	
故障现象	
故障可能原因	
故障检查过程	
故障点确认	
维修措施	□维修　　□调整　　□更换

5. 车门车窗饰件保养			
作业项目	记录	作业项目	记录
天窗排水孔清洁	□执行　□否	天窗导轨润滑	□执行　□否
车门铰链润滑	□执行　□否	车窗玻璃导轨润滑	□执行　□否

作业任务总结

_____

_____

_____

_____

_____

_____

舒适系统初始设定【配分评分表】

序号	评分项	得分条件	评分标准	配分	扣分
1	安全/7S/态度	□1. 能进行工位7S操作 □2. 能确认设备工具是否正常 □3. 能进行高压电安全防护操作 □4. 能进行工具清洁校准存放操作 □5. 能进行三不落地操作	未完成1项扣3分 扣分不得超15分	15	
2	专业技能	□1. 能正确读取车窗数据流 □2. 能正确设定车窗初始化 □3. 能正确读取天窗数据流 □4. 能正确设定天窗初始化 □5. 能正确读取座椅数据流 □6. 能正确设定座椅初始化 □7. 能正确设定电动转向柱、电动后视镜的记忆模式 □8. 能正确读取中控门锁数据流 □9. 能正确协助完成车窗、天窗、座椅初始化设	未完成1项扣5分 扣分不得超50分	50	
3	工具及设备的使用能力	□1. 能正确使用诊断仪 □2. 能正确使用办公软件	未完成1项扣5分 扣分不得超10分	10	
4	资料、信息查询能力	□1. 能正确使用维修手册查询资料 □2. 能正确使用用户手册查询资料 □3. 能在规定时间内查询所需资料 □4. 能正确记录所查询资料章节页码 □5. 能正确记录所需维修信息	未完成1项扣5分 扣分不得超10分	10	
5	数据、判读和分析能力	□1. 能判断车窗、天窗、座椅初始化设定是否成功 □2. 能判断电动转向柱、电动后视镜的记忆模式设定是否成功 □3. 能分析天窗、车窗、座椅、门锁数据流是否正常	未完成1项扣5分 扣分不得超10分	10	
6	表单填写与报告撰写能力	□1. 字迹清晰 □2. 语句通顺 □3. 无错别字 □4. 无涂改 □5. 无抄袭	未完成1项扣1分 扣分不得超5分	5	
		合计			

➤ **相关知识**

（1）电动后视镜

1）组成

汽车电动后视镜一般由镜片、驱动电动机、控制电路及开关（操纵开关和选择开关）等组成。

在后视镜镜片的背后有两个可逆驱动电动机，可操纵其上下及左右运动。通常上下方向由一个永磁电动机控制，左右方向由另一个永磁电动机控制，当选择开关调至 L 时，可以调整左侧后视镜上下和左右倾斜；当选择开关调至 R 时，可以调整右侧后视镜上下和左右倾斜。

后视镜的相关使用方法，如图 4-93 所示。

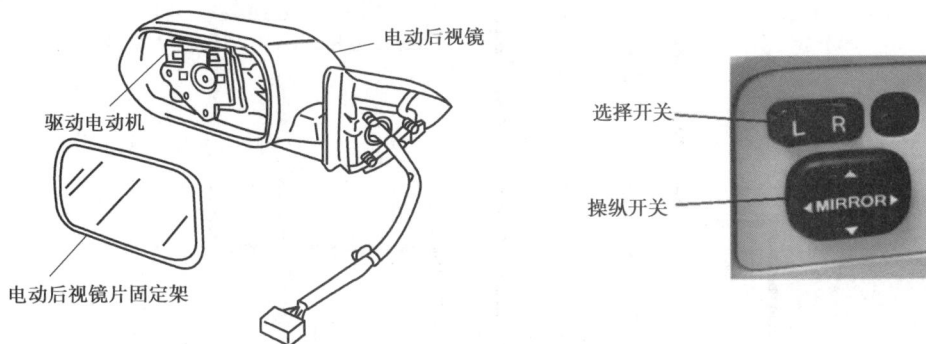

图 4-93　后视镜调整按钮

①选择后视镜。转动主开关旋钮，切换左（L）/右（R）外后视镜。

②调节方向。摇动旋钮，上下左右调节。调整后，将旋钮置于中间位置，避免误调整。

③后视镜折叠按键。注意如果外后视镜被冻结，不要强行调节或刮擦镜面。调节外后视镜镜片至最大角度后切勿继续操作以免损坏电机，不要用手强行调整外后视镜镜片，否则会损坏外后视镜部件。

④外后视镜电动折叠。转动旋钮至外后视镜折叠按键，外后视镜自动折叠，转动旋钮离开此位置，外后视镜同时自动展开。

2）控制电路

图 4-94 为长安 CS75PHEV 车型的电动后视镜控制电路。

（2）电动座椅

长安轿车的座椅多是电动可调的，又称电动座椅。图 4-95 为长安 CS75PHEV 电动座椅，可实现座椅前后滑动功能、靠背倾斜调节功能、高度升降功能和腰部支撑功能。

1）组成

电动座椅主要由控制开关、双向电动机、传动机构、调节控制电路等组成，如图 4-96 所示。

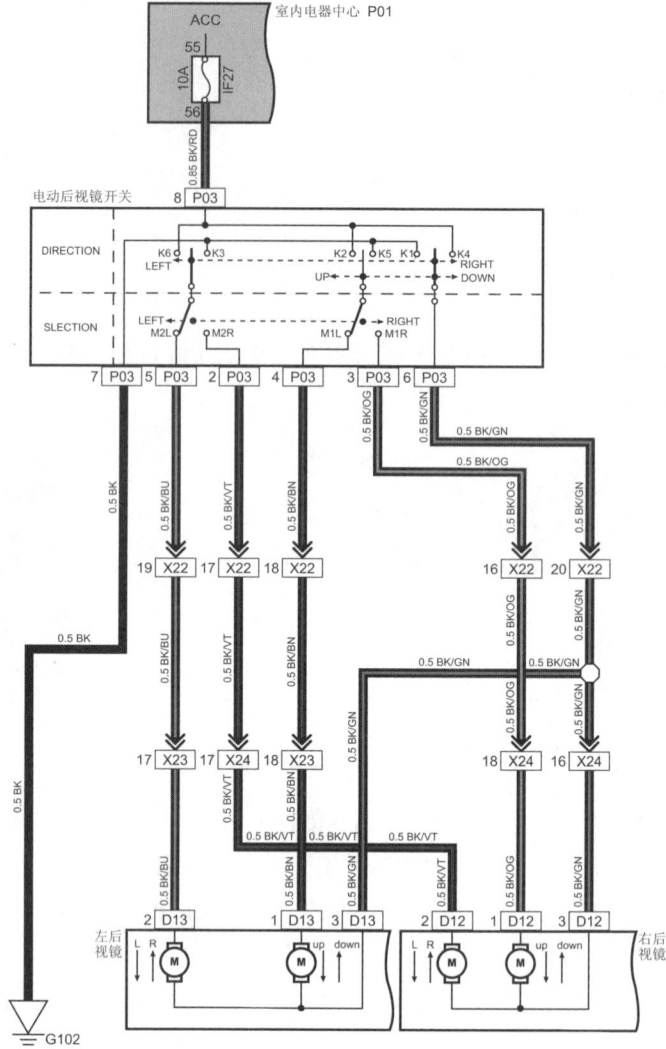

图 4-94　长安 CS75PHEV 车型的电动后视镜控制电路图

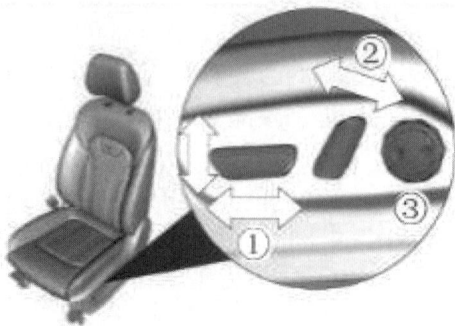

图 4-95　电动座椅

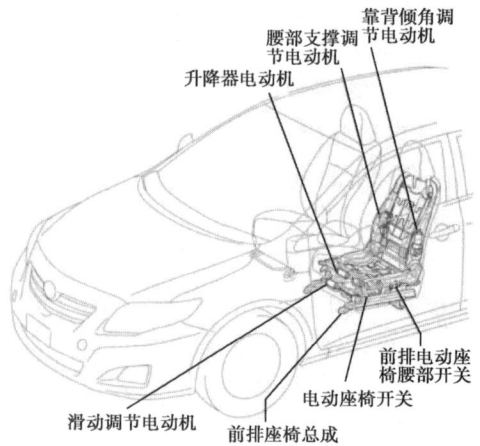

图 4-96　电动座椅组成

2）控制电路

图 4-97 为较常见车型的电动座椅控制电路。

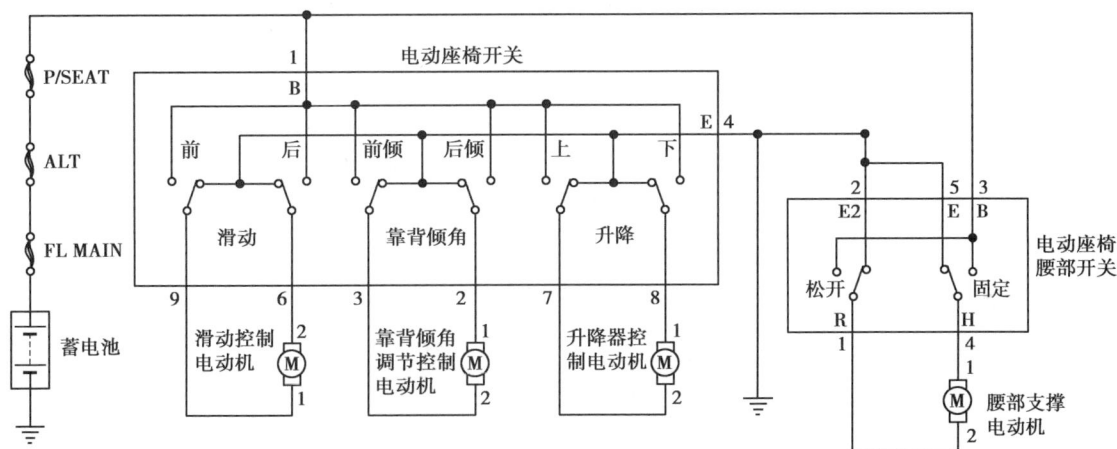

图 4-97　常见的电动座椅控制电路

（3）**电动天窗**

1）作用

天窗在中高级以上轿车中装配得非常普遍，它具有通风换气、除雾和开阔视野等功能。

①通风换气是汽车加装天窗最主要的目的。

②除雾春夏两季雨水多、湿度大，前风窗玻璃常有雾气，车内空气也容易污浊，这时打开天窗至后翘通风位置，顷刻间雾气消失，空气清新，又无雨水进入车内，给开车增加了舒适与安全。

③开阔视野天窗可以使驾乘人员的视野开阔，并且能够亲近自然和沐浴阳光，驱除被封在车厢内的压抑感，如图 4-98、图 4-99 所示。

图 4-98　天窗向上打开

图 4-99　天窗左右打开

2）结构

汽车天窗的基本结构如图 4-100 所示。它主要由控制开关、滑动机构、电动机与天窗控制器和排水管等组成。

3）控制电路

图 4-101 为长安 CS75PHEV 天窗控制电路图。

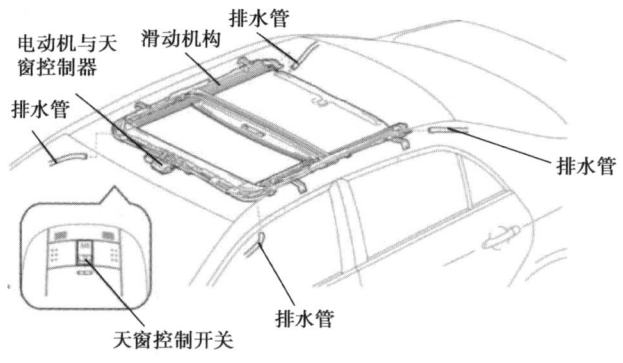

图 4-100　汽车天窗结构

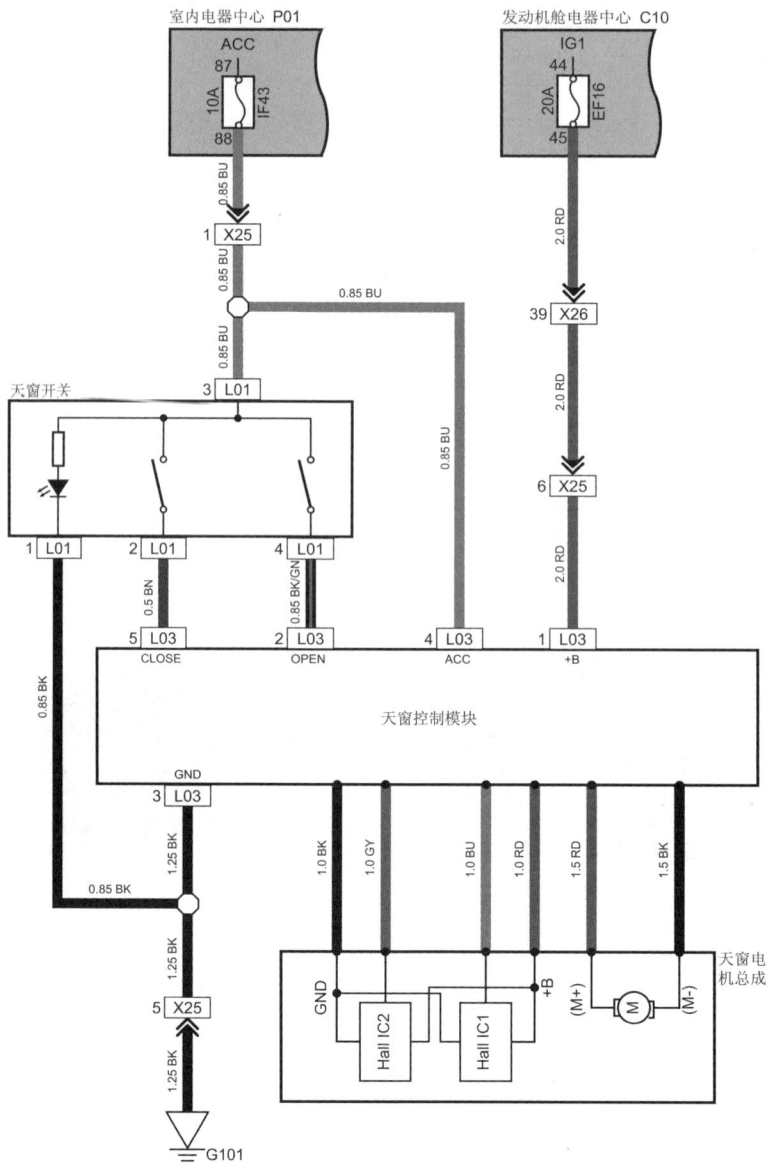

图 4-101　长安 CS75PHEV 天窗控制电路图

（4）**汽车节能减排**

汽车节能减排是世界汽车产业的重大课题,更是中国汽车产业可持续发展的必由之路。汽车空调节能减排是汽车节能减排的重要组成部分,出于环境效益考虑,汽车空调制冷剂经历了以 HFC-134a 替代氟利昂 CFC-12 的阶段。

我国所有新生产的汽车不再使用 CFC-12,实现了对 CFC-12 的完全替代。

汽车产业通过减少污染物排放,促进了全社会实现节能减排。

汽车空调减排包括三个重要方面:首先是制冷剂的选择;其次是汽车使用和报废过程中所产生的直接排放和间接排放;第三是新能源汽车空调系统的节能减排。第三代"低排放车"标准将是首个关于汽车空调温室气体排放的综合性法规,全面考虑了直接制冷剂排放和空调系统的效率(即间接排放)。该标准对汽车空调系统的要求包括三个方面:

①制冷剂选择　从 2017 年起,全部车型必须采用全球变暖潜能值不大于 150 的空调制冷剂,可从三种被美国环保局批准的制冷剂(HFC-152a、R-744、HFO-1234yf)中选择,从而使汽车温室气体直接排放减少近 90%。

②控制制冷剂泄漏　制冷剂泄漏是影响空调效率和维护费用的重要指标,标准要求第三代"低排放车"空调系统制冷剂泄漏率小于 9 g/a。目前美国汽车空调系统的平均泄漏率为 18 g/a,要通过传统空调技术水平的提高和电动汽车/混合动力汽车所用的电力压缩机市场份额的提高来实现这一目标。

③提高空调系统效率　将于 2012 年制定并采用新的汽车空调器性能测试程序和间接排放标准,要求汽车空调关闭和开启时 CO_2 排放之差不大于标准限值。

➤　**学习任务**

一、写出图中数字所指零件的名称:

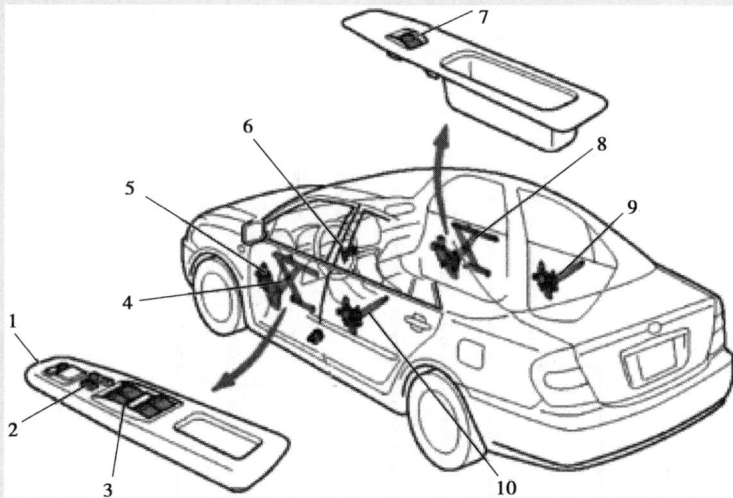

1. _____　2. _____　3. _____

4. _____　5. _____　6. _____

7. _____　8. _____　9. _____

10. _____

二、在下图中用红笔描绘当驾驶人操纵左后窗下时和乘客操纵右前窗上升时电流流经的路线,并用箭头标明方向。

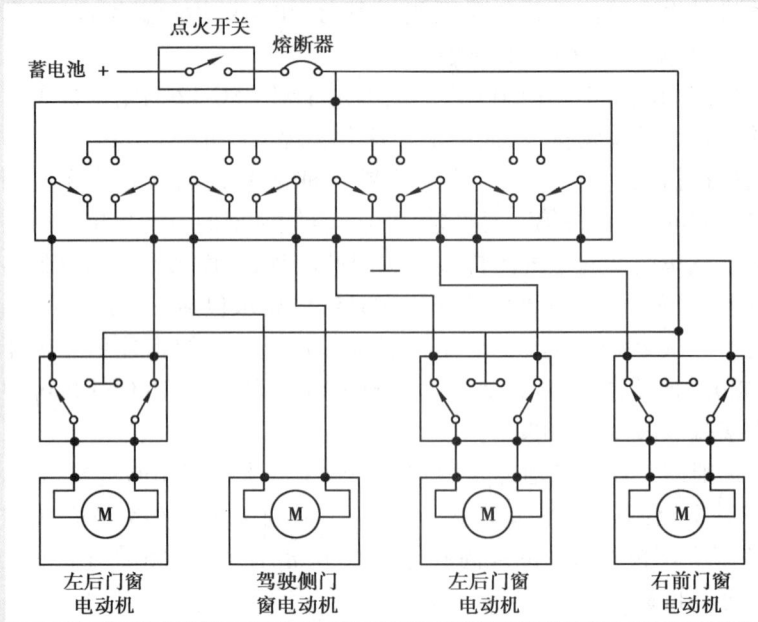

三、在下图中用红笔描绘当驾驶人操纵左侧后视镜向上倾斜时电流流经的路线,并用箭头标明方向。

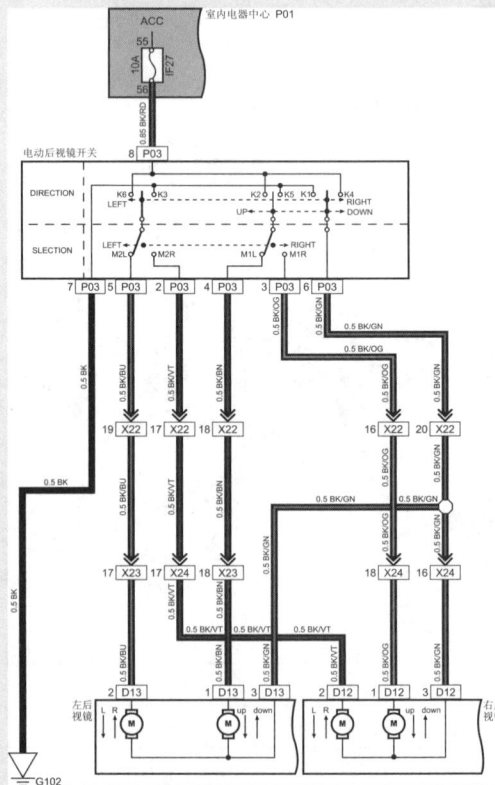

四、写出图中数字所指零件的名称：

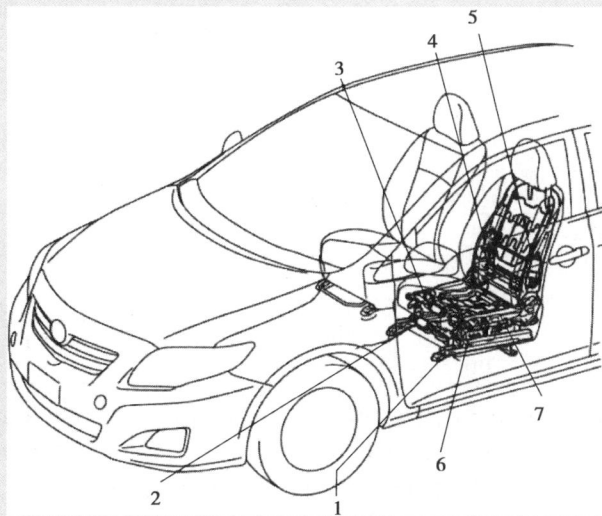

1. _____
2. _____
3. _____
4. _____
5. _____
6. _____
7. _____

➤　职业模块目标自评

知识目标自评

①掌握电动车窗、电动后视镜、电动座椅和天窗的组成。

②会分析电动车窗、电动后视镜、电动座椅和天窗电路图。

技能目标自评

①能读取舒适各系统的故障码与数据流,并会动作测试各部件。

②会清洁和保养舒适系统各部件。

素养目标自评

①能够在工作过程中与小组其他成员合作、交流,养成团队合作意识,锻炼沟通能力。

②养成 7S 的工作习惯。

③养成服从管理,规范作业的良好工作习惯。

任务 4.5　车门车窗饰件保养

任务定位

工作			一			二					三					四				
职业功能			线路读图与电子元件检查			启动与充电系统检查保养					灯光与电器系统检查保养					空调与舒适系统检查保养				
任务分解要项			1	2	3	4	5	6	7	8	9	10	11	12	13	14	15	16	17	18	19	20
实训项目	资料数据参数	仪器量具使用	拆装量具调试	汽车电路查询判读	模块控制电路查询	传感器电路的查询	执行元件电路查询	电子元件检查判读	串联启动充电检查	并联启动充电检查	混联启动充电检查	混联启动机的保养	混联发电机的保养	前照大灯光束调整	洗涤系统检查	全车灯光检查保养	灯光电路连接检查	仪表电路检查	制冷暖风性能检查	制冷系统检查保养	过滤通风系统检查	舒适系统初始设定	车门车窗饰件保养
技能知识			8					4					1					5				
单组时间	3	3	3	3	3	3	3	3	3	3	3	3	3	3	3	3	3	3	3	3	3

（表头：【新能源汽车电子电气空调舒适技术】—初级强化项目表）

设备与工具清单

任务	作业项目	设备与工具清单
车门车窗饰件保养	1. 车门及天窗功能检查 2. 天窗铰链清洁润滑紧固 3. 车窗升降清洁润滑 4. 排水孔的清洁 5. 车门铰链清洁润滑 6. 车门车窗动作测试 7. 加装饰件检查清洁拆装	1. 整车 2. 维修工具、工具箱、零件盒 3. 擦拭布、润滑剂、清洁剂 4. 计算机、维修手册

➢ **作业项目　车门车窗饰件的保养操作**

工作情境描述

李先生有一款长安 CS75PHEV 混合动力电动汽车，行驶 80 000 km。李先生反映：汽车天窗关闭不严，洗车时有漏水现象，现在你作为 4S 店技术检测人员，对该汽车车门车窗进行维护保养，按照规范操作并完成工单。

作业设备工具

长安 CS75PHEV 混合动力电动汽车，绝缘手套，常用工具，润滑剂，清洁剂，计算机，维修手册。

作业准备

车辆在工位停放周正，拉起警戒线，放置警示牌，戴好绝缘手套。

作业步骤

（1）在实车或实训台架上认识车门车窗饰件

1）认识电动门窗部件

车窗、双向直流电动机、车窗玻璃升降器、控制开关、继电器、断路器等装置。

2）认识天窗部件

天窗玻璃、遮阳帘及密封橡胶条、滑动机构、驱动机构、开关和天窗模块等。

汽车车门车窗
饰件的操作与
基本检查

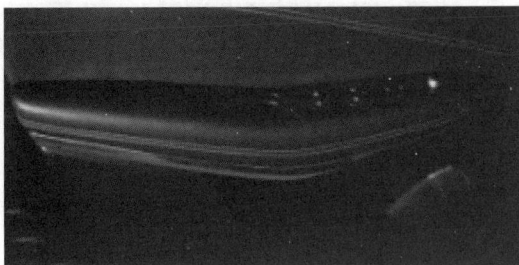

（2）汽车车门车窗饰件的操作与基本检查

1）电动门窗升降功能检查

①驾驶员侧车门及车窗开关如图 4-102（a）（b）所示。

②整车电源在 ON 挡或从 ON 挡转换到 ACC/OFF 挡 1 min 内，可操作车窗。

③车窗锁止功能检查：按下车窗锁止开关①，车窗锁止，再按动门窗开关，看门窗能否升降；再次按下此开关，解除车窗锁止功能。

④手动下降/上升式功能检查：手动下降/上升式车窗开关有三个位置，如图 4-103 所示。功能从下至上分别为：下降、中间挡、上升。开启或者关闭车窗，看门窗能否升降，以及在升降过程中是否有卡滞、异响等现象。

⑤防夹功能检查：一键下降/上升车窗具有防夹功能，如果车窗在关闭时受到阻力，玻璃会自动停止并回退一段距离，防夹区域为窗框以下 4～200 mm。

⑥儿童锁检查：将儿童锁拨至锁止状态，关闭车门，在车里试，车门是否能够开启。

（a）长安 CS75PHEV 汽车驾驶员侧车门　　　（b）长安 CS75PHEV 汽车窗开关

图 4-102　电动门窗开关

2）天窗功能检查

①天窗开关按键，如图 4-104 所示。天窗有两种开启方式，天窗从前向后滑动开启或后端升起。

②整车电源在 ON 挡或从 ON 挡转换到 ACC/LOCK 挡 1 min 内，可操作天窗。

③检查点动功能：短按（≤0.3 s）天窗玻璃控制按键①或者②，天窗玻璃步进打开或关闭，检查天窗在滑动过程中有无卡滞、异响等问题。

④起翘天窗功能检查：在天窗玻璃关闭状态下按①，看天窗能否起翘。在天窗玻璃起翘状态下，关闭天窗玻璃，请按②，看天窗能否关闭。

⑤语音开关天窗功能检查：天窗语音开关如图，整车电源 ON 挡，天窗处于非全开位置，天窗和遮阳帘均处于静止状态时。语音输入"开启天窗"，天窗玻璃带动遮阳帘做联动打开至

全开位置。

⑥语音关闭天窗功能检查：整车电源 ON 挡，天窗处于非全关位置，天窗处于静止状态时。语音输入"关闭天窗"，天窗玻璃自动运行至全关位置。

⑦防夹功能检查：天窗在自动关闭运行时，如果遇到阻力，会自动停止并反向运动至完全开启。

图 4-103　长安 CS75PHEV 混合动力
电动车窗驾驶员侧按键

图 4-104　长安 CS75PHEV 混合动力
电动车天窗开关

3）车门车窗保养

①检查车窗及密封橡胶条表面是否有灰尘，并擦拭干净，如图 4-105 所示。

②降下车窗，取出车窗润滑剂，使用前均匀摇晃，将导管插入喷孔，如图 4-106 所示。

图 4-105　车窗清洁

图 4-106　车窗润滑剂使用方法

③将导管插入到车窗橡胶槽内上下均匀喷上，如图 4-107 所示。

④稍等片刻，用毛巾将溢出的润滑剂擦掉，如图 4-108 所示。

图 4-107　喷涂车窗润滑剂

图 4-108　擦拭残留润滑剂

⑤测试车窗升降润滑情况，一般喷过之后上升下降都比原来顺畅无卡顿，如图 4-109 所示。

⑥车门铰链,如图 4-110 所示,用沾上清洁剂的擦拭布清洁铰链。

⑦用毛刷把黄油均匀地涂抹在门铰链上,如图 4-111 所示。

图 4-109　车窗升降测试

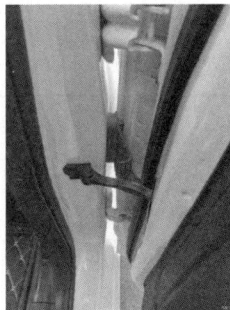

图 4-110　车门铰链

4)天窗保养

①检查天窗玻璃密封条表面以及导轨中是否有灰尘等污垢。

②先要用纱布或湿纱布把天窗橡胶密封条清洁干净,如图 4-112 所示。

③并将导轨和铰链上的灰尘清理掉,如图 4-113 所示。

图 4-111　铰链润滑

图 4-112　天窗清洁

图 4-113　导轨清洁

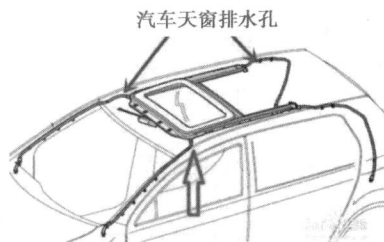

图 4-114　天窗排水孔

④用毛刷将黄油均匀地涂抹在天窗铰链和导轨上。

⑤利用高压气流仪,对准天窗内前面两个排水管的排水孔,利用气流吹通排水管,如图 4-114 所示。

⑥利用高压气流仪吹气后,再把水倒在天窗内,看车下两前轮的天窗排水口,是否有水流流出。

行业小知识

部分车主只知道发动机等主要部件需要保养,却忽视了汽车的车窗。很多车主认为,车窗只需要用抹布擦干净即可。

任务工单

考核项目:车门车窗饰件保养任务工单				
模块四:新能源汽车空调与舒适系统检查与保养		考核时间:	分钟	
姓名:	班级:	学号:		教师签字:
初评:□合格□不合格	复评:□合格□不合格	师评:□合格□不合格		
日期:	日期:	日期:		

一、记录车辆信息

品牌		整车型号		生产年月	
发动机型号		驱动电机型号		行驶里程	
车辆识别码					

二、车窗功能检查

检测项目	检测结果	检测项目	检测结果
车窗功能检查	正常□ 异常□	右后电动车窗升降检查	正常□ 异常□
左前电动车窗升降检查	正常□ 异常□	车窗防夹功能检查	正常□ 异常□
左后电动车窗升降检查	正常□ 异常□	儿童锁功能检查	正常□ 异常□
右前电动车窗升降检查	正常□ 异常□		

三、天窗功能检查

检测项目	检测结果	检测项目	检测结果
天窗点动功能检查	正常□ 异常□	天窗语音功能检查	正常□ 异常□
天窗自动功能检查	正常□ 异常□	天窗防夹功能检查	正常□ 异常□
天窗起翘功能检查	正常□ 异常□		

四、车门车窗保养

检测项目	检测结果	检测项目	检测结果
检查车门车窗	正常□ 异常□	密封条润滑	正常□ 异常□
检查车窗	清洁□ 污垢□	铰链润滑	正常□ 异常□
检查铰链	清洁□ 锈蚀□		

五、天窗保养

检测项目	检测结果	检测项目	检测结果
检查天窗密封条	正常□ 异常□	检查天窗排水孔	疏通□ 堵塞□
检查天窗导轨	正常□ 异常□	天窗导轨润滑	正常□ 异常□
检查天窗铰链	正常□ 异常□	天窗铰链润滑	正常□ 异常□

六、查询维修手册

序号	部件名称	章节及页码	规格（公制）
1		章　　　页	
2		章　　　页	
3		章　　　页	

作业任务总结

车门车窗饰件保养【配分评分表】

序号	评分项	得分条件	评分标准	配分	扣分
1	安全/7S/态度	□1.能进行工位7S操作 □2.能进行设备和工具安全检查 □3.能进行高压电安全防护操作 □4.能进行工具清洁校准存放操作 □5.能进行三不落地操作	未完成1项扣3分 扣分不得超15分	15	
2	专业技能	□1.能正确检查车门儿童锁功能 □2.能正确检查车窗功能 □3.能正确检查天窗功能 □4.能正确紧固清洁润滑天窗铰链、排水孔及导轨 □5.能正确清洁车门排水孔 □6.能正确清洁润滑车窗玻璃 □7.能正确清洁润滑车门铰链 □8.能正确查询天窗铰链及排水孔的清洁方法 □9.能正确查询清洁车门排水孔的方法 □10.能正确查询润滑车窗玻璃的方法 □11.能正确查询车门铰链润滑的方法	未完成1项扣5分 扣分不得超50分	50	
3	工具及设备的使用能力	□1.能正确使用润滑剂、清洗剂 □2.能正确使用维修工具 □3.能正确使用吸尘器	未完成1项扣5分 扣分不得超10分	10	
4	资料、信息查询能力	□1.能正确使用维修手册查询资料 □2.能正确使用用户手册查询资料 □3.能在规定时间内查询所需资料 □4.能正确记录所查资料章节页码 □5.能正确记录所需维修信息	未完成1项扣5分 扣分不得超10分	10	
5	数据、判读和分析能力	□1.能判断车门及天窗功能是否正常 □2.能判断排水孔是否堵塞 □3.能判断铰链是否正常	未完成1项扣5分 扣分不得超10分	10	
6	表单填写与报告撰写能力	□1.字迹清晰 □2.语句通顺 □3.无错别字 □4.无涂改 □5.无抄袭	未完成1项扣1分 扣分不得超5分	5	
合计					

➤ 相关知识

(1)电动车窗

电动车窗又称自动车窗或电动门窗,它可以使驾驶员或乘客在座位上利用开关,控制车窗玻璃自动上升(关闭)或下降(开启)。

1)电动车窗的结构组成

电动车窗系统主要由双向直流电动机、车窗玻璃升降器、控制开关、继电器、断路器等装置组成,如图 4-115 所示。电动机有永磁式和双绕组串励式两种。每个车窗都装有一个电动机,通过开关控制它的电流或磁场方向,使车窗玻璃上升或下降。

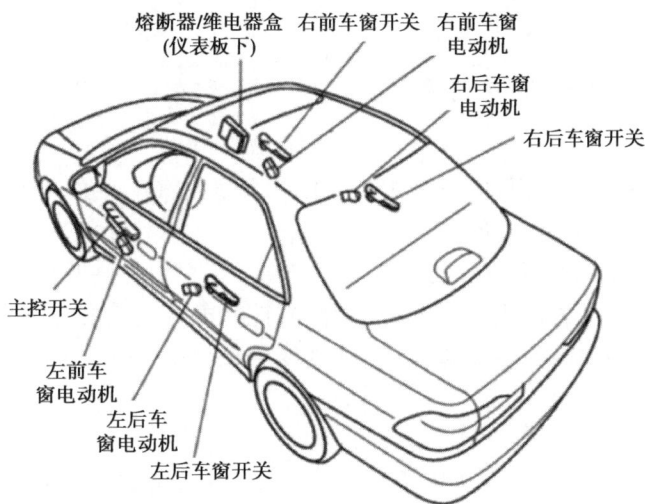

图 4-115   电动车窗的组成

①玻璃升降器。玻璃升降是把电动机的旋转运动变为车窗的上下移动。常见的玻璃升降器有钢丝滚筒式、交叉传动臂式。钢丝滚筒式多采用齿扇式传动,交叉传动臂式多采用齿条式传动。齿扇式玻璃升降器,如图 4-116 所示。它用齿扇实现换向作用。

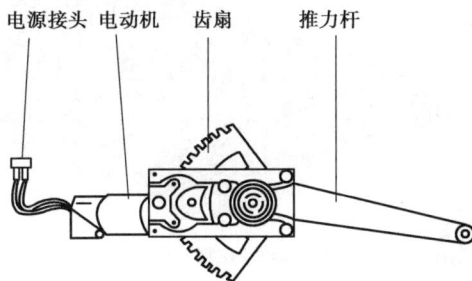

图 4-116   齿扇式玻璃升降

②电机。电动车窗使用双向直流电动机,有永磁式和双绕组串励线绕式。现代汽车的每个车窗都装有一台电动机,通过开关控制电流的流动方向,使电动机正、反转,从而使车窗玻璃上升或下降。双向直流电动机的控制电路,如图 4-117 所示。

③车窗开关。电动车窗控制系统都装有两套控制开关。一套装在仪表板或驾驶人侧车门扶手上,为主开关,由驾驶人操作,可控制每个车窗的升降;另一套分别装在每个乘客门上,

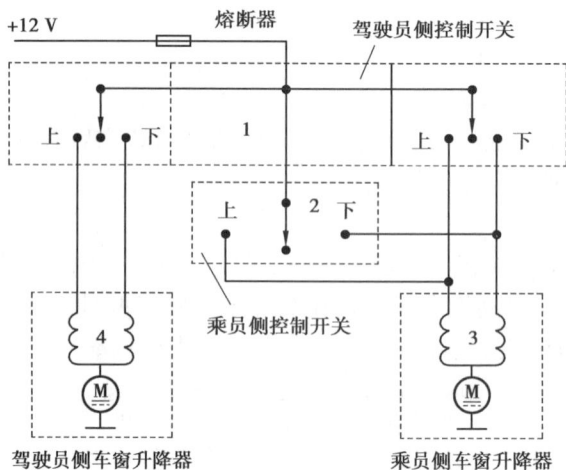

图 4-117　直流电动机的控制电路

为分开关,可单独控制一个车窗,由乘客进行操作。大多数汽车在总开关中装有闭锁开关,当它断开时,乘客不能控制车窗升降。

2)长安 CS75PHEV 车窗控制系统电路

它采用永磁式直流电动机驱动车窗玻璃升降,控制方式是直接搭铁式。基本原理是:通过控制开关改变直流电动机的电流方向,达到改变电动机的运转方向,从而使玻璃上升或下降的目的。

(2)天窗

汽车天窗安装在车顶,其主要作用是利用行驶过程天窗外部形成的负压将车内污浊的空气排出车外,改善室内空气质量;迅速除去车内雾气,快速降温,以及改善室内照明等。

1)电动天窗的组成

电动天窗主要由天窗组件、滑动机构、驱动机构和控制系统等组成,如图 4-118 所示。

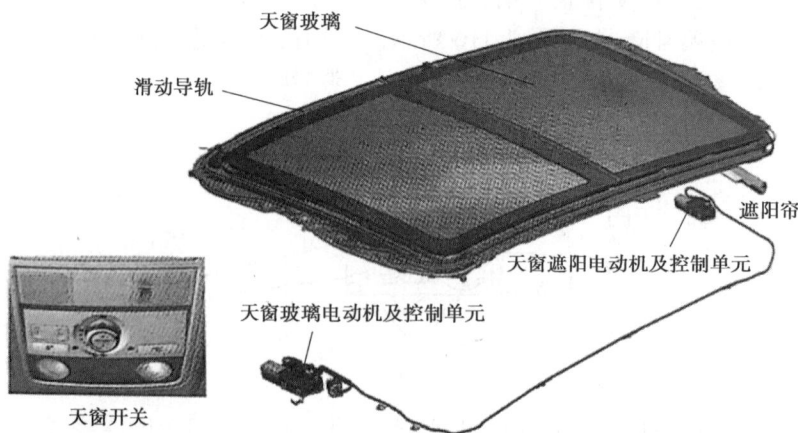

图 4-118　天窗系统的组成

①天窗组件:它包括天窗框架、天窗玻璃、遮阳板、导流槽、排水槽等部分。

②电动天窗驱动机构:它主要由电动机、传动机构、滑动螺杆等组成。工作时,电动机驱

动传动机构,使得天窗滑移开启或倾斜开启。驱动电动机正转使车顶玻璃向前滑动,驱动电动机反转使车顶玻璃向后滑动。

③电动天窗控制系统:包括天窗控制开关、电子控制单元(ECU)、继电器、限位开关等。

2)长安CS75PHEV天窗功能

长安CS75PHEV混合动力电动汽车的天窗系统电路,如图4-119所示,此电动天窗包括以下几种功能:

①滑动天窗。整车电源在ON挡或从ON挡转换到ACC/LOCK挡1 min内,可操作天窗。天窗有两种开启方式,天窗从前向后滑动开启或后端升起。当天窗滑动打开时,天窗遮阳板会自动随着天窗玻璃打开,关闭天窗后,可手动关闭或打开遮阳板。

②雨量感应关闭天窗。整车电源OFF挡,如果忘记关闭天窗玻璃,下雨天,带自动雨刮的车型会感应到雨水自动关闭天窗玻璃。雨量感应关闭天窗电路。

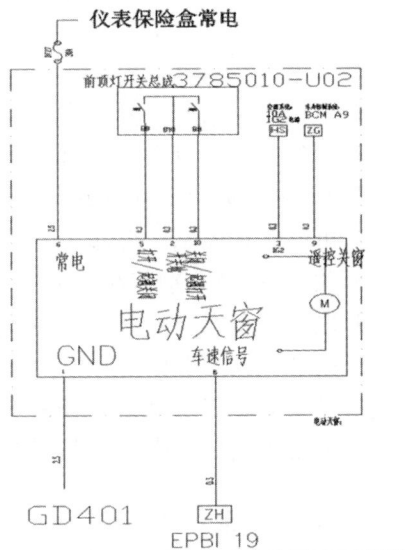

图4-119 长安CS75PHEV混合动力电动车天窗系统

③语音开闭天窗。语音开启天窗:整车电源ON挡,天窗处于非全开位置,天窗和遮阳帘均处于静止状态时。语音输入"开启天窗",天窗玻璃带动遮阳帘做联动打开至全开位置。

语音关闭天窗:整车电源ON挡,天窗处于非全关位置,天窗处于静止状态时。语音输入"关闭天窗",天窗玻璃自动运行至全关位置。

④防夹功能。在-20~80 ℃工作条件下,天窗关闭时如果遇到阻力,会自动停止并反向运动至完全开启。防夹功能只有在天窗自动运行时才会启用。

⑤热保护功能。请不要长时间操作全景天窗,全景天窗电机在连续运转超过其保护温度后电机停止运转并且冷却,待马达冷却到安全温度后天窗将恢复正常的功能。

(3)长安汽车

长安汽车是中国汽车四大集团阵营企业,拥有160年历史底蕴、38年造车积累,全球有14个生产基地,33个整车、发动机及变速器工厂。2014年,长安系中国品牌汽车销量累计突破1 000万辆。2021年,长安系中国品牌汽车销量累计突破2 000万辆。

长安汽车拥有来自全球24个国家的工程技术人员超过1.1万人,分别在重庆、北京、河北定州、安徽合肥、意大利都灵、日本横滨、英国伯明翰、美国底特律和德国慕尼黑建立起"六国九地"各有侧重的全球协同研发格局。拥有专业的汽车研发流程体系和试验验证体系,确保每一款产品满足用户使用10年或26万km。

2017年,长安汽车发起"第三次创业——创新创业计划",将软件能力和效率打造成为核心竞争力,向智能低碳出行科技公司转型,全力打造"新汽车+新生态"。

长安汽车始终以"引领汽车文明,造福人类生活"为使命,以客户为中心,以产品为主线,持续提供高品质的产品和服务,为员工创造良好的环境和发展空间,为社会承担更多责任,奋力推进第三次创业——创新创业计划,向智能低碳出行科技公司转型,为实现世界一流汽车企业努力奋斗。

➤ **学习任务**

1. 电动车窗系统主要由_____、_____、_____、继电器、断路器等装置组成。

2. 现代汽车的每个车窗都装有一台电动机,通过开关控制_____,使电动机正、反转,从而使车窗玻璃上升或下降。

3. 电动车窗控制系统都装有两套控制开关。一套装在仪表板或驾驶人侧车门扶手上,为主开关,另一套分别装在每个乘客门上。(   )

4. 电动车窗保养内容包括哪些?

5. 电动天窗一般由_____、_____、_____、继电器、开关等装置组成。

6. 长安 CS75PHEV 天窗功能有哪些?

7. 电动天窗保养内容有哪些?

➤ **职业功能目标自评**

知识目标自评

①掌握汽车电动车窗系统、电动天窗的组成和功能。

②掌握常规车型汽车电动车窗系统、电动天窗的电路图读图方法。

③能够根据电路图描述汽车电动车窗系统、电动天窗的工作过程。

④学习长安 CS75PHEV 混合动力电动汽车电动车窗系统、电动天窗的检查方法和步骤。

技能目标自评

①掌握汽车电动车窗系统、电动天窗的检查和维护保养步骤和方法。

②能正确查询维修手册。

素养目标自评

①能够在工作过程中与小组其他成员合作、交流,养成团队合作意识,锻炼沟通能力。

②养成 7S 的工作习惯,遵循企业文化。

③弘扬工匠精神,宣扬社会主义核心价值观,培养学生奋发图强的爱国主义精神。

④强化节约与环保意识。

参考文献

［1］北京中车行高新技术有限公司职业教育培训评价组织.智能新能源汽车职业技能等级证书智能新能源汽车职业技能考核【初级】培训方案准则［M］.北京:高等教育出版社,2019.

［2］北京中车行高新技术有限公司职业教育培训评价组织.汽车运用与维修(含智能新能源汽车)培训站、考核站设备与工具清单［M］.北京:高等教育出版社,2019.

［3］崔胜民.新能源汽车技术［M］.2版.北京:北京大学出版社,2014.

［4］吴荣辉.新能源汽车结构原理与检修［M］.北京:机械工业出版社,2021.

［5］吴书龙,何宇漾.新能源汽车电气技术［M］.北京:机械工业出版社,2018.

［6］刘冬生.汽车空调与舒适系统技术［M］.北京:机械工业出版社,2020.

［7］李士军.新能源汽车电路图与电器元件位置速查手册［M］.北京:化学工业出版社,2020.

［8］王瑜.新能源汽车电力电子技术［M］.北京:高等教育出版社,2020.